LLA

UN LÍDER DE DIOS

Llamado *a ser* un Líder de Dios

Cómo Dios prepara a sus siervos para el liderazgo espiritual

HENRY BLACKABY

Y

RICHARD BLACKABY

Caribe-Betania
Una División de Thomas Nelson, Inc.
The Spanish Division of Thomas Nelson, Inc.
Since 1798 - desde 1798
www.caribebetania.com

Caribe Betania Editores es un sello de Editorial Caribe, Inc.

Una subsidiaria de Thomas Nelson, Inc.
Nashville, TN, E.U.A.
www.caribebetania.com

Título en inglés: Called to Be God's Leader

Publicado por Thomas Nelson Publishers

Traductor: *Spanish Accent, Inc.*

Procesamiento y desarrollo tipográfico:
A&W Publishing Electronic Services, Inc.

ISBN: 0-88113-804-5

Impreso en E.U.A.
Printed in U.S.A.

2ª Impresión

A mi padre,
G. R. S. Blackaby,
un laico llamado por Dios y entregado a su causa, diácono y hombre de negocios. El primer y principal modelo de liderazgo cristiano que tuve.

HENRY BLACKABY

A mis tres fantásticos hijos:
Mike, Daniel y Carrie.
Dios obviamente está moldeando sus vidas para que cada uno de ustedes llegue a ser un Josué contemporáneo.
¡Estoy tan orgulloso de ustedes!

RICHARD BLACKABY

Contenido

INTRODUCCIÓN

DESDE UNA PERSPECTIVA HUMANA, puede parecer que hombres y mujeres insignes fueron clave en el progreso humano dentro y fuera de los linderos de la iglesia. Moisés liberó al pueblo de Dios de la esclavitud después que Israel sufrió cuatrocientos años en Egipto. La reina Ester salvó al pueblo de Dios de la aniquilación. Pablo fue catalítico en presentar al cristianismo a la comunidad gentil fuera de Judea hasta convertirlo en un movimiento mundial. Agustín, Martín Lutero, Juan Calvino, John Knox, John Wesley y muchos otros, fueron figuras clave en la historia de la iglesia. Su influencia ha permanecido por generaciones.

Sin embargo, es un error suponer que la historia es simplemente un resumen de los esfuerzos de hombres y mujeres extraordinarios. Es mucho más que eso. Es la consecuencia de la obra de Dios en las vidas de las personas. Brian Edwards llegó a esta conclusión: «La realidad es que Dios casi siempre ha usado a hombres especiales para dirigir su obra. Ese es su método».[1]

La historia, en gran parte, es la narración de cómo Dios usó a personas comunes y corrientes para cumplir sus planes excelsos a través del tiempo.

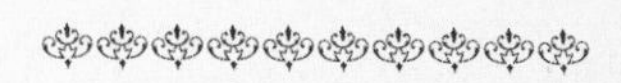

La historia, en gran parte, es la narración de cómo Dios usó a personas comunes y corrientes para cumplir sus planes excelsos a través del tiempo.

La pregunta que debemos hacernos es: ¿Por qué Dios usa a algunas personas para su obra y a otras no? ¿Acaso no quiere Dios que su reino se extienda por doquier en cada época? ¿No es su deseo que su voluntad se haga en la tierra como se hace en el cielo? Con tantas personas a nivel mundial que proclaman ser seguidores de Cristo, ¿por qué no obra Dios poderosamente por medio de cada una de ellas? ¿No produciría tal sobrecogedor derramamiento del poder de Dios que cada rodilla se doble y cada lengua confiese que Jesús es Señor? Sin embargo, Dios no obra de esa manera. Él es selectivo en cuanto a las personas que usa. Cuando Dios coloca su mano en la vida de una persona, el efecto es inconfundible. Pero muchos cristianos hoy muestran poca evidencia de la presencia de Dios en sus vidas; por consiguiente, no pueden hacer una diferencia significativa a favor del reino de Dios. Viven sin impactar al mundo. Trágicamente, esto parece ser la norma en nuestra generación. Cuando Dios obra poderosamente a través de la vida de algunas personas, es la excepción, y se convierten en celebridades.

Es fascinante estudiar la vida de alguien por medio de la cual Dios se complació en obrar poderosamente. Josué vivió hace miles de años, no obstante la obra que Dios hizo por medio de él continúa impactando a millones de personas hoy. Todo cambió tan pronto Josué entró al escenario.

En cierta forma, la vida de Josué refleja a la de grandes líderes seculares. Como Josué, el momento cumbre de Julio César vino después de haber cruzado el río con su ejército. Tanto César como Josué tenían su Rubicón. Y, al igual que César, Josué pudo también concluir: "Vine, vi, conquisté".[2]

También hay paralelos sorprendentes entre Josué y Winston Churchill.

Churchill pasó la mayor parte de su vida esperando en las alas de la historia para que llegara su momento de entrar en el escenario mundial. Pasó años agonizantes en un desierto político mientras otros gobernaban mal su nación. Cuando los compatriotas de Churchill finalmente lo llamaron en su momento de mayor necesidad, él dijo: "Por fin tengo la autoridad para dirigir toda la escena como si estuviera caminando al lado del destino, y concluyo que toda mi vida pasada me ha preparado para esta hora y para esta prueba".[3] De la misma manera, Josué pasó la mayor parte de su vida adulta esperando. No obstante, cuando finalmente lo llamaron para dirigir, cumplió lo que a la vista parecía imposible y dejó transformada a su nación para siempre.

Hay muchas similitudes entre Josué y los insignes líderes seculares, y haremos algunas comparaciones a través de este libro. Nos anticipamos en añadir que el solo hecho de establecer un paralelo entre Josué y los líderes seculares como Napoleón, Wellington, Nelson e Isabel I, no significa que endosemos o estemos de acuerdo con los estilos de vidas morales o espirituales de esas personas.

El punto crucial de este libro es que el éxito de Josué iba más allá de sus talentos personales, perseverancia o suerte. Su vida indiscutiblemente era dirigida por Dios. La mano de Dios lo dirigía poderosamente. La sabiduría de Dios le guiaba magistralmente. Él vivía su vida a lo divino.

Dios todavía usa hoy día a su pueblo para sus propósitos y su gloria. Dios no es menos capaz de transformar nuestras vidas y hacernos sus instrumentos que como lo hizo con la vida de Josué. El asunto no es la capacidad de Dios sino nuestra disponibilidad. ¿Están nuestras vidas tan dispuestas como lo estuvo la de Josué? ¿Estamos preparados para que Él haga los ajustes necesarios en nosotros para que su poder se manifieste por medio de nosotros?

Dios no es menos capaz de transformar nuestras vidas para usarnos como sus instrumentos que como lo fue en la vida de Josué.

Si alguna vez hubo un tiempo en que se necesitaran más personas como Josué es hoy. Muchas personas dentro del pueblo de Dios viven en esclavitud. Los enemigos de Dios están venciendo en muchos campos de batalla por toda Norte América y el resto del mundo. Los baluartes de Satanás parecen ser invencibles. Sin embargo, Dios es tan poderoso para librar a su pueblo y derrotar a sus enemigos hoy como lo fue en la época de Josué. Dios continúa obrando por medio de aquellos que estén dispuestos a pagar el precio necesario para caminar con Él como lo hizo Josué.

Dios no es menos capaz de transformar nuestras vidas para usarnos como sus instrumentos que como lo fue en la vida de Josué.

Nuestra esperanza es que al usted leer este libro, el Espíritu Santo despierte en su corazón el deseo apasionado de no conformarse con nada menos que lo mejor de Dios para su vida y para aquellos a quienes usted dirige. Si todavía no es el líder que necesita ser, ábrale de nuevo su vida a Dios y deje que le transforme en el líder espiritual que quiere hacer de usted.

UNO

Posibilidades sin límite

ÉL TENÍA MUY MALA SUERTE. Fue obligado a abandonar su carrera militar en deshonra, después experimentó siete años de humillante fracaso en los diferentes negocios que intentó como agricultor, inversionista de bienes raíces, cobrador de alquileres, promotor de espectáculos y empresario, lo que lo llevó a la bancarrota en numerosas ocasiones. Era habitual que le rechazaran sus solicitudes de crédito en varios negocios locales. Por fin no tuvo otra alternativa que vender su reloj de bolsillo, lo único de valor que le quedaba, para comprar regalos de Navidad para su empobrecida familia.

Como simple vendedor ambulante de fuegos artificiales en las esquinas de las calles, su desaliñada y sucia apariencia evocaba lástima de parte de los que lo conocieron en otra época.

Cuando alguien le preguntaba por qué vendía fuegos artificiales en circunstancias tan miserables, respondía: «Estoy resolviendo el problema de la pobreza».[1]

Finalmente, en su desesperación, obtuvo un empleo como dependiente de una tenería, propiedad de sus dos hermanos menores. Cuando estalló la guerra, su solicitud para enlistarse en el ejército fue rechazada. Sus intentos inútiles para enrolarse en el ejército, producían este lamento: «Debo vivir, mi familia debe vivir. Quizá puedo servir al ejército supliéndole de pan».[2]

Era un comienzo improbable para alguien que después condujo a los ejércitos de la Unión a la victoria durante la Guerra Civil estadounidense y quien, a la edad de cuarenta y seis años, llegara a ser el hombre más joven en ser elegido presidente de los Estados Unidos. Sin embargo, así comenzó la vida de Ulysses S. Grant.

La Biblia habla acerca de otro hombre cuya temprana vida carecía de indicio alguno del gran hombre que llegaría a ser. Los antepasados de Josué eran esclavos. Al transcurrir cuatro siglos, sus antepasados habían vivido en opresión la mayor parte de ese tiempo en Egipto.

Al haber nacido sin ninguna posibilidad de libertad, educación o entrenamiento militar, el pensamiento de una brillante carrera militar hubiera sido absurdo para Josué.

Sin embargo, llegó a ser un general victorioso e incluso, lo más importante, un líder espiritual dinámico. La clave para la sobresaliente carrera de Josué no era su habilidad o las oportunidades a su favor. Tampoco se arraigaba en su carácter, aunque era una cualidad excelente. La clave no estaba en Josué en lo absoluto. Se encontraba en Dios.

Josué era un hombre ordinario que servía a un gran Dios.

Casi siempre se contempla a la historia desde la perspectiva humana más estricta, sin embargo esta visión es inherentemente incompleta. Dios es soberano sobre la historia, por consiguiente, el estudio de cualquier personaje bíblico debe originarse desde el punto de vista de Dios. Estudiar a Josué como un gran hombre no le haría justicia ni a Dios ni a Josué. Este era un hombre ordinario que servía a un gran Dios.

Josué tenía muchas cualidades admirables, pero también tenía defectos. Como todos, tenía sus limitaciones. Las personas, aun aquellas que se tildan de «excepcionales», están sujetas al fracaso. Pueden sucumbir a diferentes clases de circunstancias, pero palabras como *no puedo* o *imposible* no tienen cabida en el vocabulario de Dios (Romanos 8.31).

Desde la perspectiva celestial, nada es imposible (Lucas 1.37). De la misma manera, cuando Dios pone en marcha su plan, el fracaso no es una opción. Estas verdades fueron perfectamente evidentes en la vida de Josué a pesar de circunstancias humillantes.

DIOS USÓ A JOSUÉ A PESAR DE SU PASADO

Son pocos los detalles sobre el padre de Josué, excepto que era un esclavo procedente de un extenso linaje de esclavos. Su nombre era Nun. El abuelo y bisabuelo de Josué fueron criados en esclavitud. Era el negocio familiar. Era todo lo que sabían hacer. Las generaciones de los antepasados de Josué se criaron sin los privilegios que la mayoría de las personas da por sentado. No tenían ninguna clase de derechos tales como libertad de tránsito, acceso a la educación, posesión de propiedades y tratamiento respetuoso.

La educación de Josué la dictaminaba su posición. Una espalda fuerte era más útil que una mente brillante. Uno se puede imaginar a Nun instruyendo a su joven hijo. «Ahora Josué, eres lo suficientemente mayor para trabajar con los otros hombres. Cuídate de no mirar a ningún egipcio directamente a los ojos. Eso te costará un latigazo en la espalda. Y nunca permitas que alguien te descubra en estado de ocio; ¡hace enfurecer a los capataces!»

Tal instrucción que recibían de niños, hacía que la mayoría de los israelitas crecieran con pocas aspiraciones. Lo mejor que podían aspirar era una vida con la menor cantidad de golpizas posibles y, si era la voluntad de Dios, con la fuerza suficiente para soportar cada día. ¡Tan bajo comienzo era lo menos que uno esperaría de un general poderoso!

JOSUÉ CONOCÍA EL SUFRIMIENTO

Sin lugar a dudas Josué estaba bien familiarizado con el sufrimiento. Miles de años antes de los derechos laborales, la protección legal o la salud pública, la vida de un esclavo hebreo era tediosa, dolorosa y breve. El libro de Éxodo describe la cruel opresión egipcia del pueblo de Dios. Cuando Dios nombró a Moisés para que fuera su libertador, dijo: «He visto la aflicción de mi pueblo que está en Egipto, y he oído su clamor a causa de sus exactores; pues he conocido sus angustias» (Éxodo 3.7).

Es muy probable que Josué viera maltratar y azotar a sus seres queridos. Quizás les ayudó a curar sus sangrientas espaldas y observaba a los adultos acariciar sus huesos rotos y frotar sus doloridos músculos. Cuando miraba los ojos de sus paisanos ¿veía Josué las miradas distantes y vacías de aquellos que habían perdido desde hace tiempo toda esperanza de libertad? Es posible que entre los quejidos y llantos que se escuchaban durante la tranquilidad de la noche, Josué también oyera por casualidad las conversaciones susurrantes que tristemente describían lo que esperaban hacer en el futuro si algún día escapaban de su infortunio.

¿Qué debe haber pasado por la mente del joven Josué cuando observaba a los temibles soldados egipcios pasar en sus carruajes espléndidos? ¿Recordó Josué que sólo una generación anterior estos soldados habían brutalmente masacrado a los bebés hebreos en un cruel intento de control urbano? ¿Fue él objeto de burlas y oprobio de parte de los niños egipcios cuando pasaba frente a ellos de camino al trabajo? Durante todo el transcurso de su niñez hasta su adolescencia, es muy probable que Josué ya hubiera escuchado toda clase de insultos en el idioma egipcio. Mientras los niños egipcios soñaban en llegar a ser héroes de guerra, generales victoriosos y viajar por todo el mundo, ¿en qué soñaba el joven esclavo Josué? Todo lo que rodeaba a Josué carecía de esperanza. No obstante, ¿soñaba él, como hacen los muchachitos, en una vida más noble para él y sus hijos?

Historias del pasado

Sin importar cuáles eran sus sueños, en realidad su futuro parecía sombrío, sus circunstancias presentes también eran desesperantes. Sin embargo, su pasado distante debió haberle intrigado. Los padres hebreos por lo general recitaban las historias de sus orígenes a sus hijos. Ellos les contaban cómo Dios se le había aparecido a Abraham siglos antes y le dijo que sacara a su familia de Harán a la tierra de Canaán. Los adultos describían cómo Abraham confiaba en la promesa de Dios que algún día sus descendientes poblarían esa tierra y que serían tan numerosos como las estrellas del cielo.

Ellos relataban cómo el venerado patriarca Abraham milagrosamente llegó a ser padre cuando tenía cien años de edad. Su anciana esposa Sara, dio a luz un hijo, Isaac.

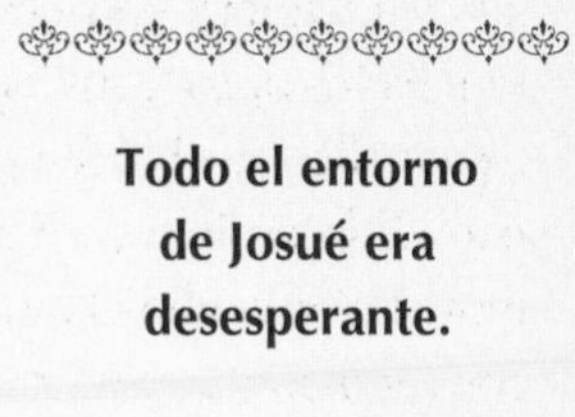
Todo el entorno
de Josué era
desesperante.

Este tuvo dos hijos. Esaú y Jacob. A pesar de sus comienzos un tanto cuestionables, Jacob también llegó a ser patriarca y Dios le cambió su nombre por el de Israel. Jacob tuvo doce hijos famosos. Aparentemente Dios tenía planes especiales para José, el undécimo hijo. Cuando era un jovencito, José soñó que algún día Dios lo iba a usar poderosamente. Los hermanos de José tuvieron celos de su hermano menor. Así que lo vendieron como esclavo y lo enviaron al exilio, a Egipto.

En este momento de la historia, el corazón del joven Josué debió haberse acelerado por ser un descendiente de José. A pesar de haber escuchado repetidamente la historia, Josué debió haberse regocijado al saber que José escaló tan súbitamente desde los confines más recónditos de la prisión egipcia hasta los lugares más prominentes e influyentes del reino faraónico. De hecho llegó a ser la persona de más confianza de Faraón. Cuando una hambruna obligó a sus hermanos a llegar con sus familias a Egipto, José llegó a ser preminente ante ellos, tal y como Dios lo había predicho.

Cuando los doce hijos de Jacob tuvieron hijos y aumentaron sus familias, cada uno de los descendientes de los hijos de Jacob formaron una tribu de Israel. Diferentes a las otras tribus, Dios declaró que los descendientes de José serían tan numerosos como para formar dos tribus en nombre de dos de sus hijos. Manasés y Efraín. Las dos tribus llegarían a ser poderosas, pero los descendientes del hermano menor Efraín, sobresaldrían más que los de Manasés. Josué era de la tribu de Efraín.

La historia de José pudo haber parecido un cuento de hadas para los muchachos de la época de Josué. Pero sucedió. Dios sacó a uno de sus hijos de una posición social muy baja y lo exaltó a lo máximo. «Si Dios lo hizo una vez…» Seguramente los jovenzuelos hebreos discutían acerca de cuál de las tribus era la más poderosa y especulaban si las profecías remotas en torno a sus propias tribus algún día se cumplirían.

El anciano Jacob había profetizado sobre la tribu de Josué.

«Rama fructífera es José, rama fructífera junto a una fuente, cuyos vástagos se extienden sobre el muro, le causaron amargura, le asaetearon, y le aborrecieron los arqueros; mas su arco se mantuvo poderoso, y los brazos de sus manos se fortalecieron por las manos del Fuerte de Jacob (Por el nombre del Pastor, la Roca de Israel), por el Dios de tu padre, el cual te ayudará, por el Dios Omnipotente, el cual te bendecirá con bendiciones de los cielos de arriba, con bendiciones del abismo que está abajo, con bendiciones de los pechos y del vientre. Las bendiciones de tu padre fueron mayores que las bendiciones de mis progenitores; hasta el término de los collados eternos serán sobre la cabeza de José, y sobre la frente del que fue apartado de entre sus hermanos» (Génesis 49.22-26).

Cuando el joven Josué escuchaba a los ancianos recitar esta profecía, podía haberle parecido un chiste cruel. No obstante, la profecía decía que algún día, los descendientes de José recibirían bendiciones abundantes de parte de Dios. Serían guerreros valientes con arcos mortales. Dios mismo fortalecería los brazos de los arqueros. Josué era un descendiente directo del famoso José. Josué sabía la profecía que su tribu, Efraín, algún día llegaría a ser un pueblo poderoso (Génesis 48.19).

Las promesas de Dios probablemente le parecían tan distantes a Josué como lo fueron a su difunto antepasado José.

El abuelo de Josué era Elisama, el jefe de la tribu de Efraín (1 Crónicas 7.26-27, Números 1.10, 7.48). Sin embargo, a pesar de su parentesco preponderante con Efraín, las promesas de Dios probablemente le parecían tan distantes a Josué como lo fueron a su difunto antepasado José.

Winston Churchill pudo haber pensado casi igual que Josué. Su antepasado, John Churchill, fue un militar exitoso que había liberado a Inglaterra magistralmente de sus enemigos. Sin nunca haber perdido una batalla, fue nombrado el primer duque de Marlborough. Él estableció un estado espléndido en Blenheim. Sin embargo, el escudo de armas del duque podría haber dado un indicio de cómo sería el futuro de sus descendientes. Decía «Fiel pero Desdichado». Y así fueron.

En el transcurso de los años la dicha de la familia Churchill iba en decadencia. El padre de Winston, Randolph Churchill, era un afamado miembro del parlamento pero su carrera política, al igual que su salud, declinó devastadoramente. Winston había experimentado numerosos reveses antes de llegar a la mayoría de edad. Le había ido muy mal en la escuela, recibiendo golpizas habituales por parte del director. Su padre estaba muy ocupado para dedicarle tiempo. Al no tener confianza en las habilidades de Winston, le sugirió a su hijo que se enrolara en el ejército, ya que le parecía imposible que llegara a ser abogado.

Pese a sus dudosos comienzos, Winston Churchill se convirtió en primer ministro de Gran Bretaña durante la crisis más profunda de su nación. Más que ningún otro de sus coterráneos, salvó a Gran Bretaña de la destrucción y esclavitud durante la Segunda Guerra Mundial. Aclamado por muchos historiadores como el líder más influyente del siglo veinte, el joven Churchill dio muy leves indicios de sus logros futuros.

DIOS USÓ A JOSUÉ A PESAR DE SU JUVENTUD

En la época de Josué los israelitas reverenciaban a sus ancianos. Los ancianos tomaban todas las decisiones. Josué habría sido todavía relativamente joven cuando comenzó el Éxodo. No habría sido considerado un líder nacional prominente. Moisés y su generación eran el grupo influyente en ese tiempo. Esto puede explicar, parcialmente, el silencio inicial de Josué, cuando regresó de espiar la tierra con los otros once espías. Él y Caleb favorecían que se ocupara inmediatamente la tierra de Canaán (Números 13.30; 14.6-10).

Josué aún tenía mucho que aprender y mucho que experimentar antes que el pueblo lo siguiera sin cuestionamientos.

Cuando el informe de la minoría se produjo, sin embargo, el anciano Caleb tomó inicialmente la palabra, en lugar de Josué. Y, cuando este corroboró las declaraciones de Caleb, en lugar de ser persuadidos, el pueblo quería matarlo. Irónicamente, vendría una época cuando los israelitas no cuestionarían nada de lo que dijera Josué, aunque pareciera difícil de creer. No obstante, al ser Josué tan joven, todavía esto no era posible. Josué aún tenía mucho que aprender y mucho que experimentar antes que el pueblo lo siguiera sin cuestionamientos. Dios todavía estaba moldeando su vida.

POSIBILIDADES REVELADAS A LOS JÓVENES

La Biblia muestra un patrón coherente en el que Dios revelaba a los jóvenes, fuesen hombres o mujeres, su plan para usar sus vidas de manera trascendente. Dios mostró en sueños al joven José cómo iba a regir sobre sus hermanos mucho antes de que eso se convirtiera en realidad (Génesis 37.5-11). Samuel fue consagrado al servicio del Señor antes de que fuera procreado (1 Samuel 1.11).

De la misma manera, Dios escogió al profeta Jeremías para el servicio antes de su nacimiento (Jeremías 1.5). Jeremías vaciló en servir a Dios porque era joven, pero Dios le exhortó. «No digas: Soy un niño; porque a todo lo que te envíe irás tú, y dirás todo lo que te mande» (Jeremías 1.7).

David todavía era un pastorcillo cuando Dios le mostró que algún día sería rey (1 Samuel 16.12-13). María todavía era una adolescente cuando comprendió el plan maravilloso de Dios para su futuro (Lucas 1.26-37). Juan probablemente era joven cuando Jesús le dijo que lo siguiera. Cuando el apóstol Pablo optó por ser mentor del joven Timoteo, tuvo que motivar a su joven discípulo con estas palabras: «Ninguno tenga en poco tu juventud» (1 Timoteo 4.12).

Históricamente, Dios ha escogido una vez tras otra a los jóvenes y los ha transformado en grandes líderes. La clave para cada uno de ellos, tal y como con Josué, fue su disposición a ser pacientes y obedientes cuando Dios los preparaba para Sus designios. A veces, los nuevos líderes que surgen limitan sus posibilidades futuras debido a su impaciencia. Buscan atajos para el éxito, pero Dios es metódico. Típicamente coloca los fundamentos del carácter antes de construir una superestructura de liderazgo.

Dios provee mentores

Otro patrón que hallamos en las Escrituras es que Dios a menudo proporciona mentores, maestros y consejeros relevantes en la vida de las personas para prepararlas para asignaciones futuras. El anciano sacerdote Elí preparó al joven Samuel. Samuel trabajó con Saúl. Elías instruyó a Eliseo. El maestro principal de Josué fue Moisés.

No hay evidencia que Josué rechazara el liderazgo de Moisés o sus enseñanzas. Josué aparentemente no cuestionaba a su líder. Más bien, aceptaba su rol de asistente y cumplía con su trabajo al pie de la letra. Obviamente Josué tenía fe en el tiempo de Dios. Confiaba en Él, no solo en lo abstracto, sino en sus circunstancias actuales. Debido a que Josué no se impacientaba con Dios, vivió para disfrutar un futuro promisorio, tal y como Dios lo prometió.

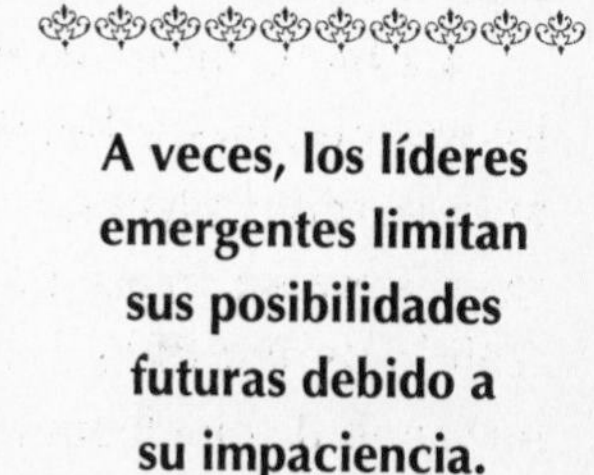

A veces, los líderes emergentes limitan sus posibilidades futuras debido a su impaciencia.

Moisés era un líder transitorio. Dios lo usó para sacar a los israelitas de Egipto y dirigirlos a Canaán. Sin embargo, Moisés no condujo al pueblo a la tierra prometida. La próxima fase en el plan de Dios sería llamar a Josué, el que había sido fiel durante la transición. Los tiempos transitorios pueden ser difíciles, especialmente para los jóvenes.

Al igual que muchos jóvenes, Josué pudo haberse vuelto impetuoso, ansioso de alcanzar la próxima etapa de su carrera. Habría sido muy difícil mantenerse fiel a Dios y a su misión en circunstancias tan fluctuantes. No cabe dudas que Josué se preguntaría si algunas de las decisiones de Moisés eran las más acertadas. Pero, para su crédito y la gloria de Dios, escogió ser paciente y aprovechó toda la sabiduría que extrajo de sus venerables ancianos, especialmente Moisés.

Dios usa a los candidatos menos indicados para el liderazgo

James MacGregor Burns señaló que los líderes a menudo proceden del «interior».[3] Dios se complace en preparar a grandes líderes entre los candidatos menos probables. La historia moderna corrobora los numerosos ejemplos bíblicos que muestran a Dios haciendo precisamente eso.

D.L. Moody era un joven pobre y con poca educación. ¡Su gramática era tan horrible, que los miembros de la iglesia se contorsionaban en sus asientos cada vez que hablaba! ¡Reprobó un simple examen para ser admitido como miembro de la iglesia! no obstante, por la gracia de Dios, llegó a ser uno de los predicadores más grandes de la época.

¡El primer sermón de Billy Graham duró apenas ocho minutos! Aquellos que le escuchaban en sus primeros intentos como predicador, concluían que tenía muy poco futuro en esa vocación. Al igual que Josué, al principio estos hombres no daban indicios de que iban a ser exitosos. Sin embargo, a Dios no le interesan nuestros orígenes; más bien le interesa nuestra obediencia.

Los tiempos transitorios pueden ser difíciles, especialmente para los jóvenes.

DIOS USÓ A JOSUÉ A PESAR DE LOS PECADOS DE OTROS

La vida temprana de Josué se podría ver desde la perspectiva del abandono. Muchas de las personas más importantes en su vida lo abandonaron. Debemos entresacar esto en parte debido al silencio de las Escrituras. El padre de Josué, Nun, aunque se nombra, nunca se describe. No hay récord de él enseñando a Josué o aconsejándole de la forma en que el suegro de Moisés lo aconsejó (Éxodo 18.13-27). No sabemos si él estaba vivo en la época del éxodo. Solamente podemos suponer que debido a las condiciones de trabajo extremas, el promedio de vida de los esclavos era cruelmente breve.

¿Murió el padre de Josué mientras este todavía era joven, al igual que José, el padre terrenal de Jesús? ¿Podría ese ser el motivo por el cual Dios hizo que Moisés eligiera a Josué como su sucesor, descartando a los propios hijos de Moisés? Si eso es cierto, entonces la obra de Dios en la vida de Josué es aun más reveladora, puesto que a Josué le pudo haber faltado el cariño y apoyo de un padre durante algunos de los días más difíciles de su vida.

Es posible que Nun estuviera vivo durante el éxodo. Si fue así, esto presenta otro problema, porque la generación de Nun cometió un gran pecado contra Dios al no confiar que los iba a llevar a la tierra prometida. No hay evidencia de que el padre de Josué hablara a favor de su hijo y de Caleb después que los doce espías regresaron. Esto podría indicar que Nun había muerto para esa época o que formaba parte del grupo que desconfiaba de Dios.

Si Nun formaba parte de la generación infiel, entonces Josué tuvo que haber sufrido la angustia de vagar en el desierto por cuarenta años esperando que muriera su propio padre, al igual que otros ancianos. Solo entonces Josué pudo continuar su misión. Sea cual fuese el escenario, la pérdida de su padre o tener un padre incrédulo significó que Josué tenía que confiar que el Señor lo iba a guiar y a fortalecer en su fe.

Curiosamente, Jesús perdió a su padre terrenal, José, a una edad relativamente joven. Para el tiempo en que Jesús comenzó su ministerio, ya adulto, su padre aparentemente ya había muerto y el único que le quedaba era su Padre celestial.

A Dios no le interesan nuestros orígenes; más bien le interesa nuestra obediencia.

Lecciones de la historia

Un número significativo de los líderes más famosos surgieron con poco o ningún apoyo paterno. Alejandro Magno se crió en una atmósfera de conspiración y traición cuando su padre se distanció de su hijo y finalmente fue asesinado. El padre de Winston Churchill no tenía tiempo para dedicarle a su hijo, aun cuando Winston lastimosamente le suplicaba su atención. Horacio Nelson, el afamado almirante británico que derrotó a la flota de Napoleón en Trafalgar, tenía doce años de edad cuando su madre murió y su padre, incapaz de mantener a su familia, lo enroló como marinero.

Cuando el duque de Wellington era joven, su familia estaba muy necesitada de dinero. Como un esfuerzo para mejorar su condición financiera, lo sacaron de la prestigiosa escuela de Eton. A sus hermanos mayores, Gerald y Henry, se les permitió permanecer en dicha escuela porque daban indicios de que serían más exitosos. La madre del joven duque exclamó: «Declaro solemnemente ante Dios que no sé qué voy a hacer con mi torpe hijo Arthur. Es material para pólvora y nada más».[4] No una aspiración promisoria para el brillante general británico que algún día derrotaría a Napoleón en Waterloo.

George Washington tenía una relación distante con su madre y raras veces la visitaba. Cuando Ulises Grant estaba en una situación financiera muy precaria, le escribió a su padre para que le hiciera un préstamo. Su padre nunca le contestó.

Es cierto que el amor y apoyo paternos son vitales para una crianza saludable, pero Dios promete ser «padre de huérfanos» (Salmo 68.5). Josué no tenía muchos ejemplos adecuados entre los ancianos y líderes de su pueblo. Si alguien pudo haber confiado en Dios por milagros debieron haber sido los líderes hebreos. Ellos habían visto las diez temibles plagas que doblegaron al poderoso imperio egipcio. Ellos cruzaron el Mar Rojo en seco y luego vieron cómo las aguas cubrieron totalmente al perseguidor ejército egipcio.

Un número significativo de los líderes más famosos surgieron con poco o ningún apoyo paterno.

Dios los había conducido por el desierto usando una nube durante el día y una columna de fuego durante la noche. Dios proveyó cada día alimento y agua a una nación entera en forma milagrosa. ¡Seguramente ninguna generación atestiguó tan espectacular manifestación de milagros! Sin embargo cuando los doce espías regresaron de rastrear la tierra prometida, la mayoría reportó:

> «No podremos subir contra aquel pueblo, porque es más fuerte que nosotros. Y hablaron mal entre los hijos de Israel, de la tierra que habían reconocido, diciendo. La tierra por donde pasamos para reconocerla, es tierra que traga a sus moradores; y todo el pueblo que vimos en medio de ella son hombres de grande estatura. También vimos allí gigantes, hijos de Anac, raza de los gigantes, y éramos nosotros, a nuestro parecer, como langostas; y así les parecíamos a ellos» (Números 13.31-33).

A partir de ese momento, las cosas comenzaron a salirles mal a los israelitas. El pueblo se degeneró hasta el punto de llegar a adorar el becerro de oro que Aarón les hizo con las joyas que ellos le proporcionaron. Esta generación produjo los líderes de la nación con la que Josué llegó a la adultez. Cuán fácil pudo haber sido para Josué adoptar las actitudes de infidelidad prevalecientes entre los influyentes líderes. Él pudo haberles escuchado discutir y justificar su rechazo a Dios. Quizás los propios parientes de Josué daban razones efusivas sobre la imposibilidad de obedecer la voluntad de Dios.

Israel no carecía de líderes espirituales fieles, pero aun ellos tenían dificultades. Moisés, el venerado líder de Josué, se descalificó para entrar a la tierra prometida cuando sucumbió ante la ira y desobedeció el mandamiento explícito de Dios (Números 20.1-13). Aarón y María, dos de los seguidores más constantes de Dios durante la vida adulta del joven Josué, también pagaron un precio por su desobediencia. No estaban sin culpa y sufrieron las consecuencias (Números 12, 20.22-29).

Debió haber desanimado a Josué ver caer a sus líderes espirituales con el resto de su generación. El indomable Caleb sería el único líder que entraría a la tierra prometida con Josué.

Cuán fácil pudo haber sido para Josué adoptar las actitudes de infidelidad prevalecientes entre los influyentes líderes.

¿Cómo quedaba Josué parado en todo esto? Aquellos a los cuales respetaba y honraba desde muy joven, estaban vacilando en su fe y obediencia. Y desde el punto de vista humano, tenían razones justificadas para esa actitud. Comparados con los cananeos, eran como «langostas». Josué había visto al enemigo aterrorizador con sus propios ojos. No obstante, decidió contradecir el consenso prevaleciente. ¿Por qué? Quizás comprendía, como el apóstol Pablo, que algún día tendría que dar cuenta al Dios todopoderoso por todo lo que había hecho y, por consiguiente, siguió sus convicciones, aun si se quedaba solo (2 Corintios 5.10).

Solo en la obediencia

Las Escrituras honran a muchos hombres y mujeres que, al igual que Josué, se quedaron prácticamente solos por obedecer. ¡Imagínese a Noé, la única persona justa que quedó en la tierra! (Génesis 6.8). Lot era la única persona piadosa que vivía en Sodoma (Génesis 19.15). Ester era la única creyente del reino (Ester 2.10). Micaías era el único profeta de Israel que profetizó lo que Dios le dijo en lugar de lo que el rey quería oír (1 Reyes 22.8). Job se quedó solo ante el consejo de sus amigos e incluso el de su propia esposa. Tales hombres y mujeres son héroes de la fe, no por haber tenido grandes méritos, sino porque tuvieron la valentía y voluntad de confiar en Dios aun cuando aquellos que les rodeaban no lo hicieron. Josué fue uno de esos héroes.

Gracias a la falta de fe de los israelitas, Josué pasó cuarenta años vagando con ellos en el desierto. Imagínese lo que pasó por la mente de Josué cuando escuchó el edicto que Dios pronunció ante el pueblo.

> «Vivo yo, dice Jehová, que según habéis hablado a mis oídos, así haré yo con vosotros. En este desierto caerán vuestros cuerpos; todo el número de los que fueron contados de entre vosotros, de veinte años arriba, los cuales han murmurado contra mí. Vosotros a la verdad no entraréis en la tierra, por la cual alcé mi mano y juré que os haría habitar en ella; exceptuando a Caleb hijo de Jefone, y a Josué hijo de Nun. Pero a vuestros niños, de los cuales dijisteis que serían por presa, yo los introduciré, y ellos conocerán la tierra que vosotros despreciasteis. En cuanto a vosotros, vuestros cuerpos caerán en este desierto. Y vuestros hijos andarán pastoreando en el desierto cuarenta años, y ellos llevarán vuestras rebeldías, hasta que vuestros cuerpos sean consumidos en el desierto. Conforme al número de los días, de los cuarenta días en que reconocisteis la tierra, llevaréis vuestras iniquidades cuarenta años, un año por cada día; y conoceréis mi castigo. Yo Jehová he hablado; así haré a toda esta multitud perversa que se ha juntado contra mí; en este desierto serán consumidos, y ahí morirán» (Números 14.28-35).

¡Dios ciertamente no trajo esta noticia con delicadeza! los israelitas, de todos los pueblos, debieron estar preparados para obedecer a Dios. Les había mostrado su poder en incontables oportunidades, probando que era digno de confianza. Ahora sus palabras amonestadoras eran devastadoras. ¡Cuán desconcertante es escuchar que la voluntad de Dios es que usted muera! Cuán conmovedores debieron haberse escuchado sus gritos y lamentos mientras deambulaban por el desierto.

Seguramente Josué se conmovió al ver a sus tíos y tías llorar por el juicio de Dios que venía sobre ellos. Cuán lamentable debió haberse visto cómo los recalcitrantes guerreros se amarraban las espadas la mañana siguiente con la determinación de hacer, aunque muy tarde, lo que Dios les había dicho que hicieran desde el principio. A pesar de las advertencias de Moisés que ni su presencia ni la de Dios iban a estar con ellos,

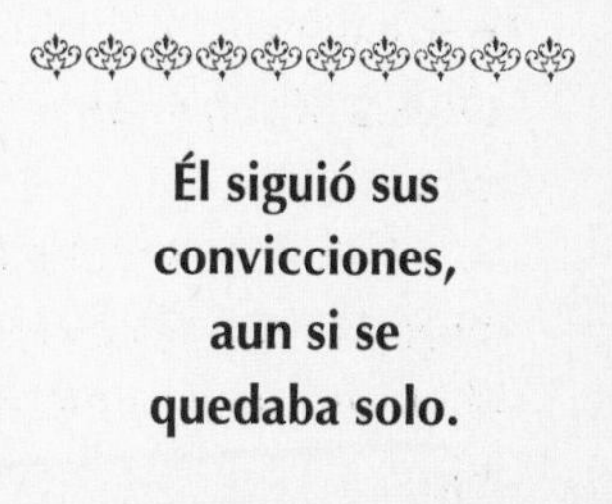
Él siguió sus convicciones, aun si se quedaba solo.

muy ingenuamente supusieron que como ahora estaban prestos a obedecer el mandato de Dios, Dios revocaría el juicio que había declarado sobre ellos.

Estaban a punto de aprender una difícil lección. La gente abandona a Dios a su antojo, pero deben regresar según las condiciones que Él establece. Josué debió haber observado con una carga profunda en su corazón cómo los humillados sobrevivientes israelitas se retiraban al campamento, completamente derrotados por los amalecitas y los cananeos (Números 14.39-45).

DIOS USÓ UN TIEMPO TRANSITORIO EN LA VIDA DE JOSUÉ

No podemos minimizar el profundo impacto que produjo en Josué el deambular por el desierto durante cuarenta años. Había estado preparado y deseaba entrar en la tierra prometida inmediatamente. Pero, debido al pecado de otro, Josué tuvo que demorar la voluntad de Dios para su propia vida por cuarenta años. Esto pudo haber sido una pérdida de tiempo, pero Josué decidió pasarlo caminando con Dios, y el tiempo que se pasa con Dios nunca se pierde.

La gente abandona a Dios a su antojo, pero deben regresar según las condiciones que Él establece.

Josué experimentó cuatro décadas de lecciones de la vida al sufrir el castigo, junto con los culpables. ¿Podría haber alguna otra lección gráfica sobre los peligros de desobedecer a Dios? Por cuarenta años Josué presenció de primera mano las consecuencias de la desobediencia. Josué presenciaba funeral tras funeral sabiendo lo que podría haber sucedido, si tan solo la persona hubiera confiado en el Señor. Como también los grandes líderes Aarón, María y Moisés todos quedaron excluidos de la tierra prometida, Josué debió haber determinado en su corazón nunca aceptar nada inferior a los mejores planes de Dios para su vida.

Al sufrir las consecuencias de sus pecados, Josué no pudo evitar reflexionar sobre los fracasos de sus antepasados. La mayoría de los grandes líderes han sido estudiantes de la historia. El general George Patton afirmó: «No se estudia la historia únicamente para aprender las fechas. Se estudia la historia para aprender qué hacer bien y qué hacer mal».[5]

Las posibilidades en el desierto

Me pregunto si Josué reflexionaba, en sus momentos de soledad en el desierto, tratando de comprender por qué Dios castigaba tan severamente la desobediencia. ¿Y qué de Moisés? Un hombre de Dios tan poderoso, sin embargo también fue castigado por su desobediencia e irreverencia. ¿Podría Josué ignorar la verdad de que nadie, ni siquiera alguien que había sido usado para dividir el Mar Rojo, estaba exento de responsabilidad ante el poderoso y santo Dios?

¿Adoptó Josué una vida de oración durante toda esa travesía en el desierto, que le serviría de conexión directa con Dios cuando dirigiera el ejército? ¿Usó Josué ese tiempo para desarrollar los hábitos personales de meditación y pureza moral que caracterizarían su vida futura? ¿Le aseguró Dios a Josué, de forma clara e inequívoca, los planes que tenía para él durante ese tiempo?

Mientras Moisés discutía y resistía la voluntad de Dios para su vida, Josué parece tener una determinación sólida durante su tiempo de liderazgo. ¿Podría ser que después de estar en comunión con Dios durante cuarenta años en el desierto que todas sus dudas y preocupaciones se resolvieran? Es evidente que Josué no malgastó este tiempo. Mientras otros estaban simplemente matando el tiempo, Josué surgió como un líder nacional. Después de cuatro décadas salió bien preparado para dirigir con valentía a su pueblo frente a numerosos y aparentemente insuperables desafíos.

Durante cuarenta años Josué fue testigo clave de las consecuencias de la desobediencia.

CONCLUSIÓN

Algunas personas heredan posiciones de liderazgo. Otras, las ganan. Josué sin lugar a dudas pertenece a este último grupo. Nada fue fácil para él. La esclavitud inicial de Josué no fue producto de su propio fracaso, sino de las decisiones que otros habían hecho siglos antes. De la misma manera, los prolongados años de Josué en el desierto no eran una penitencia por su propio pecado, sino por los fracasos de otros. Un hombre común se hubiera amargado, pero Josué era muy inteligente para hacerlo.

Él no siempre pudo elegir sus circunstancias pero pudo elegir cómo responder ante ellas. Los líderes sabios rehúsan dejar que las crisis los destruyan. Usan los obstáculos a su favor. Los tiempos de espera pueden ser agonizantes para un líder. Josué sacó el mayor provecho de su tiempo de transición. No desperdició los años quejándose de las oportunidades perdidas. Aprovechó las oportunidades que Dios le concedió. Y lo más importante, nunca descuidó su propio caminar con Dios. Debido a su fidelidad, mantuvo su esperanza.

Josué enfrentó dificultades que en su mayoría nunca nos han venido a nosotros, sin embargo permitía que Dios le interpretara esas circunstancias.

Él enfrentó las mismas pruebas que produjeron la desaparición de miles de otros, pero salía más fortalecido. Tenemos la oportunidad de hacer lo mismo. El éxito no depende de nuestra herencia, si no de nuestro Padre celestial. No depende de lo que otros hagan, sino de lo que nosotros escojamos hacer. Una vida efectiva no se circunscribe a oportunidades doradas y golpes de suerte. El éxito se determina por cómo responderemos ante las circunstancias que Dios nos permite experimentar.

Algunas personas heredan posiciones de liderazgo. Otras, las ganan.

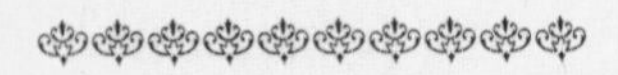

Dios puede usar su vida significativamente, tal y como usó la de Josué. La pregunta es: ¿Está preparado para dejarlo?

POSIBILIDADES SIN LÍMITES

- Dios usó a Josué a pesar de su pasado.
- Dios usó a Josué a pesar de su juventud.
- Dios usó a Josué a pesar de los demás.
- Dios usó tiempos de transición en la vida de Josué.

PREGUNTAS A CONSIDERAR

1. ¿Interfiere su pasado para que Dios le use de forma significativa para sus propósitos? ¿Qué de su situación actual? ¿Cómo está respondiendo ante esas circunstancias?
2. ¿Está en la actualidad en un tiempo transitorio? ¿Está haciendo buen uso de su tiempo? ¿Cómo será una mejor persona después de la transición?
3. ¿Qué ha aprendido al observar los errores de los demás? ¿Son estas personas específicas, cuyas vidas sobresalen, una advertencia gráfica para usted? ¿Qué advertencias muestran sus vidas?
4. ¿Está actualmente esperando que el Señor haga algo en su vida? ¿Tiene paciencia? ¿Qué le está enseñando Dios en este proceso?

DOS

Aproveche los momentos de fidelidad

Sus aspiraciones eran ser soldado. Sin embargo su temprana carrera estaba plagada de fracasos y desengaños. En su primera asignación militar inadvertidamente emboscó a un grupo de soldados extranjeros, lo que desató una guerra de siete años. Durante ese conflicto, este ambicioso soldado recibió órdenes de establecer un campamento en territorio enemigo. Fue tan desastrosa la selección de su campamento que tuvo que rendirse casi inmediatamente junto a un regimiento de sus soldados.

Después sirvió como asesor del general, pero cuando este siguió su consejo, el ejército sufrió una de las derrotas más humillantes y contundentes de la historia. Cuando se le asignó llevar refuerzos a un compañero oficial, se le confundió con el enemigo. Comenzaron a disparar a sus soldados y antes de que se dieran cuenta de su error, cuarenta de sus hombres yacían muertos o heridos.

Su temprana carrera militar dejó tanto qué desear que él mismo declaró: «Desde que me enrolé en el ejército no he sido más que un perdedor».[1] Con un comienzo tan poco promisorio es comprensible que George Washington vacilara aceptar el comando de todas las fuerzas americanas durante la Revolución Americana. En su discurso de aceptación afirmó:

«En este día declaro con la mayor sinceridad ante cada caballero presente en este recinto, que no creo que mi persona se equipare con el título de comandante con el cual se me honra».[2]

POSIBILIDADES QUE BRINDA LA FIDELIDAD

Los padres fundadores de la república americana reconocían que aunque Washington se sentía inadecuado para la tarea y todavía no se destacaba como un general exitoso, había cumplido cada una de sus asignaciones con fidelidad y diligencia. Washington había trabajado fervientemente para su patria durante muchos años. Había sufrido muchos contratiempos y derrotas. En numerosas ocasiones confrontó el fuego del enemigo. Durante la derrota desastrosa que sufrió en manos del general Braddock, cuatro balas le atravesaron la chaqueta.

Cualquiera que conocía a Washington quedaba impresionado de su capacidad de resistencia. Se comportaba como un soldado veterano que siempre cumplía su deber. Cuando llegó el momento de que su país escogiera al comandante de uno de los ejércitos más grandes de la historia, pareció prudente que se pensara en él.

La lección más básica en el liderato espiritual: si eres fiel en lo poco, Dios te dará más.

Algunos líderes aspirantes constantemente buscan «la gran oportunidad de su vida». Distribuyen sus hojas de currículum, solicitan puestos de trabajo importantes y prestigiosos. Usan tácticas políticas para ganar amigos y formar alianzas. Tristemente, aquellos que procuran servir a Dios a medias siguen el mismo patrón. Al hacerlo, niegan la lección más básica en el liderato espiritual: si eres fiel en lo poco, Dios te dará más (Mateo 25.21; Lucas 16.10).

La fidelidad fue clave en el éxito de Josué. Y lo más importante, Dios fue la clave del éxito de Josué. Dios se relaciona con las personas en base a un pacto o promesa. Dios dijo que respondería a la obediencia de una manera y a la desobediencia de otra (Deuteronomio 27.11—28.68). Cuando la gente confía en Él, viene la recompensa, a veces de forma milagrosa. Pero cuando la gente rehúsa creer en Él, pierden todo lo que Dios tenía para ellos y tienen que enfrentar la disciplina.

Solo Dios sabe lo que pudo haber sucedido en las vidas de los compañeros de Josué si hubieran obedecido la voluntad de Dios revelada en sus vidas, pero Josué era diferente. Como era fiel, experimentó la bendición y el poder de Dios en todo lo que hacía. Paso a paso, la obediencia de Josué le llevó al puesto de liderazgo de mayor relevancia de la nación.

Josué no pidió ser ayudante de Moisés. Dios lo escogió. Cuando Moisés consultó con Dios sobre quién debería dirigir al pueblo, Dios nombró a Josué:

> Entonces respondió Moisés a Jehová, diciendo: «Ponga Jehová, Dios de los espíritus de toda carne, un varón sobre la congregación, que salga delante de ellos y que entre delante de ellos, que los saque y los introduzca, para que la congregación de Jehová no sea como ovejas sin pastor». Y Jehová dijo a Moisés: «Toma a Josué hijo de Nun, varón en el cual hay espíritu, y pondrás tu mano sobre él; y lo pondrás delante del sacerdote Eleazar, y delante de toda la congregación; y le darás el cargo en presencia de ellos. Y pondrás de tu dignidad sobre él, para que toda la congregación de los hijos de Israel le obedezca. Él se pondrá delante del sacerdote Eleazar, y le consultará por el juicio del Urim delante de Jehová; por el dicho de él saldrán, y por el dicho de él entrarán, él y todos los hijos de Israel con él, y toda la congregación» (Números 27.15-21).

LAS ASIGNACIONES DE DIOS

Su éxito no fue producto de su «duro trabajo». Dios se lo dio.

Josué nunca se propuso subir la escalera del éxito, ni tampoco emprendió la carrera de liderazgo. No pensó en lo talentoso que era y decidió por la carrera militar. Servía a Moisés porque esa era la asignación de Dios para él. La iniciativa vino de Dios. Esta verdad sostenía a Josué durante los días más terribles producto de la dificultad extrema de dirigir al pueblo de Dios.

Benjamín Franklin dijo: «Dios ayuda a los que se ayudan a sí mismos». Este slogan sirve como demanda para mucha gente porque suena «bíblico» y contiene algo verídico. La historia de la vida de Josué demuestra un enfoque diferente hacia la vida. Se ha dicho de Benjamín Franklin que «nunca se conformaba cuando las oportunidades se le presentaban».[3]

Como muchos otros, nunca perdió la oportunidad de avanzar en su carrera. Con mucho ahínco procuraba lo que quería.

Hoy día la gente de nuestra generación practica y promueve la misma actitud. Estudian y planifican cómo mejorar sus puestos. Se les denomina «buenos trabajadores». Cuidadosamente monitorean sus salarios y beneficios para cerciorarse que reciben el máximo retorno por sus esfuerzos. Se les percibe como «buenos administradores del dinero».

Si consiguen puestos importantes es por sus propios esfuerzos.

Es posible que se sientan orgullosos por sus propios logros, pero nunca sabrán la influencia o la satisfacción que se derivan de saber que Dios nos ha nombrado en esos puestos. La vida de Josué ciertamente se podría catalogar como una historia exitosa, pero su éxito no fue producto de su «duro trabajo». Dios se lo dio. Lo mismo sucedió con José, Daniel y David. Tuvieron mucho éxito —incluso según los estándares del mundo—, pero no lo obtuvieron según el mundo. Benjamín Franklin pudo haber sido más certero si hubiera dicho: «Dios ayuda a los que obedecen su voluntad». El llamado a la acción aún está allí, pero los esfuerzos se inician y se logran a través de Dios más que en nuestras propias estrategias. Una de las características de Josué era ser un hombre de acción. No estaba ocioso esperando que Dios actuara. Sin embargo, la clave del éxito de lo que Josué hacía era la voluntad de

Él trazó la agenda en la vida de Josué y este se mantuvo extremadamente ocupado en obediencia.

Dios. Él trazó la agenda en la vida de Josué y este se mantuvo extremadamente ocupado en obediencia. Su fidelidad absoluta fue evidente mucho antes de que sucediera a Moisés.

JOSUÉ: FIEL DESDE EL PRINCIPIO

Los primeros trabajos dicen mucho. Los líderes emergentes a menudo no poseen la pericia y destrezas que trae la experiencia, pero la actitud que muestran ante sus primeras asignaciones pueden predecir cómo van a manejar las responsabilidades futuras. La primera asignación de Josué fue dirigir al ejército israelita en la batalla contra los odiosos amalecitas.

Amalec era nieto de Esaú, hijo de Elifaz y su concubina Timna (Génesis 36.12, 16). Esaú había rechazado el plan de Dios para su vida. Amalec hizo lo mismo y con una actitud de venganza. Los nómadas amalecitas se convirtieron en enemigos acérrimos de Israel. Cuando los hijos de Israel viajaban hacia Canaán, los amalecitas los atacaron.

Su agresión fue particularmente vil porque los amalecitas no atacaron en buena lid. Más bien, esperaron hasta que los israelitas estuviesen agotados del viaje, luego emboscaron a los rezagados que estaban detrás del séquito militar. Atacar al débil y el desamparado se percibía como un acto de crueldad (Deuteronomio 25.17-19). En respuesta al ataque, Moisés instruyó a Josué que movilizara a los soldados y contraatacara (Éxodo 17.8-16).

«E hizo Josué como le dijo Moisés» (Éxodo 17.10).

Moisés observó la escaramuza desde la cima de una colina mientras Josué atacaba al enemigo. Siempre que Moisés levantaba sus brazos en intercesión por Josué y su ejército, los israelitas prevalecían (Éxodo 17.11).

Mientras el joven Josué peleaba su primera batalla, su mentor lo observaba, intercediendo por él con toda su fuerza.

Cuando los brazos de Moisés se cansaban y se veía obligado a bajarlos, los amalecitas tomaban ventaja. Dios mostró un hermoso cuadro de un anciano estadista reforzando a un líder emergente. Mientras el joven Josué peleaba su primera batalla, su mentor lo observaba, intercediendo por él con toda su fuerza.

Después que terminó la batalla, Moisés edificó un altar y lo llamó Jehová-Nisi, que quiere decir: «El Señor es mi bandera» (Éxodo 17.15). Moisés estaba subrayando que Dios había peleado por ellos en contra de sus enemigos. Josué había terminado exitosamente su primera gran asignación y llegado a comprender en realidad lo que significaba la intervención de Dios en su vida. Siglos más tarde estos mismos amalecitas protagonizarían la destrucción de otro joven líder, el rey Saúl, porque este escogió desobedecer la dirección de Dios (1 Samuel 15; 2 Samuel 1.13-16).

JOSUÉ: FIEL A SU NOMBRE

¿Ha escuchado sobre Hiram Grant? Probablemente no, pero cuando el joven Grant solicitó ingresar a la academia militar West Point, su padre acudió en ayuda del congresista Thomas Harder. Al Harder apresurarse en solicitar la nominación, puso por equivocación el nombre de Ulysses S. Grant en lugar de Hiram Ulysses Grant.[4] A pesar de que tiempo después Grant hizo varios intentos para corregir su nombre en los recursos militares, la historia se encargaría de traer fama y significado a un nombre que ni siquiera le pertenecía.

Un nuevo título no asegura un nuevo carácter: la obediencia sí.

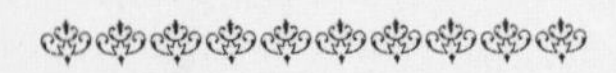

En la era del Antiguo Testamento, el nombre de un judío era importante porque se consideraba un reflejo de su carácter. Las Escrituras nos muestran que cuando Dios tuvo un encuentro personal con su pueblo, a menudo cambió sus nombres para que reflejaran Su voluntad para ellos. Abram y Sarai se convirtieron en Abraham y Sara para significar que Dios establecería una nación por medio de ellos (Génesis 17.5-15).

El nuevo nombre de Jacob fue *Israel*, que significa: «Dios pelea», para equiparar la obra de Dios en su vida (Génesis 32.28). Más que quedarse como engañador y usurpador, se convertiría en patriarca del pueblo de Dios. Jesús cambió el nombre de Simón por Pedro, «roca», para equiparar el carácter fuerte que Dios desarrollaría en él (Juan 1.42).

Aunque por lo general el cambio de nombre significaba un cambio inmediato de función, automáticamente no significaba una alteración inmediata en el carácter. Eso vendría por medio de la obediencia, cuando las personas permitían que Dios los moldeara para equiparar sus nuevas identidades. Por ejemplo, la Biblia señala que según el nombre, los cristianos son hijos de Dios, sin embargo no todo cristiano se comporta como heredero de Dios (Romanos 8.14-17). El grado por el cual los cristianos asumen las características de su nueva identidad depende de cada creyente. De la misma manera, la Biblia llama santos a los redimidos por Cristo (Romanos 1.7). Pero vivir una vida de santidad es una decisión que cada cristiano toma personalmente. Un nuevo título no asegura un nuevo carácter: la obediencia sí.

Era un acto altamente significativo cuando Dios cambiaba el nombre de una persona. Cuando Dios le dio un nuevo nombre a Josué (el anterior era Oseas), la diferencia fue significativa (Números 13.16). Oseas, que significa «él ha salvado», era un nombre bueno y respetable. Josué significaba «Jehová salva».

Dios se movía de lo general a lo específico. Oseas no se refería a un dios en particular. En una época de idolatría desenfrenada, el nombre pudo referirse a cualquiera de los dioses falsos. Pero Josué especificaba al único Señor Dios. Era personal. Y de veras, Josué llegó a experimentar a Dios de manera personal y continua. El cambio de nombre era sutil, pero la diferencia era profunda. Oseas tenía una religión. Josué tenía una relación con Dios. Por el resto de su vida, Josué procuró el llamado de Dios para relacionarse con Él más que simplemente llegar a ser un líder religioso.

¿LLAMADO O PROFESIÓN?

¿Cuál es la diferencia entre seguir un llamado y desarrollar una carrera? La vida de Richard Nixon demuestra esto último. Creció en la pobreza. Él recuerda que muchas veces lo único que comía era harina de maíz. Debido a su dedicación en la escuela, a Nixon le ofrecieron una beca en la Escuela de Leyes de la Universidad de Harvard, en Massachussets. Sin embargo, tuvo que rechazarla. No tendría dinero para viajar a California para ayudar a sus padres durante las vacaciones.[5] Mientras Nixon estudiaba en Whittier College, se mudó a un depósito de herramientas para ahorrar dinero.

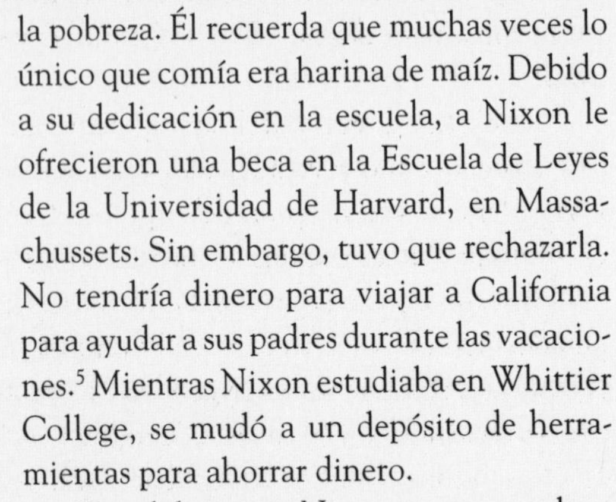

Por el resto de su vida, Josué procuró el llamado Dios para relacionarse con él más que simplemente llegar a ser un líder religioso.

De adolescente, Nixon no era popular y esto le fastidiaba. De hecho, luchó toda la vida contra su inseguridad. Para él le era prácticamente imposible confiar en los demás. Quizás debido a que él mismo justificaba usar medios cuestionables si servían a sus propios intereses. Cuando se ponía nervioso sobre su récord académico, entraba sin previo aviso a la oficina del decano para averiguar sus notas finales.[6] En el terreno político, utilizó medios dudosos para ganar elecciones y conseguir influencia.[7]

Su forma agresiva de conseguir lo que se proponía le llevaron a convertirse en vicepresidente de los Estados Unidos, en la administración de Dwight Eisenhower. Era una ruta viable hacia la Oficina Oval de la Casa Blanca. Sin embargo, Eisenhower tuvo problemas con su asociado. Reconocía que Nixon tenía las habilidades e inteligencia para ser un líder nacional, pero a Eisenhower le preocupaba que Nixon no daba indicios de cambios positivos en su carácter. La secretaria de Eisenhower, Ann Whitman, declaró: «El presidente es un hombre de integridad y muy sincero en todo lo que hace… Irradia esto, todo el mundo lo sabe, todo el mundo lo quiere y confía en él. Pero el vicepresidente a veces parece actuar como una persona agradable, en lugar de serlo en realidad».[8]

Incluso el propio Nixon reconocía sus debilidades. Interesantemente, después que fue electo presidente, hizo numerosos intentos para desarrollar su carácter al nivel de un líder nacional. Irónicamente, su meta para el año 1971-1972 fue «Presidente como líder moral».[9]

No obstante, su inhabilidad fundamental para confiar en la gente claramente fue revelada. Después de solo veintisiete días en la Casa Blanca, Nixon opinó de la prensa frente a un colaborador de esta forma: «No entiendes, ellos están prestos a destruirnos».[10]

Sin embargo, ni sus repetidas resoluciones ni su amistad con respetados líderes, incluyendo a Billy Graham, produjo algún cambio. Nixon persistentemente sospechaba de otros y continuamente cuestionaba sus motivos. Él se aisló de los demás. Era paranoico, convencido que todos los que le rodeaban tramaban su destrucción. Aun cuando todo indicaba que iba ser el vencedor indiscutible por segunda vez en las elecciones presidenciales de 1972, el presidente constantemente buscaba medios cuestionables y encubiertos para socavar y vencer a sus opositores.

Nixon al fin y al cabo logró su sueño de niño, pero el escándalo de Watergate lo convirtió en una horrible pesadilla y le produjo su debacle. Tenía la habilidad para lograr las posiciones más encumbradas de su carrera, pero nunca permitió que Dios desarrollara un carácter que equiparara su enorme responsabilidad. Su historia es infame, pero no es poco común. Es trágico cuando las personas ponen todo su empeño para lograr el éxito, más que en desarrollar una relación íntima con Dios. Un puesto de liderazgo sin el carácter correspondiente ineludiblemente conduce al fracaso. Josué desarrolló una relación con Dios más que su carrera y como resultado, la gente estudia su vida e influencia miles de años después.

Un puesto de liderazgo sin el carácter correspondiente ineludiblemente conduce al fracaso.

JOSUÉ: UN CREYENTE FIEL

Después de una desalentadora campaña militar al inicio de su carrera, el duque de Wellington señaló que había «aprendido lo que no se debe hacer, y eso es siempre significativo».[11] La reputación de los líderes no se fundamenta únicamente en lo que hacen. Lo que optan por no hacer es importante también.

Cuando los israelitas llegaron al Monte Sinaí, Moisés llevó a Josué a la cima de la montaña para que tuviera una experiencia inolvidable (Éxodo 24.13; 32.17-18). Las Escrituras señalan: «Y la gloria de Jehová reposó sobre el monte Sinaí...Y la apariencia de la gloria de Jehová era como un fuego abrasador» (Éxodo 24.16-17). Al pie del Monte, Aarón y Hur quedaron como líderes por cuarenta días mientras Moisés y Josué estuvieron ausentes (Éxodo 24.14). Durante el encuentro sagrado que Moisés y Josué tuvieron con Dios, Dios le dio a Moisés los diez mandamientos. También detalló instrucciones especificas sobre la adoración y una vida santificada.

Mientras tanto, sin sus líderes, los que se habían quedado detrás se pusieron inquietos y comenzaron a alborotarse. Uno de los grandes fracasos de la historia bíblica tuvo lugar cuando los hebreos intimaron a Aarón, sacerdote de Dios, para que les construyera un dios que pudieran ver y adorar. Él tomó el oro que le dieron a regañadientes y lo convirtió en un becerro de oro (Éxodo 32.1-6). A pesar de haber atestiguado los poderosos juicios de Dios contra sus enemigos y después de ellos mismos haber experimentado Su milagrosa provisión, los israelitas voluntariamente abandonaron al Dios verdadero por una estatua inerte. ¡Qué increíble afrenta al Dios todopoderoso!

UN ESPÍRITU DISPUESTO

El contraste entre Aarón y Josué es revelador. Nunca leemos acerca de Josué cediendo a la presión del pueblo. Aarón, sin embargo, parece haber sido persuadido con facilidad. Cuando diez de los doce espías se oponían a que el pueblo entrara a la tierra prometida, no hay indicios de que Aarón se manifestara a favor de obedecer a Dios, tal y como lo hizo Josué, no obstante ser Aarón el vocero elegido por Dios (Éxodo 4.14-16). Era un orador talentoso. Uno puede imaginarlo animando a las multitudes para que hicieran lo correcto, de la misma manera que Demóstenes brillantemente exhortó a sus coterráneos atenienses o a Cicerón desafiando a sus paisanos romanos. Pero Aarón aparentemente se quedó callado cuando debió haber encarrilado el pueblo hacia Dios.

Por otro lado, Josué no se muestra como un orador elocuente, sin embargo nunca dejó de hablar como vocero de Dios. La verdad es que la elocuencia sin obediencia no vale nada. De hecho, es peligrosa. Dios probó por medio de Josué y otros líderes incontables que un espíritu dispuesto es lo que Él busca cuando despliega su poderosa obra. Tal vez el reconocimiento de Josué de que no era un orador talentoso le permitió depender completamente del Señor y de esta forma llegar a ser un líder tan eficaz.

La elocuencia sin obediencia no vale nada. De hecho, es peligrosa.

DIOS ESCOGE EL CARÁCTER

¿Por qué Dios permitió a Josué acompañar a Moisés al monte? (Éxodo 24.12-13). ¿Necesitaba el anciano Moisés que Josué lo cuidara mientras iba al encuentro con Dios? Ya sea que Moisés necesitara a Josué o no, Dios debió haber querido que Josué tuviera un encuentro con Él que transformara su vida, tal y como lo tuvo Moisés. Josué necesitaba una experiencia íntima con Dios para llevar a cabo la enorme tarea que le aguardaba.

Dios confiere asignaciones a quienes tienen el carácter para llevarlas a cabo. Dios tenía una asignación increíblemente difícil para Josué, así que moldeó su carácter, en parte por medio de la presencia de Josué en el monte. Ese momento profundo en la cima trazó la pauta para una intimidad de por vida entre Dios y Josué.

Cada encuentro con Dios abre posibilidades sin límite. Nadie sale sin transformarse ante un encuentro con Dios. Como le sucedió

Dios confiere asignaciones a quienes tienen el carácter para llevarlas a cabo.

a Josué. Quizás el sonido de la voz de Dios retumbó en los oídos de Josué por el resto de su vida. ¿Recordaba Josué a menudo el fuego, el trueno, el relámpago y el humo que cubrieron al monte durante esos aterrorizantes días? ¿Fue tan abrumadora la experiencia de Josué que jamás dudó de Dios posteriormente? ¿Le dio el encuentro tanto terror a Josué que temió la ira de Dios hasta la hora de su muerte?

Indudablemente, el encuentro divino que Josué tuvo en el Monte Sinaí fue una experiencia tan culminante que definió el resto de su vida. Su presencia con Moisés produjo esta oportunidad y su ausencia de los rebeldes israelitas evitó que fuera partícipe de los acontecimientos impíos que se desataban al pie de la montaña.

A veces es tan importante donde estamos como donde *no* estamos. Si Josué hubiese estado entre los rebeldes israelitas, parece improbable que hubiese comprometido su fe como lo hizo Aarón. Podría haberse quedado firme, una vez más, frente a la ola de apostasía. Podría incluso haber sido martirizado por su piadosa firmeza. La determinación de Aarón demostró ser insuficiente en tiempo de la prueba.

Pronto surgiría Josué como el estadista espiritual, pero esta vez Dios estaba fortaleciéndole su fe en lugar de ponerla a prueba. Ninguno de nosotros sabe cuán a menudo Dios nos ha librado de la misma manera, pero a veces miramos con sabiduría en retrospectiva y agradecemos a Dios por preservarnos de la tentación y la tragedia.

La protección de Dios

El padre de Henry, Gerald Blackaby, fue un cristiano devoto que sirvió en el ejército canadiense durante la Primera Guerra Mundial. Manejó la ametralladora en numerosas batallas. En una ocasión le pidieron que saliera brevemente de su trinchera y cuando regresó encontró un enorme cráter en el lugar donde hasta hace poco estaba en cuclillas. ¡Sus compañeros soldados estaban asombrados de verle con vida!

En otra ocasión, se estaba preparando para una incursión en tierra de nadie cuando su arma dejó de funcionar. Cuando se detuvo y luchó por componerla, un camarada ofreció tomar su lugar delante de la línea de combate. Tan pronto el soldado saltó fuera de la trinchera, cayó abatido por una bala enemiga. Este y otros dramáticos momentos en la vida de Blackaby le hicieron comprender profundamente que Dios lo estaba protegiendo por algún propósito. Pasó el resto de su vida fielmente sirviendo a Dios, llevando a numerosas personas a los pies de Cristo y ayudando a fundar varias iglesias.

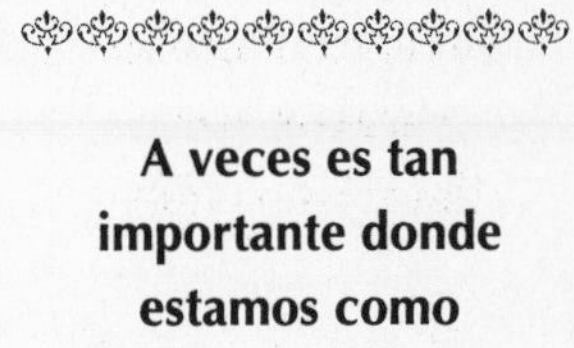

A veces es tan importante donde estamos como donde *no* estamos.

Henry y sus dos hermanos crecieron con el conocimiento que Dios tenía planes singulares para su familia. Ahora los miembros de la tercera generación ya son adultos y están transfiriendo la rica herencia cristiana a sus hijos. Aunque el viejo Blackaby partió de este mundo hace muchísimos años, estaría contento de saber que sus nietos están sirviendo fielmente a su Señor, ocho en el ministerio cristiano a tiempo completo. Y ahora, su biznieto mayor, Mike Blackaby, está en el seminario en respuesta al llamado de Dios para su vida.

Josué siempre supo que Dios le había llamado para un propósito especial para servirle y traer honra a Su nombre. Y pasó toda una vida haciendo exactamente eso. Como resultado, vivió de tal forma que siempre demostró su absoluta confianza en Dios y siempre trajo gloria a Dios.

JOSUÉ: FIEL COMO MINORÍA

Los israelitas acampaban en Cades-barnea, que bordeaba la tierra prometida. Había llegado el momento para que una misión de reconocimiento inspeccionara la tierra antes de su ataque inicial (Números 13.1-2). Bajo instrucciones de Dios, Moisés escogió a un líder influyente de cada tribu para esta misión trascendental. Es revelador que Josué haya sido elegido (Números 13.8). Efraín era una tribu muy numerosa; sin lugar a dudas había una gran cantidad de hombres jóvenes y líderes mayores respetables que estaban listos para la tarea.

Esta era una misión apasionante pero peligrosa. La tierra alegadamente estaba habitada por gigantes malévolos. Enormes y formidables fortalezas protegían los caminos principales. La captura, la tortura y la muerte eran posibilidades viables. La misión también tenía gran importancia desde el punto de vista estratégico. Los doce espías recogerían información crucial para determinar la mejor ruta de invasión que tenían que tomar los israelitas para la conquista. El futuro de la nación descansaba en el éxito de una docena de exploradores.

Desde luego, el informe de los espías era infame ahora. Primero, confirmaron que Canaán era exactamente como Dios había prometido: «Nosotros llegamos a la tierra a la cual nos enviaste, la que ciertamente fluye leche y miel; y este es el fruto de ella» (Números 13.27). Todos fueron impactados por la tierra, pero diez de ellos se intimidaron por las demás cosas que vieron:

> «Mas el pueblo que habita aquella tierra es fuerte, y las ciudades muy grandes y fortificadas; y también vimos allí a los hijos de Anac. Amalec habita el Neguev, y el heteo, el jebuseo y el amorreo habitan en el monte, y el cananeo habita junto al mar, y a la ribera del Jordán» (Números 13.28-29).

Sí, la tierra era hermosa, pero inmensos obstáculos se asomaban delante de ellos. Estos hombres vieron personalmente las terribles plagas de Egipto; vieron a Dios destruir al poderoso ejército egipcio en el Mar Rojo; vieron a Dios destruir a los amalecitas a lo largo de la travesía; y milagrosamente fueron alimentados en el desierto. No obstante, dudaron que Dios pudiera darles la victoria en esta ocasión.

A pesar de una historia nacional imbuida de las obras poderosas de Dios, diez de los espías analizaron la situación desde el punto de vista humano. Su miedo los convenció que conquistar a Canaán era imposible. Eso es un prototipo familiar.

Siglos después, Jesús reprendió a sus doce discípulos por no confiar en Él a pesar de los milagros que había realizado: «Y entendiéndolo Jesús, les dijo: ¿Qué discutís, porque no tenéis pan? ¿No entendéis ni comprendéis? ¿Aún tenéis endurecido vuestro corazón? ¿Teniendo ojos no veis, y teniendo oídos no oís? ¿Y no recordáis? Y les dijo: ¿Cómo aún no entendéis?» (Marcos 8.17-18, 21)

Durante la Segunda Guerra Mundial, el extrovertido general estadounidense George Patton dijo: «La cobardía es una enfermedad que debe ser tratada inmediatamente antes de que se convierta en epidemia».[12] De la misma manera, el jefe de Patton, el general Dwight Eisenhower, señaló: «El optimismo y el pesimismo son contagiosos y se propagan más rápidamente de la cabeza hacia abajo que en cualquier otra dirección».[13]

Así que diez de los líderes más respetados de Israel expresaron sus propios temores desenfrenados y se propagaron como una extensa epidemia. El pueblo temblaba de terror. Y para sellar el asunto, los espías reiteraron: «La tierra donde pasamos para reconocerla, es tierra que traga a sus moradores; y todo el pueblo que vimos en medio de ella son hombres de grande estatura. También vimos allí gigantes… y éramos nosotros, a nuestro parecer, como langostas; y así les parecíamos a ellos» (Números 13.32-33).

Con esto, aun los ancianos venerables y guerreros más valientes se dieron por vencidos. No nos sorprende que Dios tiempo después ordenara a los comandantes militares israelitas que regresaran a su casa a cualquier soldado que tuviese miedo del enemigo para que su cobardía no afectara a sus demás compañeros soldados (Deuteronomio 20:8).

El pánico se extendió por la multitud como la grama ardiente de una pradera. Estaban unidos en un grito desesperado producto de su angustia compartida. De alguna forma Caleb logró tranquilizar a la multitud:

Entonces Caleb hizo callar al pueblo delante de Moisés, y dijo:

> «Subamos luego, y tomemos posesión de ella; porque más podremos nosotros que ellos...» Josué y Caleb imploraron: «La tierra por donde pasamos para reconocerla, es tierra en gran manera buena. Si Jehová se agradare de nosotros, él nos llevará a esta tierra, y nos la entregará; tierra que fluye leche y miel. Por tanto, no seáis rebeldes contra Jehová, ni temáis al pueblo de esta tierra; porque nosotros los comeremos como pan; su amparo se ha apartado de ellos, y con nosotros está Jehová; no los temáis» (Números 13.30; 14.7-9).

Los enemigos excedían abrumadoramente a Josué y Caleb en número. El pánico paralizaba a sus paisanos. Sus diez camaradas, todos líderes influyentes entre las tribus, echaron agua fría a cualquier posibilidad de éxito. Aun así, Josué y Caleb rehusaron retroceder. Se arriesgaron a que los lapidaran al urgir a la multitud a que tuvieran fe (Números 14.10). Ellos sabían que Dios los libraría si el pueblo confiaba en Él. Tal acto de valentía al comienzo de la vida de Josué nos muestra algo de su carácter. Estaba presto a obedecer la palabra de Dios, a pesar del precio que tenía que pagar por ello. Un liderazgo espiritual fuerte exige tal grado de integridad.

JOSUÉ: FIEL EN LA ADORACIÓN

«Y hablaba Jehová a Moisés cara a cara, como habla cualquiera a su compañero. Y él volvía al campamento; pero el joven Josué hijo de Nun, su servidor, nunca se apartaba de en medio del tabernáculo» (Éxodo 33.11).

Estaba presto a obedecer la Palabra de Dios, a pesar del precio que tenía que pagar por ello.

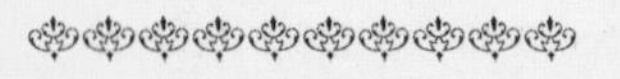

El tabernáculo de reunión sobresalía de lejos, representando el lugar donde Dios se encontró con su pueblo. Cuando Moisés dejaba el campamento para trasladarse al tabernáculo especial, su corto viaje siempre producía una conmoción en el asentamiento.

Cada hombre se paraba a la entrada de su propia tienda y observaba a Moisés desaparecer dentro del lugar de reunión. Mientras Moisés se encontraba con Dios, cada hombre adoraba al Señor a la puerta de su propia tienda (Éxodo 33.8-11). Cuando regresaba, el brillo radiante en el rostro de Moisés evidenciaba ante todos que había estado con su Señor.

Aparentemente Moisés entraba y salía de la presencia de Dios en el tabernáculo pero Josué, su fiel colaborador, se quedaba en las inmediaciones del tabernáculo. Josué acompañaba a Moisés al lugar de reunión pero aparentemente no entraba con Moisés. Puesto que el lugar de reunión era una tienda, Josué podría haber oído la voz de Dios, si esta fuese audible. Incluso aunque no escuchara nada, Josué habría estado al tanto con la mordacidad de esos momentos. El efecto en Josué debió haber sido profundo. Siglos más tarde, las conversaciones con Su Padre intrigarían de la misma manera a sus discípulos, impeliéndoles a preguntar cómo ellos, también, podrían encontrarse con Dios como Él lo hacía (Lucas 11.1).

Josué aparentemente escogió pasar muchas horas en el tabernáculo. Es Dios quien mueve los corazones de su pueblo para que deseen estar más cerca de Él (Juan 6.44-45, 65). Obviamente, Dios estaba obrando en la vida del joven Josué. Tal vez al ver Josué con regularidad que Moisés se reunía con Dios, surgió dentro de su corazón un deseo cada vez mayor de conocer a Dios de manera similar. Josué no se conformó con solamente observar a los demás encontrarse con Dios. Pudo haber soñado del día cuando él entraría a la tienda también a encontrarse con Dios personalmente.

La tenacidad de Josué es notable. Se quedaba más tiempo en el lugar de adoración, pero su rostro no salía transformado como el de Moisés. El viejo caudillo disfrutaba de la intimidad espiritual producto de años de intimidad con Dios. No hay atajos para tal experiencia. Josué todavía estaba conociendo al Señor y sabiamente aprovechaba cualquier oportunidad que le permitiese pasar tiempo con Él.

Mientras Josué hacía todo lo que podía para acercarse a Dios, Dios decidió manifestarse a Josué y a los otros israelitas de otras maneras. A pesar de la reverencia que Josué tenía hacia Dios, y del hecho de que Dios le hablaba, Dios nunca hizo que su rostro brillara como el de Moisés. Esta fue la voluntad de Dios. Quizás no quería dividir la lealtad de los israelitas entre Moisés y Josué.

El Dios soberano escogió establecer una relación única con Moisés. De la misma manera, los israelitas tenían que conformarse con observar desde la puerta de sus tiendas cuando Moisés entraba para encontrarse con Dios. No habían sido llamados a la presencia de Dios como Moisés. Si intentaban entrar por la fuerza a la presencia de Dios sin invitación divina habría sido fatal para ellos (Éxodo 19.20-21).

Evidentemente, el rol de Josué como líder prominente le habría dado numerosos deberes administrativos para desempeñar. No sabemos todas las responsabilidades normales y difíciles que se derivaban por ser la mano derecha de Moisés. No obstante Josué optó con pasar cada tiempo disponible en la presencia de Dios. Seguramente tal inversión de tiempo y esfuerzo por parte de Josué cuando era joven contribuyó a su firme andar con Dios durante toda la vida. Haríamos bien si emuláramos su devoción.

JOSUÉ: FIEL ANTE LAS ADVERTENCIAS DE DIOS

La estrecha relación de trabajo que Josué tenía con Moisés le permitió ver de cerca la fidelidad de su mentor. También le dio una magnífica oportunidad para aprender de los errores de Moisés. Por ejemplo, Josué estuvo presente en el desierto cuando Dios le dijo a Moisés que le hablara a la peña para que brotara el agua para los israelitas sedientos (Números 20.1-13). Pero Moisés, harto y enojado por la murmuración de sus compatriotas, golpeó la peña en lugar de hablarle como Dios le ordenó. El agua brotó abundantemente, pero Dios solemnemente sentenció:

Es Dios quien mueve los corazones de su pueblo para que deseen estar más cerca de Él.

«Por cuanto no creísteis en mí, para santificarme delante de los hijos de Israel, por tanto, no meteréis esta congregación en la tierra que les he dado» (Números 20.12).

Dios no toleraría tal acto de desobediencia incluso de un líder espiritual parangón como Moisés. El mal genio de este le costó grandemente. Sólo podemos imaginarnos la gran conmoción de Josué cuando Moisés le dio la noticia. Josué seguramente podría comprender por qué a los rebeldes israelitas no se les permitió entrar a Canaán. Posiblemente estaba de acuerdo que los refunfuñadores hijos de Coré debieran castigarse por su insolencia (Números 16.1-40). Obviamente Aarón, que hizo el becerro de oro, debió sufrir las consecuencias.

Pero la ofensa de Moisés debió haber parecido pequeña, especialmente en vista de su trasfondo de fidelidad. Moisés había liberado los israelitas de Egipto. ¡Había pronunciado diez plagas contra los egipcios y había dividido el Mar Rojo! Había ascendido a la cúspide del aterrorizante monte Sinaí para recibir la ley de Dios. ¡Había hablado con Dios cara a cara! ¡Seguramente Él no le negaría el deseo de su corazón! Sin embargo, Dios culpó a Moisés de tratarlo sin reverencia delante de sus seguidores. Así que después de cuarenta años de conducir al pueblo de Dios, a Moisés se le prohibió cumplir el deseo de su corazón.

Imagínese las conversaciones que los líderes tuvieron mientras discutían la suerte de Moisés. ¿Le advirtió el avergonzado mentor a su protegido sobre las consecuencias de cometer el mismo error? ¿Exhortó a Josué que obedeciera las instrucciones de Dios tácitamente sin importar las circunstancias? La lección para Josué era clara: caminar con Dios no se trataba de una metodología; sino, más bien, de una relación.

Anteriormente Dios instruyó a Moisés que golpeara la peña y el agua brotó (Éxodo 17.6). La próxima vez que los israelitas necesitaban agua, Dios instruyó a Moisés que le hablara a la peña. Quizás Moisés estaba demasiado absorto con su enojo para darse cuenta de las especificaciones del mandato de Dios. Tal vez dependió únicamente del método que le había funcionado anteriormente (Números 20.8-12). Sea cual fuera el motivo, golpeó la peña dos veces en lugar de hablarle como se le había mandado. Podría parecer que decimos lo justo, pero Dios conoce el corazón y el descuido de Moisés le costó grandemente.

Caminar con Dios no se trataba de una metodología; sino, más bien, de una relación.

Tanto Moisés como Josué sabían que esta no era la primera vez que el mal genio de Moisés lo metía en líos. Su exabrupto colérico contra un egipcio le costó cuarenta años como furtivo de la justicia egipcia (Éxodo 2.11-15). La ira de Moisés le incitó a destruir las tablas originales donde estaban escritos los diez mandamientos (Éxodo 32.19, 34.4). Ahora la llama de su indisciplinada ira lo había quemado otra vez. Una mirada al desamparado Moisés pudo haber hecho pensar a Josué sobre la gravedad de sus propios pecados.

Josué estaba a punto de recibir otra oportunidad dorada: aprender de los errores de los demás. Hasta el día de hoy Dios permite que la gente sea castigada en forma pública y dramática por desobedecer descuidadamente su palabra. Su humillación sirve como advertencia gráfica al resto de nosotros. ¡Qué aterrador es servir de ejemplo al desagrado de Dios! (Hebreos 10.31).

Es probable que el joven Josué tratara de consolar a su amigo. Quizás exhortó a Moisés que acudiera a Dios para que revirtiera su decisión. Ambos sabían que Moisés había logrado mucho al servicio de Dios. Seguramente Dios tomaría esto en cuenta. No obstante, Moisés conocía bien a Dios. Estaba bien al tanto de la santidad de Él. Dios tenía todo el derecho de exigir el respeto que Moisés había dejado de darle y Moisés lo sabía.

Dios también estaba enviando un claro mensaje al resto del pueblo: el que no obedece a Dios con humildad sufre las consecuencias. Cuando Moisés le rogó a Dios que se retractara de su juicio, Dios finalmente le ordenó que nunca se lo volviera a pedir (Deuteronomio 3.23-26). El espectro de la situación de Moisés debió haber recordado a todo el pueblo que reflexionasen en la urgente necesidad de obedecer los mandamientos de Dios. Obviamente *nadie* estaba exento de responsabilidad ante Dios. Este mordaz recordatorio sin lugar a dudas le vendría bien a Josué en años posteriores cuando asumió el rol que Moisés una vez tuvo.

CONCLUSIÓN

Josué no se ganó el favor de nadie a la brava. Ni de Dios ni de ningún hombre. Más bien, escogió la humildad y el servicio como estilo de vida. Dios seleccionó a Josué por su corazón, no por sus maquinaciones políticas. La Biblia repetidamente menciona la fidelidad de Josué en *todos* los mandamientos de Dios (Josué 5.15; 8.35; 10.40; 11.15, 23; 14.5; 23.6; 24.15.31).

No hay cabida para una obediencia parcial. Solamente la obediencia total satisface a Dios. Como Josué, podemos escoger servir a Dios de todo corazón o ser desobedientes. Josué aprendió que Dios tiene su propio estándar de fidelidad, y eso hace que nuestra propia opinión sea irrelevante. El escritor de Proverbios dijo: «Todos los caminos del hombre son limpios en su propia opinión; pero Jehová pesa los espíritus» (Proverbios 16.2)

De la misma manera que la obediencia parcial es un oxímoron, la obediencia demorada es también una contradicción de términos.

De la misma manera que la obediencia parcial es un oxímoron, la obediencia demorada es también una contradicción de términos. Posponer hacer lo que Dios ordena es una afrenta garrafal a su soberanía. Desde que Dios hablaba, Josué s- bía que el siguiente paso que daría era crucial. Josué desarrolló el - bito de obediencia espontánea para que cuando Dios habla respondiera inmediatamente.

A veces Josué no sabía adónde le conduciría su obedi

caminos no eran los de Dios (Isaías 55.8-9). Sin embargo, le fue fiel en las pequeñas y grandes asignaciones. Algún día daría una mirada retrospectiva para indagar su récord de sumisión a Dios.

Una vida de fidelidad no se fundamenta en las buenas intenciones, en actos de reconciliación con el Señor o en resoluciones de Año Nuevo. Se establece en una diaria determinación de hacer lo que Dios dice que se haga. No hay atajos para la fidelidad. La fidelidad requiere toda una vida de obediencia diaria al Señor. La acumulación de tal obediencia define a un poderoso siervo de Dios. Josué llegó a ser tal persona.

APROVECHE LOS MOMENTOS DE FIDELIDAD

- Josué: Fiel desde el principio.
- Josué: Fiel a su nombre.
- Josué: Un creyente fiel.
- Josué: Fiel como minoría.
- Josué: Fiel en la adoración.
- Josué: Fiel ante las advertencias de Dios.

PREGUNTAS A CONSIDERAR

1. ¿Cómo caracterizaría los primeros pasos de su caminar con Dios? ¿Fue fiel al hacer lo que Él le pidió? ¿Cómo afectó la manera en que comenzó su relación con Dios a su andar con Él hoy?
2. ¿Qué áreas de su carácter se han afectado más desde que comenzó a seguir a Cristo? ¿Qué áreas de su carácter está Dios actualmente forjando en su vida? ¿Cómo está cooperando con Dios mientras lo hace?

3. ¿Se deja influenciar con facilidad por los demás? ¿Ha sido su influencia en los demás para bien o para mal?
4. ¿Cómo ha preservado Dios su vida? ¿Siente que Dios tiene un propósito para usted? Si es así, ¿cuál cree que es?
5. ¿Está satisfecho de la forma que actualmente adora a Dios? ¿Cómo cree que Dios cataloga su adoración hacia Él? ¿Se conforma con una vida espiritual superficial? ¿Cuándo fue la última vez que tuvo un encuentro con Dios que transformó su vida? ¿Qué necesitaría hacer para profundizar su andar con Dios?
6. ¿Hay algunas personas a su alrededor que le sirven de recordatorio sobre el juicio de Dios? ¿Qué ha aprendido al observar cómo Dios ha tratado con los demás?
7. ¿Se podría describir su vida como una vida de fidelidad?

TRES

Dios sobreedifica en el pasado

Nació en circunstancias muy pobres, definidas por la escasez y las dificultades. Era un niño débil y enfermizo. Cuando era joven, añoraba formar parte de la Real Marina de Guerra Británica. Amaba la milicia pero solamente ocupaba el lugar número cuarenta y dos de un grupo de cincuenta y ocho estudiantes de la academia militar.[1] Era pequeño de estatura pero tenía un apetito voraz por la fama y la gloria. De hecho toda su vida fue impulsada por esa búsqueda de poder. Se convirtió en una fuerza considerable pero sus ambiciones personales condujeron a Europa al disturbio y a la guerra durante la mayor parte de su vida adulta.

Napoleón Bonaparte dejó una marca indeleble en la historia. Según su biógrafo, Paul Johnson, Napoleón fue responsable por los siguientes acontecimientos: el primer reclutamiento militar a gran escala de la historia, el surgimiento del nacionalismo alemán, el concepto de guerra total, el desarrollo de la primera policía secreta, el espionaje profesional a gran escala y el establecimiento de las maquinarias de propaganda gubernamental. De acuerdo a Johnson, «el estado totalitario del siglo veinte fue la progenie singular de la realidad y mito napoleónicos».[2]

Además, bajo el liderato de Napoleón, la otrora poderosa nación de Francia perdió 860.000 soldados y fue reducida a una potencia de segunda clase.[3] ¿Qué podemos decir de este hombre? Después de numerosas batallas y campañas, alcanzó el pináculo del poder, gobernando a medio continente y a ochenta millones de personas. Luego sufrió una derrota humillante y fue exiliado a una isla remota de apenas once kilómetros de ancho y treinta de longitud.

Paul Johnson asegura que solo hay un hombre sobre el cual se haya escrito más que Napoleón, Jesucristo. Toda la vida Napoleón fue presa de su pasado. Su origen pobre fue cubierto por el escándalo, lo que produjo que los líderes mundiales lo miraran con desdén. A pesar de sus brillantes conquistas militares, las familias reales de Europa rehusaban aceptarlo en sus círculos.

El zar Alejandro I de Rusia le prohibió que se casara con su hija, aunque Napoleón era indudablemente el hombre más poderoso del mundo. Este rechazo puede que haya sido el factor que motivara a Napoleón a gestar su desastrosa invasión de Rusia en 1812. Sus numerosas inseguridades desarrollaron en él un apetito voraz por el reconocimiento. Tenía un vacío emocional: nada podía satisfacerlo, ni siquiera un imperio europeo.

Se podría opinar que cientos de miles de europeos murieron por el vano intento de un hombre por lograr satisfacción a través de la adquisición brutal del poder y la fama. Las personas egocéntricas se desensibilizan ante el sufrimiento de los demás. Se ha dicho que pocos comandantes sufrieron bajas militares con mayor indiferencia que Napoleón.

El duque de Wellington lamentó la pérdida de millares, pero Napoleón se ufanaba que estaba presto a sacrificar un millón de soldados con tal de lograr sus metas. El duque de Wellington llevaba un sombrero con las puntas al frente y detrás para poder sacárselo fácilmente como gesto de cortesía o para devolver saludos. Napoleón usaba el suyo de frente, casi nunca se lo sacaba por nadie.[4]

Napoleón siempre podría justificar su propio comportamiento ambicioso mientras condenaba amargamente los mismos motivos en los demás. En una ocasión se quejó de sus enemigos: «Pero para ellos yo habría sido hombre de paz».[5] Tal estilo de vida de autoabsorción produce la muerte espiritual. Inevitablemente conduce al aislamiento. Los que viven para satisfacer sus propias ambiciones a expensas de los demás pueden en verdad lograr sus metas pero luego se dan cuenta de que el éxito les produce amargura y vacío. Al igual que Napoleón, al fin y al cabo se exilian de las relaciones importantes y nunca experimentan los propósitos de Dios para sus vidas.

Los fundamentos

Al igual que Napoleón, Josué fué un líder militar que se crió en un ambiente de pobreza y limitaciones. No obstante, el pasado de Josué sirvió de fundamento a su rol eventual de ministro de Dios. Las motivaciones de Josué fueron diferentes a las de Napoleón. Dios, no Josué, estableció la agenda para la toma de decisiones. La voluntad de Dios, no el ego de Josué, lo motivaba a actuar. Como resultado, cada evento de la vida de Josué se convirtió en un fundamento en la vida extraordinaria que Dios estaba creando.

La vida de Josué no dependía de actos fortuitos o de voluntad humana alguna. Su vida tenía un propósito para la gloria de Dios. Josué no era reo de su pasado; superó los complejos de su origen pobre y permitió que Dios moldeara su vida para un futuro brillante.

El pasado de Josué sirvió de fundamento a su rol eventual de ministro de Dios.

En este capítulo examinaremos cómo el pasado afecta nuestras habilidades de liderazgo y nuestras posibilidades de liderazgo. La vida de Josué y su experiencia de liderazgo nos muestran varios puntos relevantes.

¿Cómo afecta nuestro pasado nuestra habilidad de liderazgo? Por ejemplo hay personas que se criaron en hogares destruidos, privados del cariño paterno o materno. Como resultado, son inseguras y carecen de ciertas habilidades para tratar con la gente, las cuales son esenciales para un liderazgo eficaz. ¿Les privó su pasado de la esperanza de ser futuros líderes?

¿Es importante la forma en que obedecemos hoy día para determinar si seremos líderes o no el día de mañana? ¿También, tienen todos el llamado para dirigir a cierto nivel? ¿Es la razón por la cual ciertas personas siempre permanecen en un rol subalterno porque no permitieron que Dios les desarrollara como los líderes que hubieran llegado a ser si se hubieran sometidos a Su voluntad? ¿O es legítimo el ser llamado a ser un asistente toda su vida?

¿Cómo seguimos a un gran líder? ¿Cómo construir sobre los cimientos que otros han colocado?

¿Qué diferencia hace el Espíritu Santo en nuestro liderazgo? ¿Puede el Espíritu hacer un líder de cualquier persona? ¿Cómo es que el trabajo del Espíritu Santo en nuestras vidas es un prerrequisito para las futuras asignaciones que tendremos que desarrollar?

¿Cómo reaccionan los líderes frente a situaciones cambiantes? La compañía que primero conocieron puede que haya cambiado significativamente. Las circunstancias de trabajo puede que hayan cambiado. ¿Cómo pueden los líderes continuar dirigiendo a su gente cuando las circunstancias con las que podían contar en el pasado ya no existen? Estos son los asuntos prácticos que los líderes de hoy deben tratar. Al estudiar como Josué los trató, podemos esclarecer nuestras propias circunstancias también.

Este capítulo examinará la vida de Josué desde el contexto de su pasado. Por lo menos dos tipos de historia ejercen una influencia significativa en las personas. La primera gira en torno a lo que no pueden controlar: su nacionalidad de origen, el estatus socioeconómico de su familia, la presencia o ausencia de un ambiente de cariño en su hogar y así sucesivamente.

De la misma manera, la historia de la organización que dirige es algo que hereda. La iglesia donde sirve sufrió una fuerte división cinco años antes que llegara como pastor; su predecesor en la compañía desfalcó fondos del negocio y ahora trabaja bajo un ambiente de sospecha. No tuvo nada que ver con esta historia pero ahora tiene que soportar el peso de ella.

Un segundo tipo de historia es su propio trasfondo personal. La forma en que se comportó cuando era joven puede impactar directamente su vida adulta años después. El nivel de empeño que puso al educarse o sus primeros empleos pueden tener consecuencias duraderas. Esta es la historia más reciente de su vida e incluye eventos y actitudes sobre las cuales tuvo cierto control. Ahora está enfrentando las consecuencias de un cúmulo de decisiones que hizo años atrás.

Tanto la historia nacional de Josué como la personal impactaron profundamente el rol que jugó como líder espiritual. Cada día Josué enfrentó las consecuencias de los errores que otros habían cometido. También cosechó los frutos de las sabias decisiones que había hecho en el pasado. Consideremos algunas de las maneras significativas en que la historia interceptó la vida de Josué.

JOSUÉ FUE PRIMERAMENTE UN BUEN SUBALTERNO

Al duque de Wellington le desconcertaba el concepto de «subcomandante». No pensaba que era necesario, ya que se esperaba que todos obedecieran las órdenes del primer comandante. El duque solo deseaba subordinados.[6] Sin embargo, una de las razones principales por la que Josué llegó a ser un líder tan exitoso fue debido a que primero fue un subalterno fiel y consciente.

El concepto de que un líder nace es una falacia. Llegar a ser un buen líder es un proceso. Cuando Dios prepara a alguien para una tarea significativa, lo hace cabal y sistemáticamente. Su norma, como revelan las Escrituras, es desarrollar el carácter y habilidades de liderazgo paso a paso. Cuando la persona es fiel en sus asignaciones pequeñas, recibe otras de mayor relevancia (Mateo 25.21. 23).

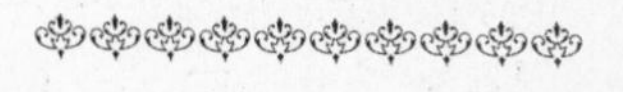

El concepto de que un líder nace es una falacia. Llegar a ser un buen líder es un proceso.

Generalmente cuando Dios quiere desarrollar líderes, les comienza a enseñar cómo ser buenos seguidores. Sin embargo, no a todo el mundo le gusta tener posiciones secundarias. A menudo los aspirantes se irritan en sus roles de subordinados y con impaciencia quieren tomar control. Pero la historia bíblica y secular relata numerosos ejemplos de líderes exitosos que primeramente demostraron ser fieles seguidores.

José, el hijo de Jacob, parecía conocer esto íntimamente cuando fielmente servía a Potifar y al carcelero egipcio antes de llegar a la cúspide del poder en el reino de faraón. A la inversa, el discípulo Pedro tenía que doblegar su naturaleza impulsiva y boquifresca para aprender esta verdad.

Dwight Eisenhower fue un ayudante excepcional. De hecho, su eficacia como ayudante le mantuvo alejado de la participación militar durante la Primera Guerra Mundial (algo que lo fastidiaba enormemente). Eisenhower fue ayudante de los generales Douglas MacArthur y George Marshall, los dos militares estadounidenses más renombrados de aquella época. La capacidad organizativa de Eisenhower era tan excepcional que ningún general quiso liberarlo para servir en el combate activo.

Eisenhower afirmó que su ambición en el ejército «era hacer que cada persona para la cual trabajé se arrepintiera si me asignaban a otro tipo de trabajo».[7] Pero el viejo adagio sobre la nata que sube a la superficie quedó demostrado, y la dedicación de Eisenhower al servicio de sus superiores por último lo condujo a una de las posiciones más exaltadas en la historia militar estadounidense. Finalmente llegó a ser uno de los presidentes más populares de los Estados Unidos.

Josué tenía el temple necesario para servir como un ayudante capaz, antes de que él mismo asumiera el comando. Moisés no era la persona más fácil para colaborar. Su capacidad de delegar era mediocre (Éxodo 18.13-27). No siempre toleraba a aquellos con opiniones contrarias (Números 13.28-14.5). Era susceptible a arrebatos de ira (Éxodo 2.11-12; 32.19; Números 20.10-11). Sin embargo, no hay ningún registro de que Josué se quejara de Moisés. Al contrario, él repetidamente defendía el honor y la reputación de su líder.

Mientras sirvió como ayudante de Moisés, Josué protegía el sitial y la autoridad de su líder en medio del pueblo. Cuando Eldad y

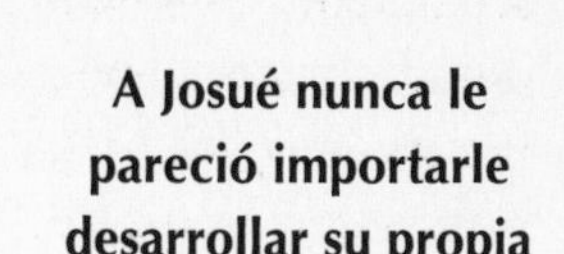

A Josué nunca le pareció importarle desarrollar su propia reputación o ganarse el reconocimiento por sus propios logros.

Medad comenzaron a profetizar en el campamento, Josué vio eso como un desafío al liderazgo de Moisés, entonces incitó a Moisés para que los detuviese (Números 11.28).

Pero Moisés, con su humildad característica, dócil y sabiamente respondió: «¿Tienes tú celos por mí? Ojala todo el pueblo de Jehová fuese profeta, y que Jehová pusiera su espíritu sobre ellos» (Números 11.29). Josué nunca estuvo de acuerdo con los críticos de Moisés, que eran muchos. Mejor dicho, la lealtad de Josué estaba con su líder y lo apoyaría incluso ante la impopularidad extendida.

A Josué nunca le pareció importarle desarrollar su propia reputación o ganar reconocimiento por sus propios logros. Simplemente sirvió lo mejor de su capacidad dondequiera que Dios lo colocaba. Era Dios que determinaría cómo y cuándo Josué sería promovido como líder y fue Dios quien por último decidió hacer de Josué uno de los generales más exitosos y famosos en la historia de su nación.

En una de las ironías de la historia estadounidense, John Adams afrontó el doble desafío de ser un socio leal y trabajar con uno desleal. Quizás los dos logros mayores de Adams vinieron no de sus propias conquistas sino de los logros que tuvieron las personas que asignó. En el comienzo crucial de la Revolución Estadounidense, Adams asignó a George Washington para mandar el ejército revolucionario. También asignó a Thomas Jefferson para que redactara la Declaración de Independencia.

Al ser elegido en 1788 como el primer vicepresidente de los Estados Unidos y sirviendo en la administración del venerable George Washington, Adams tuvo que definir para la posteridad lo que un vicepresidente americano debía hacer, que era muy poco. Washington raramente consultaba con él o lo elogiaba en público. No obstante, Adams aceptó su papel como el segundo en comando después de Washington y diligentemente cumplió con sus responsabilidades. Durante sus ocho años como vicepresidente, Adams votó treinta y un veces para romper el empate de votos en el Senado, todos a favor de la administración de Washington.

Después de dos términos, Washington se retiró y Adams fue elegido presidente en 1796. Thomas Jefferson era su vicepresidente. Adams trataba a Jefferson como un amigo; ellos habían pasado muchos días agradables juntos en el servicio diplomático en Francia e Inglaterra. Incluso habían tenido puntos de vistas políticos radicalmente divergentes.

Adams era federalista, procuraba fortalecer la unión que daba cohesión a la naciente nación. Jefferson era un republicano que defendía los derechos individuales y de los estados contra la intrusión de los centralizadores poderes federalistas. Mientras Adams procuró elevarse por encima de la política partidista y gobernar en los mejores intereses de Estados Unidos, Jefferson encubiertamente condujo el Partido Republicano emergente a intensificar aun más los ataques contra Adams y su gobierno. Jefferson menoscababa activamente al gobierno al punto de financiar a James Callender, que publicó ataques crueles y calumniosos contra Adams.

En el único caso de un vicepresidente estadounidense que se lanza a la conquista de la presidencia contra el presidente, Jefferson derrotó a Adams en las elecciones del año 1800. Transcurrirían décadas antes de que los dos antiguos amigos se reconciliaran. Irónicamente, debido a una escapatoria en la Constitución de entonces, Jefferson y su candidato a la vicepresidencia, Aaron Burr, recibieron la misma cantidad de votos electorales, creando confusión sobre quién debía ser el presidente y quién sería el vicepresidente. Incluso aunque Jefferson había sido el candidato presidencial, Burr rehusó ceder, conduciendo a que se produjeran numerosos votos en la Cámara de Representantes antes de que Jefferson ganara la presidencia. ¡Obviamente Jefferson ya estaba cosechando lo que había sembrado!

La diferencia entre el que ocupa la posición de mando y la del subjefe puede ser enorme. Mientras que la primera puede tener mucho más prestigio y reconocimiento, vienen también enormes cargas que nadie más puede compartir. Josué había visto seguramente algunas ventajas al permanecer como segundo en la línea de mando.

La conducción de una nación entera, sobre todo un pueblo tan recalcitrante como Israel, habría sido una carga onerosa para asumir. La gente hacía fila durante horas para hablar con Moisés, no con Josué. Los que estaban descontentos fustigaban a Moisés, no a Josué. Josué palpó directamente el poco agradecimiento que a menudo Moisés recibía por sus esfuerzos.

Josué pudo haber procurado una posición cómoda en la gerencia media y haber cerrado la puerta para lo que Dios tenía en mente para él. Josué pudo haber sido ayudante de Moisés por el resto de su vida pero la historia le habría concedido una mención de menor trascendencia en el registro bíblico, pero se habría privado al igual que a su país de la poderosa función que Dios deseaba concederle en su vida.

Una pregunta sobre las funciones de ayudante

De esto se desprende una pregunta importante: ¿Habría sido Josué tan exitoso si hubiera permanecido como ayudante de Moisés? ¿Puede el papel de ayudante ser una vocación legítima en sí misma o esto es simplemente un paso en el proceso de preparación de Dios para una posición de mando más alta? ¿Si la gente crece continuamente y se desarrolla en sus habilidades de mando, no estarán eventualmente listos para asumir una función de liderazgo mayor? Estas son preguntas que deben hacer aquellos con funciones de liderazgo secundarias.

No necesariamente todo aquel que ocupa la gerencia media desea ocupar puestos superiores. La posición que desempeña en su organización no indica si Dios actúa en sus vidas. El desarrollo personal y profesional puede ocurrir realmente en cualquier nivel de una organización. La función de líder no es exclusiva del que ocupa la posición más relevante del organigrama.

La clave no está en nuestras aspiraciones, nuestras necesidades egocéntricas o nuestras inseguridades. La clave radica en la asignación de Dios.

Conocemos a numerosos pastores asociados y gerentes medios que son el centro de todo lo que pasa en sus organizaciones. Uno no tiene que pasar mucho tiempo alrededor de ellos para reconocer que Dios los usa poderosamente en los roles a los cuales los ha llamado. Ellos experimentan desafíos y alegría donde se encuentran y no requieren que los promuevan para que sean eficaces.

La clave para la posición de liderazgo de cualquiera radica en la providencia de Dios. Dios adjudica a algunas personas para que trabajen como ayudantes de otros líderes. Dios llama a otros a ser líderes de renombre.

La clave no está en nuestras aspiraciones, nuestras necesidades egocéntricas o nuestras inseguridades. La clave radica en la asignación de Dios. Aquellos que codician fervientemente posiciones de liderazgo de renombre puede que no tengan el carácter para sostener tales puestos. Por otra parte, algunas personas que evitan las posiciones de liderazgo puede que estén corriendo de la voluntad de Dios. Cada uno de nosotros debemos estar frente a Dios y preguntarle en qué áreas quiere que nos desempeñemos, sin tener en cuenta nuestras preferencias.

¡Muchas personas talentosas evitan posiciones de liderazgo como la plaga! Otros no sienten el llamado de Dios para dirigir. Algunos temen dirigir. Muchos tienen inseguridades que los convencen de que no pueden dirigir. Unos reconocen que dirigir requeriría la inversión de mucho más esfuerzo del que quieren hacer. Otros poseen un sentido profundo de humildad y prefieren apoyar a otros que están a la vanguardia. No a todos les atrae encabezar posiciones de liderazgo. Aquellos que creen que su vocación se circunscribe a un rol de segundo plano, pueden aprender al menos tres lecciones significativas de Josué:

Josué siempre procuraba desarrollarse personalmente en cualquier posición que Dios le asignara.

Lección 1: Josué siempre procuraba desarrollarse personalmente en

cualquier posición que Dios le asignara. Él no se encajonó dentro de su propio nivel de comodidad. Se desarrolló personal y profesionalmente en todas las áreas de su vida. Cada paso de fe era fundamental para logros mayores que Dios quería llevar a cabo por medio de él. No todas las asignaciones mayores de Dios para Josué resultaron en una promoción o una nueva posición de mando. Pero cada nuevo desafío le revelaba a Josué un poco más sobre quién era Dios. Es a menudo en medio de la crisis que un líder experimenta las dimensiones más profundas del amor y el poder de Dios. Dios procura siempre trabajar en las vidas de Sus siervos para aumentar su confianza en Él (Mateo 25.14-30; Lucas 19.17).

Cuarenta años es bastante tiempo para esperar una promoción. Pero para Josué, aquellas décadas de viaje no se quedaron estancadas. Él pasó por numerosas y diversas dificultades de todo tipo durante su tiempo en el desierto. Dios mostró a Josué que la clave del éxito de la gente no se basa en el peldaño que alcanzan subir en la escalera corporativa, sino en el nivel de intimidad que alcanzan con Dios. Aunque experimentara prosperidad en la tierra prometida o permaneciera exiliado en el desierto, Josué podía disfrutar todavía de una relación cercana con el Dios omnipotente.

La posición que disfrutaba no tenía nada que ver con su accesibilidad a Dios. Cuando su prolongado período como ayudante de Moisés finalizó, emergió totalmente preparado para dirigir debido a todo lo que Dios había estado haciendo en su vida. Cuando Josué se convirtió en el líder principal de los israelitas, no fue para escaparse de la monotonía o el vacío de su rol de ayudante; era una transición natural en el proceso de caminar con Dios año tras año.

Dicho esto, ya sea a corto a largo plazo, el trabajo de ayudante requiere un sentido claro de la vocación. Josué sabía que había sido llamado para desempeñar un rol de asociado. Si Dios alguna vez ajustó su función dependió enteramente de Él.

Las asignaciones de Dios no siempre coinciden con el progreso del área profesional.

La responsabilidad de Josué era servir. Igualmente, una persona debería permanecer en su función de líder secundario aunque siga sintiendo una vocación específica.

Lección 2: Los cristianos que experimentan el éxito como ayudantes mantienen su enfoque en el reino de Dios más que en sus carreras profesionales. Hemos conocido a muchas personas que eran tan activas en sus iglesias locales que pasaron por alto promociones y transferencias en sus empleos, al igual que los salarios y el prestigio que les acompañaban. Lo hicieron así porque su nueva función les habría dificultado servir al Señor de la misma manera a la que estaban acostumbrados en su posición actual.

Algunas personas de negocios, sabiendo que primero fueron llamadas para ser líderes en sus propios hogares, han rehusado promociones porque el incremento de responsabilidades crearía privaciones excesivas en sus familias. Tal gente claramente entiende la diferencia entre su vocación y su llamado. Aunque deben tener una vocación para ganarse la vida, su llamado debe traer gloria a Dios. Las asignaciones de Dios no siempre coinciden con el progreso del área profesional. Aunque jamás puedan alcanzar un ápice de poder en su organización, serán usados poderosamente para ensanchar el reino de Dios. El llamado debería tener prioridad siempre sobre la carrera profesional.

Lección 3: Josué fue modelo por excelencia de una humildad profundamente arraigada. No hay evidencia de que tuviera problemas de ego. Nunca exigió a Moisés o al pueblo que se le reconociera por su servicio. No presentó un curriculum vitae para la posición que Moisés desocupaba. Totalmente confió su carrera en las manos soberanas de Dios.

Las personas humildes como Josué disfrutan cuando sirven y no necesitan ser el centro de atención para ser felices. Se gozan en contribuir al éxito de los demás.

Los grandes líderes de la historia se han rodeado invariablemente de tales personas. Generales de renombre como Dwight Eisenhower tenían empleados capaces como Omar Bradley y George Patton que con mucho gusto trabajaban para él.

Una de las razones principales del renombrado éxito de la reina Elizabeth I fue su consejero principal, Sir William Cecil. Él le sirvió con lealtad y eficacia durante la mayor parte de su vida adulta. La suya ha sido descrita como «una de las relaciones más notables de la historia inglesa».[8]

Incluso cuando ya era muy mayor y a punto de morir, su reina no podía hacer nada sin él: «Ahora, de setenta y ocho años, canoso y encorvado, todavía mantenía su atalaje porque la reina, habiendo confiado en él durante más de medio siglo, no le dejaba renunciar, aunque sabía que estaba sordo y con un dolor constante producto de la inflamación que le causaba la gota, y que apenas podía sostener una pluma».[9] Mientras Cecil languidecía, la famosa soberana le daba sus comidas con una cuchara y lo cuidó hasta el momento de su muerte. Tal era la gratitud que sentía por su leal sirviente.

Una de las grandes sociedades en la historia militar estadounidense ocurrió entre el general Robert E. Lee y el general Stonewall Jackson. De Jackson, Lee adujo: «Yo tenía tal confianza en la habilidad y energía de Jackson que nunca me preocupé por darle instrucciones detalladas. La mayor parte de las sugerencias generales eran todo lo que necesitaba».[10]

Cuando los críticos aseveraron que Jackson era responsable por las victorias de los confederados y que Lee era demasiado cauteloso, Jackson replicó: «Él es cauteloso. Debe serlo. Pero *no es* lento. Lee es un fenómeno. Él es el único hombre que yo seguiría a ciegas».[11]

Cuando Jackson fue mortalmente herido después de su victoria brillante en la Batalla de Chancellorsville, Lee rápidamente le escribió y dijo: «De haber podido yo trazar los acontecimientos, debí escoger, por el bien del país, haber sido minusválido en tu lugar». La respuesta de Jackson fue: «Es mejor que caigan abatidos diez Jacksons antes que un Lee».

Cuando pareció que Jackson se recuperaba, Lee festivamente escribió a su teniente caído: «Estás mejor que yo, ya que mientras sólo has perdido tu izquierda, yo he perdido mi mano derecha».[12] Hay pocos, si es que los hay, líderes excepcionales que obtienen el éxito sin el servicio dedicado de colaboradores capaces.

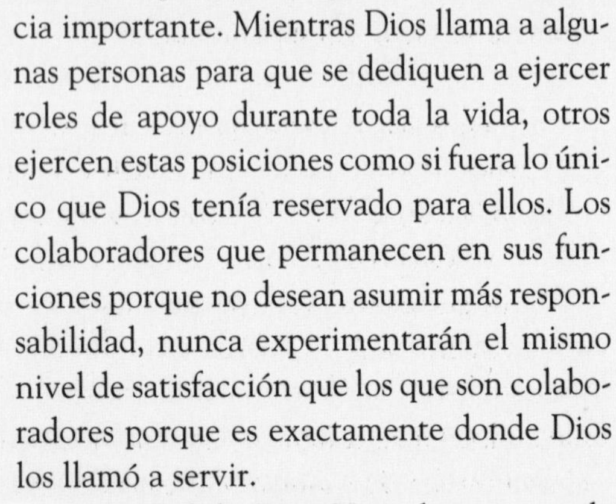

Hay pocos, si es que los hay, líderes excepcionales que obtienen el éxito sin el servicio dedicado de colaboradores capaces.

Cabe que ahora hagamos una advertencia importante. Mientras Dios llama a algunas personas para que se dediquen a ejercer roles de apoyo durante toda la vida, otros ejercen estas posiciones como si fuera lo único que Dios tenía reservado para ellos. Los colaboradores que permanecen en sus funciones porque no desean asumir más responsabilidad, nunca experimentarán el mismo nivel de satisfacción que los que son colaboradores porque es exactamente donde Dios los llamó a servir.

Otra vez, la clave es la voluntad de Dios. Haría bien que cada cristiano aprendiera del ejemplo de Josué. Él estaba conforme en su función de colaborador, pero quería también asumir el rol de líder principal si Dios se lo confirmaba. Los líderes espirituales mantienen una actitud obediente. Quedan satisfechos con cualquier papel que Dios les asigna, pero eso no significa que descarten cualquier otro plan que Dios tenga para ellos. Si en la actualidad usted trabaja como ayudante de alguien, es crucial que tenga claro si está ahí por el llamado de Dios o por su propia incertidumbre.

JOSUÉ SUSTITUYÓ A UN GRAN LÍDER

La sustitución de un líder exitoso es algo bueno. Pero calzar los zapatos de un gran líder pone al recién llegado en una clara desventaja. La cuestión es llenar las expectativas. Aquellos acostumbrados a un estilo de liderazgo altamente eficaz no esperan nada menos del sucesor. Los estilos de liderazgo difieren, y la mayor parte de las personas pueden adaptarse finalmente a esto, pero hay expectativas más altas cuando el antecesor dejó un legado de excelencia en la organización. Esto puede intimidar seguramente a los líderes principiantes que todavía no han alcanzado su pleno potencial. ¿Cómo le habría gustado seguir al hombre que Josué sustituyó? La Biblia describe a Moisés, al final de su vida, de esta manera:

> Y nunca más se levantó profeta en Israel como Moisés, quien haya conocido Jehová cara a cara; nadie como él en todas las señales y prodigios que Jehová le envió a hacer en tierra de Egipto, a Faraón y a todos sus siervos y a toda su tierra, y en el gran poder y en los hechos grandiosos y terribles que Moisés hizo a la vista de todo Israel (Deuteronomio 34.10-12).

No podría haber ningún cuestionamiento al récord estelar de Moisés. Se puso una meta increíblemente alta. ¡Cuando un mar se interpuso en el camino, lo dividió! ¡Cuando sus paisanos tuvieron hambre, hizo que cayera del cielo una lluvia de maná y codornices! ¡Cuando tuvieron sed, hizo que brotara agua de una peña! ¡Después que habló con Dios, su rostro adquirió un brillo sobrenatural! ¡Aquellos que lo criticaron contrajeron lepra! (Números 12.1-16). ¡Aquellos que se opusieron a él vieron cómo la tierra se abría y los tragaba en sus profundidades! (Números 16.28-35). Dios derramó Su poder en la vida de Moisés de una forma sin precedentes. Ahora Moisés ya había partido y la gente contemplaba a Josué para ver qué clase de líder sería.

Usted puede sacar muchas conclusiones de los líderes si observa cómo manejan a los fantasmas de sus predecesores.

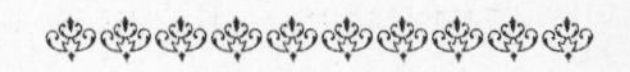

En todo el libro de Josué, a Moisés se le denomina «el siervo de Jehová» (Josué 1.1; 8.31; 9.24; 12.6). Josué, por otra parte, es descrito como «el siervo de Moisés» (Éxodo 24.13; 33.11; Números 11.28; Josué 1.1). La Biblia no llama a Josué «el siervo de Jehová» hasta su muerte (Josué 24.29; Jueces 2.8). ¿Qué habrá sentido Josué al ser conocido como «el siervo de Moisés»? Al fin y al cabo, Josué era un guerrero fuerte en su propio derecho. Él había sido fiel a Dios en todas las cosas, aun más que Moisés. Puede que haya parecido que Josué permanecería siempre eclipsado por la sombra de Moisés.

Una cosa es servir a un gran líder; otra es sustituirlo. ¿Cuán difícil es suceder a un líder excelente? Los historiadores generalmente concuerdan en que cualquier presidente que sucediera al reverenciado George Washington estaba condenado al fracaso. Las propias cartas credenciales impecables de John Adams no lo salvaron de las comparaciones inevitables y numerosas con el general victorioso de la Guerra Revolucionaria.

Richard Nixon detestaba a John F. Kennedy y todo lo que representaba. Kennedy era todo lo que Nixon no era: un aristócrata rico, apuesto y carismático. ¡Durante una campaña electoral un admirador indiscreto le dijo a Nixon que era muy lamentable que no pudiera evitar tener esa cara![13] Durante toda la presidencia de Nixon lo frecuentaba el espectro del hombre que lo había derrotado previamente y que había conquistado los corazones y las imaginaciones de los estadounidenses de una forma que él era incapaz de hacer.

Usted puede sacar muchas conclusiones de los líderes si observa cómo manejan a los fantasmas de sus predecesores. Observe cuando el nuevo pastor inmediatamente quita de la vista los cuadros y recordatorios del anterior. Luego sistemáticamente hace añicos cualquier iniciativa iniciada por su predecesor para de esa forma poder moldear la iglesia a su imagen. Él puede justificar sus acciones como una forma «de liderazgo fuerte» o «para conducir a la iglesia en una nueva dirección». Pero ¿no será por inseguridad que evita construir sobre lo que Dios ya hizo en el pasado en lugar de desmantelar todo y comenzar de nuevo?

¡Conocemos a un nuevo pastor que decidió trasladar a su iglesia de su extenso lugar porque las instalaciones le recordaban a él y a la congregación al antiguo pastor! Hemos conocido también a pastores mal informados cuyos «ministerios» parecían estar concentrados solamente en la destrucción de lo que los queridos pastores anteriores lograron hacer de forma tan minuciosa.

La barrera de orgullo

El obstáculo mayor para sustituir a un líder estimado es la barrera de orgullo. Josué no dio indicios de que se ofendiera por suceder a un líder tan poderoso como Moisés, aunque debió haberse sentido desalentado por la tarea. Quizás por eso, cuando Josué primero tomó el mando, Dios repetidamente lo animaba para que no temiera, sino que fuera valiente (Josué 1.6-7, 9).

Josué aceptó el trabajo de Moisés como fundamento de la tarea que comenzaba, más que una amenaza para su éxito. Josué no tuvo que echar por la borda o criticar los logros de Moisés, a fin de elevarse; en cambio decidió construir sobre el fundamento que Moisés había puesto. Por eso Dios lo honró. Josué honró a Dios al dar honor a todo lo que había hecho por medio de Moisés.

La misma situación fue más tarde reflejada en la relación entre el profeta Elías y su protegido, Eliseo. Elías era uno de los profetas más renombrados de toda la historia. Él oró y dejó de llover por tres años. Sus oraciones también hicieron que cayera fuego del cielo para consumir su sacrificio, altar y todo lo demás (1 Reyes 18.20-46). ¡Qué líder tan amedrentador para sustituir!

El obstáculo mayor para sustituir a un líder estimado es la barrera de orgullo.

Cuando Eliseo supo que sería el sucesor de Elías, pidió y recibió «una doble porción» del Espíritu que habitaba en Elías. Eliseo sabía que era el Espíritu de Dios el que le daba poder a Elías y el mismo Espíritu tendría que fortalecerlo para poder sustituir a un profeta tan famoso.

Los eruditos de la Biblia identifican ocho milagros realizados por Elías y dieciséis por Eliseo. Este no se ofendió por la obra de Dios en la vida de su antecesor. Tampoco se sintió amenazado por la carrera ilustre de Elías. Aprendió de la misma. Sabiamente concluyó que si el Espíritu de Dios obró tan poderosamente por medio de Elías, el mismo Espíritu podría autorizarlo para un ministerio dinámico también.

La fidelidad se deriva del carácter, no de un título.

El apóstol Pablo trató este asunto en la iglesia de Corinto. Algunos creyentes corintios habían sido profundamente afectados por el ministerio de Apolos. Otros eran acérrimamente leales a Pablo. Para la consternación de Pablo, la iglesia se dividía según la lealtad que tenía cada líder espiritual. Pablo clarificó: «Yo planté, Apolos regó; pero el crecimiento lo ha dado Dios» (1 Corintios 3.6).

Los siervos de Dios llegan y se van, pero Dios es el que culmina la tarea. Los líderes espirituales tienen un papel que jugar pero no son más que instrumentos en la mano de Dios. Los líderes sabios recuerdan que aun tiempo después de haber dejado su organización, Dios permanecerá. Y, mientras ellos permanezcan en sus posiciones de liderazgo, son siervos de Dios. El orgullo no tiene ningún lugar en el servicio a Dios.

EL PASADO DE JOSUÉ LO PREPARÓ PARA EL FUTURO

Una vez conocimos a un joven que tenía muchas ganas de ser director de evangelismo en el programa de escuela dominical de su iglesia. Era sincero y confiaba que podría hacer un buen trabajo. El problema era que él mismo no asistía a la escuela dominical. Cuando lo confrontaron con el asunto, rápidamente contestó que comenzaría a asistir ¡si le daban el puesto! ¡Él primer recluta sería el mismo! Aunque su entusiasmo era digno de admiración, este individuo equivocadamente concluyó que un puesto de liderazgo automáticamente lo convertiría en algo que no era. Por supuesto esto no es así. La fidelidad se deriva del carácter, no de su título.

Josué no se convirtió en una persona íntegra después de su nombramiento como líder. Su integridad precedió y condujo a su encomienda. ¿Se convirtió Josué en un hombre de Dios en el momento que Moisés le puso las manos? No. La Biblia revela que cuando Moisés lo encomendó, Josué ya estaba lleno del Espíritu Santo: «*Y Jehová dijo a Moisés: Toma a Josué hijo de Nun, varón en el cual hay espíritu, y pondrás tu mano sobre él; y lo pondrás delante del sacerdote Eleazar, y delante de toda la congregación; y le darás el cargo en presencia de ellos*» (Números 27.18-19).

Josué no se convirtió en una persona íntegra después de su nombramiento como líder. Su integridad precedió y condujo a su encomienda.

Moisés por lo visto puso sus manos sobre Josué porque el Espíritu ya obraba poderosamente en Josué. ¿Cómo sabía Moisés quién sería su sucesor? Dios le mostró el hombre en quien Su Espíritu ya había estado obrando poderosamente. Moisés simplemente afirmó la presencia del Espíritu Santo en la vida de Josué.

¿Puede usted imaginar a Dios diciendo: «Pon tu mano sobre Josué y cuándo él se dé cuenta que lo he llamado, tomará su fe más en serio?» Josué ya era un hombre lleno del Espíritu de Dios. Por eso Dios lo eligió para una tarea tan significativa. Durante la era del Antiguo Testamento, Dios daba encomiendas a la gente y luego les permitía llevar a cabo su asignación colocando el Espíritu Santo en sus vidas. Por ejemplo, Dios llamó a Bezaleel para construir el templo y luego «... lo he llenado del Espíritu de Dios, en sabiduría y en inteligencia, en ciencia y en todo arte» (Éxodo 31.1-3). Dios designó a Sansón como libertador de su pueblo y luego colocó su Espíritu sobre él para imbuirle una fuerza poco común (Jueces 14.19; 15.14). En el caso de Josué el don del Espíritu vino antes de la asignación, un acontecimiento realmente insólito en la época del Antiguo Testamento.

La nueva asignación de Josué era una efusión natural de lo que Dios ya había estado haciendo en su vida. Dios no comenzó a trabajar en él una vez que se hizo un líder. Mejor dicho, Josué se convirtió en líder porque Dios ya había estado obrando en su vida. La relación que usted mantiene con Dios es mucho más importante que cualquier título. Aquellos que tienen una posición de liderazgo espiritual sin experimentar la función activa del Espíritu Santo cortejan un fracaso humillante.

Si usted es un líder espiritual o si quiere llegar a serlo, lo más importante que puede hacer es concentrarse en su caminar con Dios. Si el Espíritu Santo está activamente involucrado en su vida, dirigiendo sus decisiones y autorizando sus acciones, entonces su vida ejercerá una influencia tremenda sobre otros.

Aquellos que tienen una posición de liderazgo espiritual sin experimentar la función activa del Espíritu Santo cortejan un fracaso humillante.

Cuando Josué sustituyó a Moisés, heredó algunos dolores de cabeza logísticos. Una de sus preocupaciones más apremiantes fue cómo alimentar a la multitud enorme bajo su cuidado. Moisés había cometido su lamentable pecado al intentar proporcionar agua para la enorme muchedumbre (Números 20.1-13). Durante cuarenta años los israelitas habían recogido el maná cada mañana para alimentar sus familias para aquel día. Parecía una escarcha ligera en el suelo y tenía sabor a leche y miel (Éxodo 16.14, 31). Así recordaban diariamente lo que se estaban perdiendo en la tierra prometida. Esto era solo una pequeña degustación de lo que habrían disfrutado en abundancia, si hubieran obedecido a Dios.

Entonces algo interesante pasó una vez que Josué condujo a los israelitas a través del Río Jordán a la tierra prometida. El maná que caía rutinariamente del cielo durante cuarenta años de repente dejó de caer (Josué 5.12). El maná era todo lo que los jóvenes israelitas conocían. Lo habían estado recogiendo cada mañana durante toda su vida. Esto satisfacía sus necesidades alimenticias pero ellos nunca habían probado comida «verdadera». Entonces de repente el maná cesó.

Ahora que estaban en la exuberante tierra prometida, los israelitas no tenían que seguir su estilo de vida de subsistencia. ¡Dios quería que disfrutaran de la abundancia que les había dispensado, aunque eso significara arrebatársela a los gigantes que estaban en las ciudades amuralladas! Esto implicó un problema para Josué. El alimento ya no caía del cielo; ahora tenían que luchar por él. Moisés tenía sus preocupaciones en el desierto y ahora, en la tierra prometida, Josué tenía sus propios desafíos singulares.

Los líderes no eligen el tiempo en el cual dirigen. Unos sirven en períodos de prosperidad y paz. Otros toman el timón justo en el momento en que su barco entra en aguas turbulentas. Dwight Eisenhower fue presidente durante los prósperos años de la década de 1950 cuando los Estados Unidos era la principal superpotencia mundial, teniendo la hegemonía en la capacidad armamentística nuclear.

A la inversa, Lyndon Johnson heredó un gobierno producto del asesinato de su popular presidente, embrollándose en el conflicto de Vietnam y confrontando a una superpotencia rival formidable. Abraham Lincoln llegó a la presidencia estadounidense en la víspera de la guerra más desastrosa de la historia de su nación. Durante la elección presidencial, los estados del sur ni siquiera inscribieron su nombre en las boletas electorales. Cuando fue elegido, quemaron su efigie en el sur.

A veces, la adversidad realmente impulsa a los líderes a la grandeza ya que extrae de las reservas profundas de su carácter. A pesar de las condiciones horrendas que Lincoln encontró como nuevo comandante en jefe, se elevó con resolución por encima de las dificultades y se convirtió en lo que muchos historiadores consideran el mejor presidente de la historia estadounidense. Los líderes no se quejan de los desafíos singulares que les llegan. Los líderes verdaderos abordan los desafíos y, con la ayuda de Dios, los vencen.

Los líderes no se quejan de los desafíos singulares que les llegan. Los líderes verdaderos abordan los desafíos y, con la ayuda de Dios, los vencen.

Algunas personas tienen problemas con el cambio. Les gusta «acomodarse» a una organización y dejar todo tal como está. Sin embargo, hoy en día los cambios ocurren a una velocidad vertiginosa. Aquellos que se pierden en las memorias sentimentales del ayer serán inútiles en las organizaciones de hoy.

Los líderes modernos aceptan el cambio, ya sea bueno o malo, como algo normal. Más que resistirse al cambio, saben capitalizarlo. Más que lamentarse por lo que se ha perdido, se alegran con las oportunidades futuras. Los líderes astutos abrazan la realidad del cambio inevitable y buscan la manera en que Dios los use para hacer un impacto significativo en medio de ello.

Josué tenía el privilegio de conducir a su pueblo a una tierra exuberante y fértil. Pero junto con esta oportunidad vino un juego de demandas completamente nuevo. Aunque Moisés no tuvo que preocuparse por la alimentación de su pueblo durante cuarenta años, Josué iba a tener que afrontar ese enorme desafío diariamente. Era una carga adicional significativa para Josué. Sin embargo, más que lamentar este hecho, Josué afrontó el futuro vigorosamente, basado en sus observaciones del pasado. La lección que aprendió mientras servía bajo Moisés, no era que Dios proveía el *maná,* sino que Dios *proveía.* Dios había sostenido a los israelitas durante cuarenta años, incluso a pesar de su desobediencia. Seguramente podrían contar con el cuidado de Dios siempre que le obedecieran en el presente.

La lección que Josué aprendió mientras servía bajo Moisés no era que Dios proveía el *maná,* sino que Dios *proveía.*

Josué no esperaba que Dios obrara exactamente de la misma manera en que lo había hecho mientras estaba al amparo de Moisés. Simplemente confió en la soberanía de Dios y contaba con que Él iba a actuar a favor de su pueblo como una demostración de Su amor por ellos. La Biblia no indica que los israelitas alguna vez carecieron de alimento o agua mientras estuvieran bajo el mandato de Josué. Si Dios hubiera seguido enviando el maná de la forma que lo había hecho antiguamente, el pueblo se habría perdido del banquete que Dios había preparado para ellos en la tierra prometida.

CONCLUSIÓN

Los comienzos difíciles de Josué podrían haberlo mutilado con inseguridades. Pero no se concentró en su pasado, sino que aprendió del mismo. Permitió que Dios creara algo único en su vida. Josué confiaba que Dios lo iba a dirigir en cada nueva situación.

Como ayudante de Moisés, Josué era diligente y paciente. Permitió que Dios trabajara a fondo en su vida. Josué no hizo una campaña a favor de una posición prominente entre los israelitas. Simplemente sirvió a Dios y confió en Él. Dios es el que eligió a Josué y lo convirtió en un líder eficaz y respetado.

Ahora ha llegado el momento para una autoevaluación honesta. Primero, considere el tipo de seguidor que usted es. Cada persona rinde cuentas a otra ¿Es usted leal? ¿Serio? ¿Es usted el tipo de seguidor que le gustaría tener bajo su servicio?

Segundo, considere qué tipo de líder es. ¿Es una persona dinámica que siempre aprende y se desarrolla? ¿O, ha caído en una actitud de complacencia? Los líderes, más que nadie, jamás pueden permitir que su desarrollo se estanque.

Si Dios lo ha estado desarrollando por medio de sus circunstancias, ¿cómo afronta usted el desafío? ¿Podría prepararle para que desempeñe un nuevo papel? ¿Qué valora usted más: su relación con Dios o su posición con la gente?

DIOS SOBREEDIFICA EN EL PASADO

- Josué fue primero un buen ayudante.
- Josué sucedió a un gran líder.
- El pasado de Josué lo preparó para el futuro.

PREGUNTAS A CONSIDERAR

1. ¿Querría que alguien le sirviera de la misma manera en que usted lo hace para su líder? ¿Por qué?
2. ¿Ha dominado usted el arte de ser un buen seguidor? ¿Qué características muestra como seguidor que dé indicios de que usted podría ser un buen líder?
3. ¿Está satisfecho en su puesto actual? ¿Qué verdades ha estado enseñándole Dios? ¿Siente que Él podría prepararle para algo nuevo?
4. ¿De qué manera hace que la historia de su caminar con Dios le ayude a afrontar los desafíos de hoy? ¿Se siente resentido por las circunstancias difíciles de su vida ahora? ¿Qué podría Dios procurar enseñarle por medio de ellas?
5. ¿Valora su relación con Dios más que su posición con la gente? ¿Qué evidencia puede ofrecer?

La presencia de Dios: El secreto del éxito

Él había sido un respetado ministro durante diecisiete años. Semana tras semana dirigía reverentemente los servicios de adoración, predicaba sermones importantes y administraba las ordenanzas de la iglesia. Había oficiado docenas de bodas y entierros. Aun así, sentía que su alma estaba desesperadamente inquieta. Sentía que debería haber más poder espiritual en su ministerio.

Más tarde exclamó: «¡Oh, cuán engañoso es el corazón humano! Sabía lo incapaz que yo era, ah, cuestionaba mi salvación, porque trataba de vivir consecuentemente. Pero yo conocía la esterilidad… la esterilidad en mi espíritu».[1] Al transcurrir el tiempo su incomodidad se intensificada. Finalmente, en desesperación, anunció a su preocupada familia: «Voy a mi cuarto de estudio y quiero que me dejen en paz. Tengo una cita con Dios».

Él se enclaustró en su estudio y se dispuso a orar a Dios hasta que Él lo liberara. Por un momento su hija de dieciséis años suplicó a su padre: «Papá, cueste lo que cueste persiste en hacer la voluntad de Dios». Después de pasar varias horas con el Señor, el desesperado pastor experimentó un encuentro profundo y transformador con Dios temprano al amanecer.

Más tarde, él exclamó: «Después de pasar diecisiete años en un desierto estéril, aturdido y frustrado en la obra cristiana, de repente me di cuenta de que Dios me había limpiado las manos y me había otorgado un corazón puro. Y postrado en mi propio estudio a las cinco por la mañana vine a conocer el poder restaurador de la sangre de Cristo...»[2]

Duncan Campbell había sido renovado. Inmediatamente, los demás comenzaron a experimentar el avivamiento también. Campbell predicó en reuniones por toda Escocia. En todas partes que iba se manifestaba el poder de Dios. En 1949 lo invitaron a dirigir una serie de diez días de servicios de avivamiento en Barvas, ubicada en la Isla Lewis. Después de su primer mensaje, pareció como si nada extraordinario había ocurrido. Cuando se dispuso a marcharse, sin embargo, el Espíritu de repente descendió sobre los fieles. Para sorpresa de Campbell descubrió que varios cientos de personas se juntaban fuera de las puertas de la iglesia. Habían llegado de todas partes de la región, sin saber por qué se habían reunido en aquel lugar, excepto que sintieron como si una fuerza los hubiese obligado a hacerlo.

Al transcurrir las semanas, ocurrieron acontecimientos cada vez más insólitos. Cuatrocientas personas se juntaron en la estación de policía durante las primeras horas de la mañana y Campbell les predicó. Después de un servicio, vio a la gente que se arrodillaba a lo largo del camino, convictos por su pecado e implorando para que Dios les perdonara.

Una tarde se dio cuenta de que una gran muchedumbre se había reunido espontáneamente en una pradera inmensa. Como había demasiadas personas para caber en la iglesia, decidieron congregarse al aire libre. Campbell les predicó y muchos se convirtieron. El avivamiento se extendió por todas las Islas Hébridas durante varios años.[3]

Veinte años más tarde, el anciano Campbell estaba en Saskatoon, Canadá, predicando en la Ebenezer Baptist Church [Iglesia Bautista Ebenezer]. Ahí declaró que creía que el avivamiento iba a venir a Canadá occidental y comenzaría en aquella iglesia. Dentro de dos años el avivamiento que había predicho ocurrió.

Dios decidió llenar a Duncan Campbell con poder espiritual. Después del encuentro que tuvo con Dios, que transformó su vida, su predicación tomó nueva vida. Incluso cuando volvía a predicar sermones antiguos se notaba una diferencia significativa. Campbell observó: «Salí para predicar los mismos sermones que estuve predicando durante diecisiete años… con esta diferencia: que cientos, cientos de convertidos llegaron a Cristo y se salvaron».[4]

Él necesitaba más que una planificación estratégica para cumplir a cabalidad los propósitos de Dios. Necesitaba a Dios.

El Espíritu Santo ungió su ministerio y Dios lo usó poderosamente. La clave no estaba en las habilidades de predicación de Campbell, sino en la presencia poderosa de Dios. La diferencia que el Espíritu Santo hace en una vida es astronómica. Nadie, sin importar lo creativo o talentoso que sea, puede imitar o duplicar lo que el Espíritu hace en la vida de alguien que se ha rendido a Dios.

Josué era un líder militar talentoso, pero su éxito procedía de su andar con Dios, no de su proeza militar. Él necesitaba más que una planificación estratégica para cumplir a cabalidad los propósitos de Dios. Necesitaba a Dios. Este capítulo examinará algunas de las formas en que la presencia de Dios marcó una profunda diferencia en el liderazgo de Josué.

JOSUÉ EJERCIÓ UN GRAN LIDERAZGO

Claramente el éxito de Josué estaba arraigado en su dependencia de Dios. Aun modeló principios de mando buenos cuando condujo a los israelitas. Por ejemplo, Josué sabía actuar rápidamente. La capacidad y la buena voluntad de tomar acción decisiva y oportuna pueden significar la diferencia entre la victoria y el fracaso. Josué usó el avance rápido de su ejército para hacer a sus enemigos perder el equilibrio.

Cuando los aliados de Israel, los gabaonitas, fueron de repente sitiados por cinco reyes amorreos, parecía que estos los podrían abrumar fácilmente ya que eran superados inmensamente en número (Josué

La capacidad y la buena voluntad de tomar acción decisiva y oportuna pueden significar la diferencia entre la victoria y el fracaso.

10.9). Josué respondió inmediatamente e hizo que sus hombres marcharan desde Gilgal durante la noche. Los israelitas sorprendieron a los amorreos la mañana siguiente, tomándolos desprevenidos y obteniendo una victoria espectacular.

Josué coordinaba todo el trabajo estrechamente con sus líderes clave. Los ancianos venerables de Israel por lo visto lo respetaban. A diferencia de Moisés que a veces tenía la costumbre de trabajar solo (Éxodo 18.1-27; 33.7), Josué trabajaba en equipo. Josué estaba seguro en su andar con Dios. Nunca pareció intimidado o amenazado por otros líderes influyentes. La gente no se quejaba o se rebelaba contra su liderazgo. De hecho, continuaron siguiendo sus instrucciones hasta después de su muerte, hasta que su generación dejó de existir (Jueces 2.7).

Los expertos en liderazgo modernos con regularidad enarbolan el concepto de «liderazgo de servicio» como el modo preeminente de influir en los demás. En ese aspecto, Josué vivía siglos de adelanto de su época. Él rechazó ponerse por encima de las privaciones que su pueblo experimentaba. Él era el siervo de Dios, no el rey del pueblo, y aquella realidad dramáticamente influyó la manera en que dirigía a la gente. Cuando puso una emboscada al pueblo de Hai, personalmente se colocó donde había mayor peligro. Intencionalmente ocupó la posición más peligrosa en el campo de batalla (Josué 8.4-22).

Josué podría haberse escondido en la emboscada con veinticinco mil hombres; en cambio se colocó entre los cinco mil soldados que organizaron una marcha atrás difícil para que el enemigo los persiguiera y de esa forma el enemigo abandonara la protección de su ciudad. Tal liderazgo valeroso no era inadvertido entre sus hombres. Los soldados se motivan más en seguir a un líder que nunca les pide hacer algo que él mismo no quiere hacer.

Lecciones de la historia

Algunos de los líderes militares más famosos de la historia rechazaron ordenar que su gente hiciera algo que ellos mismos no estaban dispuestos a hacer. George Washington parecía impenetrable a las balas enemigas a pesar de que su abrigo y sombrero quedaban acribillados de agujeros después de cada combate. Fue Washington quien reflexionó: «Oía el silbido de las balas, y creedme, hay algo encantador en el sonido».[5]

¡Napoleón Bonaparte tenía al menos diecinueve caballos que habían sido heridos por las balas mientras conducía sus tropas en la batalla! Los enfrentamientos feroces que tuvo le dejaron una herida facial y un bayonetazo en el muslo.

Cuando los galos enemigos comenzaron a invadir sus legiones romanas, César se precipitó al pelotón de combate delantero, llamando sus centuriones por nombre para que le siguieran. El biógrafo de César señala: «A pesar de poca robusta constitución física, participó en todas las situaciones de peligro, esfuerzo y privación».[6]

Se ha dicho que ningún soldado griego sufrió más heridas que su general, Alejandro Magno. A menudo acompañaba a sus soldados en las situaciones más peligrosas. Cuando dirigía a sus hombres por un desierto árido, rechazaba comer o beber más que ellos. Un admirador le dio un matraz de agua, pero él lo vació en tierra, rechazando aceptar más sustento que el que recibían sus hombres de calificación más baja.[7]

Horacio Nelson fue el comandante más amado de la flota británica. Nelson a menudo permanecía en una posición de peligro durante las batallas más feroces.

En medio de una batalla fue el segundo hombre en abordar un barco enemigo. Debido a tal heroico liderazgo, Nelson perdió un ojo, los dientes y un brazo, y sufrió numerosas heridas durante sus batallas. Por eso no causaba sorpresa que sus hombres lo siguieran de buena gana a cualquier lugar.

Algunos de los líderes militares más famosos de la historia rechazaron ordenar que su gente hiciera algo que ellos mismos no estaban dispuestos a hacer.

Durante el transcurso de la Guerra Civil Estadounidense, hubo numerosas ocasiones en que se mostraba un liderazgo valiente en ambos lados. Durante la batalla por la Fortaleza Donelson, el general Grant se dirigió al general C.F. Smith y dijo: «General Smith… todo ha fallado a nuestra derecha. Usted debe tomar la Fortaleza Donelson». «Lo haré», contestó el general Smith.

Cuando sus valientes tropas retrocedieron bajo la intensa descarga de fusilería enemiga, Smith gritó: «Ningún titubeo ahora, mis muchachos, este es el camino. Adelante». Uno de sus soldados más tarde admitió: «Estuve a punto de desfallecer a causa del miedo… pero vi el bigote blanco del Viejo sobre sus hombros, y continué».[8] Los soldados de Smith salieron victoriosos y la fortaleza finalmente se rindió.

Como líder muy respetado de por sí, Josué no usó su posición prominente para objetivos egoístas. Después de haber conducido fielmente a los israelitas a la conquista brillante de Canaán, no encontramos que Josué haya hecho exigencias alguna vez a su pueblo como una recompensa por sus servicios. Nunca oímos de algún título exaltado o riqueza extravagante que viniera a Josué como premio por su éxito.

Los líderes militares estadounidenses como George Washington, Ulysses Grant, Theodore Roosevelt y Dwight Eisenhower hicieron corretaje de su éxito militar para más tarde obtener la presidencia. Arthur Wesley nunca perdió una batalla para Gran Bretaña; llegó a ser el duque de Wellington. John Churchill, igualmente invicto, se convirtió en el duque de Marlborough; la reina Ann construyó un magnífico monumento para él en Blenheim en reconocimiento a su victoria épica sobre sus enemigos. Todos estos hombres fueron recompensados en grande por haber servido a su nación de manera tan gloriosa.

Smith regresó a sus tropas y las preparó para atacar un enemigo atrincherado sin dar un disparo. Él colocó el Segundo Regimiento de Iowa al frente y exclamó: «Segundo de Iowa, deben tomar el fuerte, y yo los guiaré». Con esto, el general veterano se sentó en su caballo y dirigió a sus hombres sin temor hacia el fuego enemigo.

Nunca vemos a Josué exigir el respeto de su pueblo. No hay ningunas acusaciones de malversación de fondos o de abuso de poder. Los israelitas creyeron que Josué dirigía con la finalidad de dar gloria a Dios y bendecir al pueblo de Dios. Tal liderazgo inspiró un seguimiento leal. Jesús explicó esta forma de liderazgo:

> «Sabéis que los gobernantes de las naciones se enseñorean de ellas, y los que son grandes ejercen sobre ellas potestad. Mas entre vosotros no será así, sino que el que quiera hacerse grande entre vosotros será vuestro servidor, y el que quiera ser el primero entre vosotros será vuestro siervo; como el Hijo del Hombre no vino para ser servido, sino para servir, y para dar su vida en rescate por muchos» (Mateo 20.25-28).

Josué puede darse el lujo de tomar su lugar legítimo como líder militar intrépido. Parece haber sido un líder natural en muchos aspectos. Sin embargo tenía algo que estos otros líderes carecían: la presencia de Dios. George Washington era valiente, pero perdió más batallas que las que ganó. El almirante Nelson era intrépido, pero tenía a su disposición la marina más grande del mundo. Igualmente, Alejandro Magno y Julio César tenían las mejores tropas del mundo a su disposición. Josué, sin embargo, tenía un grupo andrajoso de derrotados antiguos esclavos y, con la dirección de Dios, consiguió victorias aparentemente imposibles. Esto necesitaba más que un buen liderazgo; requería la presencia de Dios.

Josué tenía algo que estos otros líderes carecían: la presencia de Dios.

JOSUÉ RECIBIÓ LA APROBACIÓN DE DIOS

Josué heredó de Moisés una tarea sumamente difícil. Se esperaba que fuera exitoso en las áreas en las que su mentor había fracasado. Sabía que la gente se quejó contra Moisés durante cuarenta años; probablemente esperaba que sus obstinados coterráneos también se resistieran a su liderazgo. Las palabras de Dios deben haber traído un alivio tremendo a Josué cuando se disponía a dirigir a los israelitas. Esto es lo que el Señor le dijo:

> Nadie te podrá hacer frente en todos los días de tu vida; como estuve con Moisés, estaré contigo; no te dejaré, ni te desampararé. «Esfuérzate y sé valiente; porque tú repartirás a este pueblo por heredad la tierra de la cual juré a sus padres que la daría a ellos. Solamente esfuérzate y sé muy valiente, para cuidar de hacer conforme a toda la ley que mi siervo Moisés te mandó; no te apartes de ella ni a diestra ni a siniestra, para que seas prosperado en todas las cosas que emprendas. Nunca se apartará de tu boca este libro de la ley, sino que de día y de noche meditarás en él, para que guardes y hagas conforme a todo lo que en él está escrito; porque entonces harás prosperar tu camino, y todo te saldrá bien. Mira que te mando que te esfuerces y seas valiente; no temas ni desmayes, porque Jehová tu Dios estará contigo en dondequiera que vayas» (Josué 1.5-9).

Dios animó a Josué de la mejor manera posible: «No te dejaré, ni te desampararé». Dios pudo haber prometido a Josué victorias continuas. Pudo haberle garantizado protección o sabiduría. Pudo incluso haber suplido a Josué de armas de tecnología avanzada para sus soldados. Pero cuando Dios prometió a Josué Su presencia, le estaba ofreciendo todo que Josué necesitaba para ser exitoso en cualquier tarea. Dios no le estaba dando un obsequio cualquiera; Él mismo se estaba ofreciendo como regalo. Tal seguridad hizo que Josué no tuviera ningún motivo para temer. Además, Dios dijo que Su presencia iba a ser evidente en la vida de Josué. ¡Incluso los enemigos de él la verían! (Josué 2.9-11; 8.9-10, 24). «Entonces Jehová dijo a Josué: Desde este día comenzaré a engrandecerte delante de los ojos de todo Israel, para que entiendan que como estuve con Moisés, así estaré contigo» (Josué 3.7).

Dios no le estaba dando un obsequio cualquiera; Él mismo se estaba ofreciendo como regalo.

Dios inmediatamente honró Su promesa. Cuando los israelitas enfrentaron su primer gran desafío bajo el liderato de Josué, al cruzar el río Jordán, Dios realizó un milagro espectacular e hizo que todo el pueblo llegara a tierra firme (Josué 3.15-17). Como le había permitido a Moisés dominar la barrera del Mar Rojo, ahora Dios ayudó a Josué a vencer el obstáculo del Río Jordán.

Cuando la gente vio la presencia de Dios en la vida de Josué de la misma manera que en la de Moisés, fácilmente aceptaron el liderazgo de Josué. Leemos: «En aquel día Jehová engrandeció a Josué a los ojos de todo Israel; y le temieron, como habían temido a Moisés, todos los días de su vida» (Josué 4.14). Hay una lección de vida profunda aquí: Dios cuidó la reputación de Josué. Dios exaltó a Josué; Josué no tuvo que promoverse.

Uno de los esfuerzos más infructuosos que los líderes emprenden es dedicarse a promover sus propias reputaciones. Winston Churchill observó: «No sé de ningún caso en que un hombre haya añadido un ápice a su dignidad estando de pie sobre ella».[9] Cuando Dios decide humillar a una persona, ninguna porción de esfuerzo humano puede borrar la sentencia divina. Igualmente, cuando exalta a alguien, no hay nada que los críticos y los detractores puedan hacer para neutralizar la aprobación de Dios.

Dios exalta a la gente de varias maneras

¿Qué le parece cuando Dios exalta a una persona? En el caso de Josué, la gente se acostumbró a tenerlo en muy alta estima. Este no era un respeto mezquino que Josué exigía debido a su posición. Si se hubiera reducido a la exigencia del respeto de la gente, no lo habría merecido en primer lugar. Dios desarrolló en los corazones y las mentes de los israelitas una estima profunda y perdurable para Su siervo Josué.

Dios exalta a la gente de varias maneras. Honró al profeta Samuel asegurando que cada profecía que pronunciara se cumpliese al pie de la letra (1 Samuel 3.19-20). Exaltó a Elías haciendo que descendiera fuego del cielo cuando el asediado profeta acudió a Él delante del rey y de una turba de líderes religiosos hostiles (1 Reyes 18.38). Dios protegió la reputación de Eliseo cuando fue burlado cruelmente por unos jóvenes rebeldes (2 Reyes 2.23-25). Dios bendijo a Job con enorme riqueza. Y honró a Moisés de varios modos, realizando numerosos milagros espectaculares por medio de él.

Si Josué se hubiera reducido a la exigencia del respeto de la gente, no lo habría merecido en primer lugar.

Quizás la mayor prueba de la relación cercana que Moisés tenía con Dios era la manera como brillaba su rostro cada vez que tenía un encuentro con Dios (Éxodo 34.29-30). ¡Ver brillar el rostro de Moisés era prueba ante las demás personas que gozaba del favor de Dios! El rostro de Josué no brillaba como el de Moisés, pero también tenía comunión íntima con Dios.

Es significativo que Dios exaltara a sus siervos de forma especial, según sus asignaciones individuales. Moisés había sido principalmente el mensajero de Dios delante del Faraón y los israelitas. Josué era un comandante militar. Dios afirmó el papel de Moisés como Su mensajero haciendo brillar su rostro después de que Dios lo instruyera. Dios certificó a Josué como comandante militar dándole la victoria en cada batalla. (La única excepción fue cuando el pecado de Acán trajo el juicio de Dios, Josué 7.10-26.)

Así como las palabras del profeta Samuel siempre se cumplían (1 Samuel 3.19), de la misma manera Josué salía victorioso en cada conflicto bélico. La gente seguía con mucho gusto el liderato de Josué porque la presencia de Dios se evidenciaba por el resultado de cada batalla.

Hemos conocido a hombres y mujeres de todos los estratos sociales que reflejaron la presencia especial y la bendición de Dios. Sin duda usted también ha conocido a algunos. Hombres y mujeres de negocios, profesionales de la clase médica, abogados y policías han dado testimonio de la dirección singular que han recibido de Dios en el transcurso de sus carreras profesionales. Los atletas profesionales han dado testimonio en público de la bondad de Dios. Los padres han dado crédito a Dios por la bendición de los hijos que incondicionalmente sirven a Cristo como su Señor. Los políticos cristianos han entendido que Dios los colocó en un lugar estratégico para impactar espiritualmente a su nación.

Dios busca hoy en día, de la misma manera que lo hacía en la época de Josué, a personas que confíen en Él, que lo sigan y le den la gloria por todo lo que Él hace en sus vidas. ¡La presencia de Dios en una vida es poderosa e inequívoca!

JOSUÉ POSEYÓ EL ESPÍRITU DE SABIDURÍA

¿Qué diferencia puede hacer el Espíritu de Dios en una vida? Josué recibió el Espíritu de sabiduría y fue invencible (Números 27.18). El Espíritu lo llevó más allá del mero conocimiento, dándole la dirección específica para tomar las decisiones más sabias. Dios despejó cualquier conjetura acerca del liderato de Josué.

La buena voluntad de Josué de confiar en la sabiduría de Dios, más que en su propio conocimiento, abrió las esclusas de los recursos divinos. El ser capaz de reconocer la voz de Dios permitió que Josué oyera todo lo que Dios tenía que decirle. Esto dio a Josué una ventaja decisiva, tanto dentro como fuera del campo de batalla. Esta es la diferencia que el Espíritu de Dios produce.

Dios despejó cualquier conjetura acerca del liderato de Josué.

La gran seducción para muchos líderes cristianos es exaltar su propia inteligencia y su capacidad para pensar racionalmente a un nivel que Dios nunca aprueba.

El gran pensador Benjamín Franklin dijo: «Cuán conveniente es ser *una criatura razonable*, ya que esto permite racionalizar cualquier acción a que nos induzca la mente».[10] A menudo, el hacer lo razonable es un poco más que una excusa para hacer lo que pensamos es mejor sin acudir a la mente del Señor al respecto. ¡Ay de la entidad que se deje guiar simplemente por el mejor pensamiento de su líder!

Isaías pronosticó que un día el Mesías tendría el Espíritu de Dios sobre Él:

> Y reposará sobre él el Espíritu de Jehová; espíritu de sabiduría y de inteligencia, espíritu de consejo y de poder, espíritu de conocimiento y de temor de Jehová. Y le hará entender diligente en el temor de Jehová. No juzgará según la vista de sus ojos, ni argüirá por lo que oigan sus oídos; sino que juzgará con justicia a los pobres, y argüirá con equidad por los mansos de la tierra; y herirá la tierra con la vara de su boca, y con el espíritu de sus labios matará al impío. Y será la justicia cinto de sus lomos, y la fidelidad ceñidor de su cintura (Isaías 11.2-5).

El Espíritu de sabiduría es un regalo profundo para aquellos que lo desean y lo buscan. Aquellos sobre quienes reposa el Espíritu no tienen que afrontar situaciones con su propio entendimiento y sabiduría limitados. No tienen que determinar la realidad de su situación basada en lo que sus ojos ven o sus oídos oyen. No están restringidos a sus sentidos físicos o a su mejor lógica. Tienen a su disposición el consejo y la sabiduría de Dios. Josué hizo buen uso de esta sabiduría y los resultados hablan por sí solos.

JOSUÉ MEDITÓ EN LA PALABRA DE DIOS

La meditación apenas parece asociarse con la tarea de un general laborioso. No obstante Dios mandó a Josué a hacer precisamente esto si quería ser exitoso:

> «Solamente esfuérzate y sé muy valiente, para cuidar de hacer conforme a toda la ley que mi siervo Moisés te mandó; no te

> apartes de ella ni a diestra ni a siniestra, para que seas prosperado en todas las cosas que emprendas. Nunca se apartará de tu boca este libro de la ley, sino que de día y de noche meditarás en él, para que guardes y hagas conforme a todo lo que en él está escrito; porque entonces harás prosperar tu camino, y todo te saldrá bien (Josué» 1.7-8).

Pero ¿cómo podría un general ocupado comandar a un ejército y administrar una nación y todavía tener tiempo para meditar sobre algo? Los días agitados apenas darían oportunidades para el pensamiento prolongado, sin mencionar la meditación profunda. Pero la orden de Dios de meditar solo suena extraña para el que nunca ha meditado.

MEDITACIÓN

Meditación es concentración enfocada. Esto no requiere una cima apartada de una montaña o una posición corporal complicada. Tampoco implica entrar en un trance o un cántico místico. La meditación bíblica consiste en considerar la Palabra de Dios hasta que Él aclare su plena implicación. Es permanecer en la presencia de Dios hasta que le haya ayudado a entender lo que Su Palabra le dice.

Algunas verdades bíblicas son evidentes; otras requieren la iluminación del Espíritu Santo. La simple lectura superficial de la Palabra de Dios no bastará para un líder que tiene una gran responsabilidad. Hay demasiado en juego. Solo un período cuidadoso y profundo de meditación asegurará que los líderes comprendan todas las ramificaciones de la Palabra de Dios para aquellos a quienes dirigen. Paradójicamente, los líderes ocupados que afrontan presiones significativas de tiempo asumen que no tienen tiempo para meditar en la Palabra de Dios. El tiempo es precioso. No obstante, lo más sabio que un líder espiritual puede hacer es buscar la sabiduría de Dios. La evaluación cuidadosa de la Palabra de

¡Ay de la entidad que se deje guiar simplemente por el mejor pensamiento de su líder!

Dios es un deber para beneficio de todos los implicados. Es responsabilidad del líder ayudar a su gente a entender las promesas de Dios y responder a Su llamado.

Meditación es concentración enfocada... La meditación bíblica consiste en considerar la Palabra de Dios hasta que Él aclare su plena implicación.

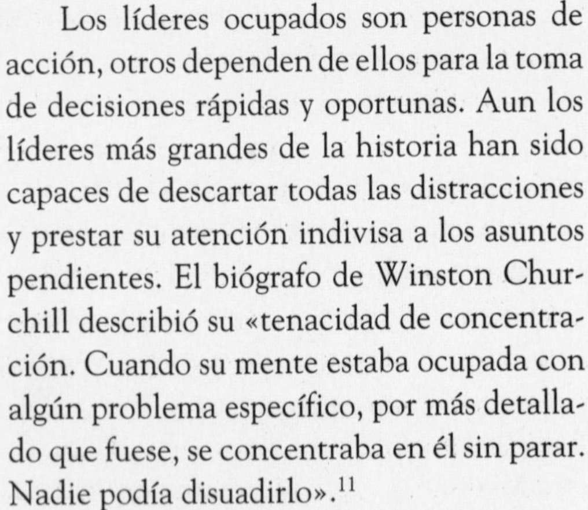

Los líderes ocupados son personas de acción, otros dependen de ellos para la toma de decisiones rápidas y oportunas. Aun los líderes más grandes de la historia han sido capaces de descartar todas las distracciones y prestar su atención indivisa a los asuntos pendientes. El biógrafo de Winston Churchill describió su «tenacidad de concentración. Cuando su mente estaba ocupada con algún problema específico, por más detallado que fuese, se concentraba en él sin parar. Nadie podía disuadirlo».[11]

Ellis Slater, uno de los amigos de Dwight Eisenhower, notó: «No creo que he conocido alguna vez a una persona con tal concentración... tiene la capacidad de viajar a lo más recóndito de sus pensamientos».[12] El lema de Eisenhower era: «No cometas ningún error por apresurarte».[13] El famoso general se tomaba el tiempo para considerar con cuidado que acción él debería tomar. Como comandante militar en un tiempo de guerra, Eisenhower sabía muy bien que una decisión precipitada o descuidada podría costar a la gente sus vidas.

De igual manera, los líderes espirituales reconocen que una decisión sin evaluar puede traer consecuencias desastrosas y duraderas. El instrumento más potente a la disposición de un líder espiritual es la concentración implacable, enfocada en la Palabra de Dios.

Ninguna crisis es lo suficientemente agobiante como para impedir que un líder busque la perspectiva de Dios. Una agenda cargada y apresurada no debiera tener cautivo a un líder. Todo el mundo está ocupado. Pero los líderes sabios entienden la importancia de la meditación. Ellos son preventivos en la programación del tiempo para concentrarse, ininterrumpidamente, en los asuntos importantes.

La Biblia es una fuente inagotable de sabiduría. Descubrir sus tesoros lleva tiempo. La Palabra de Dios tiene las respuestas que los líderes desesperadamente necesitan. Las Escrituras pueden irradiar su luz en cualquier situación. ¿Por qué un líder sería tan temerario e ignorar tal tesoro de sabiduría?

Dios dijo a Josué: «Mira que te mando que te esfuerces y seas valiente; no temas ni desmayes, porque Jehová tu Dios estará contigo en dondequiera que vayas» (Josué 1.9).

¿Era importante que Josué supiera esto? Absolutamente. Él estuvo a punto de intentar lo imposible. Millares de personas dependían de él. Él necesitaba a Dios para que le diera más que un pensamiento sentimental y piadoso. Necesitaba una palabra de Dios sobre la cual pudiese cimentar su vida.

Josué rumiaba sobre la promesa de Dios acerca de Su presencia, y meditaba sobre sus implicaciones prácticas. Los días próximos traerían numerosas facetas de miedo y consternación. Él tuvo que estar seguro de las garantías que Dios le había dado. Jesús hizo una promesa similar a los creyentes. Él dijo: «He aquí yo estoy con vosotros todos los días, hasta el fin del mundo. Amén» (Mateo 28.20).

Tenemos que comprender la enormidad de esta verdad. ¿Cómo se aplica esto en nuestro lugar de trabajo? ¿Qué significa esto cuando nos internan en el hospital? ¿Es todavía cierto cuando todo el mundo parece habernos abandonado? ¿Cómo funciona esto de forma práctica en situaciones cotidianas? ¿Cómo puedo saber que Dios no me ha abandonado cuando todo está saliendo tan mal en mi vida? La Biblia tiene promesas con enormes implicaciones; si dedicásemos el tiempo para considerar la potencialidad de cambios radicales en nuestras vidas las veríamos. Josué lo hizo y por eso tuvo tanto éxito.

JOSUÉ ESPERÓ EN EL SEÑOR

Los líderes por lo general detestan la espera. Son típicamente hacedores. ¡La mayoría de los líderes prefiere involucrarse en cualquier actividad siempre que no tengan que permanecer inactivos! Sin embargo, esperar en Dios es diferente. Es una actividad, pero con un resultado profundo. Cuando usted asume que debe solucionar al fin y al cabo el problema o resolver el asunto por sí mismo, se siente obligado a tomar medidas. Saber que Dios es responsable del resultado de una situación o problema puede hacer que esperar en Él se convierta en un alivio. Su respuesta va a ser determinada por la opinión que tenga de Dios.

Esperar en Dios es realmente una citación judicial divina. Exige que el líder reconozca quién está realmente en control. La espera en Dios no prescribe la inactividad. Mejor dicho, es un acto de fe y obediencia. La busca de la dirección de Dios toma más resistencia que simplemente brincar precipitadamente a la acción. ¡Si usted piensa que no toma mucho esfuerzo esperar en el Señor, inténtelo alguna vez! En cada situación tanto hay una manera correcta para hacerlo como el tiempo exacto para hacerlo. ¡Esperar en el Señor ayuda a los líderes a acertar en ambos casos!

Esperar en Dios es realmente una citación judicial divina.

El rey Saúl reveló su inmadurez espiritual al tomar con impaciencia los asuntos en sus propias manos más que en esperar en Dios. Su temeridad le hizo fracasar (1 Samuel 13.1-14). Dios le dijo que no luchara contra los filisteos hasta que el profeta Samuel llegara para ofrecer un sacrificio. Pasó una semana y Samuel no aparecía por ningún lado. Los soldados de Saúl miraban con nerviosismo el aumento de las tropas enemigas. Esto era una prueba de tornasol de la fe de Saúl. ¿Cuán seriamente tomaba la palabra de Dios?

¿Entendía que, aunque fuera rey, no podía hacer nada sin contar con el poder de Dios? Al pasar los días, el ejército de Saúl disminuía cuando los soldados, cada vez más temerosos, abandonaban el campamento.

Finalmente, Saúl no pudo soportarlo más. Tomó medidas y ofreció el sacrificio a Dios a su manera, más que a la que Dios había prescrito. Su decisión le parecía lógica, pero fue un error fatal. Al rehusar esperar en Dios, Saúl perdió su derecho de ser rey.

¡Esperar en Dios es sin lugar a dudas un ejercicio que forja el carácter! La gente ocupada se inunda de las voces de amigos, colegas y clientes. Se necesita un esfuerzo intencional para descartar cualquier voz que no provenga de Dios. Pero el desarrollo personal y espiritual es la recompensa por hacerlo de esta manera.

LA DILACIÓN Y EL ESPERAR EN EL SEÑOR SON DOS COSAS DIFERENTES

Cabe hacer una nota aclaratoria aquí: *La dilación* y el esperar en *el Señor* son dos cosas muy diferentes. Elizabeth I era «una amante del arte sutil de la dilación, era una experta maravillosa en retrasar las cosas y disimular, y por lo general aplazaba los problemas que no podía solucionar inmediatamente».[14]

A veces el obstáculo mayor para un líder espiritual no es el problema en sí, sino la tentación para solucionarlo solo. Los líderes espirituales dependen de una palabra de Dios. Si no acuden a ella, pueden ser líderes buenos pero no serán líderes espirituales. Los líderes espirituales toman la palabra de Dios y hacen que sus seguidores la obedezcan. Cuando un líder espiritual espera en Dios, vendrá una directiva divina. Y cuando sucede, lo que el líder hace después es crítico.

Josué era bastante sabio para entender que Dios sabía mucho más que él. Además, sabía que Dios tuvo la intención de intervenir de su parte. Por lo tanto, era crucial actuar según la agenda de Dios. Hacer las cosas a la manera de Dios salvaría literalmente las vidas de millares de soldados.

A veces el obstáculo mayor para un líder espiritual no es el problema en sí, sino la tentación para solucionarlo solo.

Pero ¿cómo esperar en el Señor si usted no sabe lo que Él dice? El factor más importante para esperar en el Señor es escucharle primeramente. Josué pasó una cantidad significativa de su tiempo buscando la voluntad de Dios. Él era un madrugador. En aquellas tranquilas horas de la mañana Dios hablaba a Su siervo (Josué 3.1; 6.12; 7.16; 8.10).

Dios no existe para servirnos. Él no nos sigue, esperando que solicitemos una audiencia cada vez que queramos. Josué con regularidad se ponía a la disposición de Dios, y Dios se comunicaba con él. Cada día los israelitas enfrentaban desafíos significativos; necesitaban a un líder que hubiese estado en la presencia del Señor y conociera Su voluntad. Ellos dependían de que Josué confiara en el cronometraje de Dios para ayudarles.

Cronometraje perfecto

La obediencia significa decir sí inmediatamente, pero no siempre exige acción inmediata. El cronometraje de Dios es perfecto. Un buen trabajo hecho demasiado temprano o demasiado tarde puede ser más pernicioso que ningún trabajo en absoluto. Abraham apresuró el nacimiento de un heredero y esto le ha pesado a sus descendientes desde entonces (Génesis 16.1-16).

El discípulo Pedro impetuosamente adoptó una posición desacertada en favor de Jesús en el Jardín de Getsemaní y todo lo que recibió por su lealtad fue la oreja de un esclavo y una reprimenda de su Maestro (Juan 18.10-11). Josué tuvo que esperar cuarenta años antes de entrar en la tierra prometida, pero cuando finalmente entró al cronometraje de Dios, sus ejércitos se hicieron invencibles. La recompensa por esperar en Dios excede con creces la inversión de paciencia requerida para lograrla.

JOSUÉ ORÓ

Se ha dicho que Mary, la reina de los escoceses, una vez se lamentó que temía más las oraciones del venerable John Knox que todos los ejércitos de sus enemigos. Los líderes modernos se conocen por una variedad de cosas, pero la oración no es generalmente una de ellas. Al igual que esperar en Dios, la oración a menudo se confunde con la inactividad. Usted ha oído probablemente la frase: «¡Si usted no puede hacer algo más (dar dinero, ir al campo misionero, etcétera), siempre puede orar!»

La oración nunca se debiera ver como sustituta de algo que produce resultados. Es la cosa más práctica y eficaz que la gente puede hacer. Sin embargo, los líderes ocupados a menudo consideran la oración como un lujo. Por lo tanto a menudo es lo primero que se desecha una vez que sus calendarios alcanzan el punto de saturación. Hay muchos administradores, pero lamentablemente pocos intercesores.

Hay muchos administradores, pero lamentablemente pocos intercesores.

Josué era un hombre de oración habitual. Cuando Israel sufrió una derrota desalentadora contra la ciudad de Hai, su primera reacción fue buscar con humildad la explicación de Dios (Josué 7.6-9). Josué trató su fracaso cuidadosamente por medio de la oración. Dios respondió revelando la razón de su pérdida y proporcionando los medios para la victoria (Josué 7.10-15).

En medio de una batalla feroz contra los amorreos, Josué oró para que Dios interviniera en la naturaleza. Otra vez, Dios respondió, deteniendo el sol y permitiendo que los israelitas tuvieran una victoria decisiva (Josué 10.12-14). Josué no era profeta o sacerdote. Su ministerio principal no era la intercesión. Él era un general que dirigía una invasión peligrosa y complicada; ¡pero ni siquiera Moisés, los grandes profetas Isaías y Jeremías, o los predicadores poderosos como Pedro y Pablo alguna vez vieron el sol y la luna afectarse en respuesta a sus oraciones!

Las oraciones de Josué no fueron hechas en generalidades. Él pidió a Dios que respondiera a necesidades específicas, tangibles. Y cuando Dios contestó milagrosamente, Josué recibió la respuesta no con sorpresa, sino como si fuera la norma. Los hijos de Israel debieron haber reverenciado profundamente a su líder, el cual estaba en contacto con Dios con tanta seguridad. Ellos vieron en Josué la clase de vida de oración significativa y pragmática que caracteriza a un verdadero líder espiritual.

Dwight L. Moody: Un hombre de oración

Dwight L.Moody fue uno de los predicadores más grandes del siglo diecinueve. Tenía una capacidad increíble para llevar a cabo numerosas tareas en tiempo récord.

Un acertijo popular con su respuesta circulaba sobre Moody: «¿Por qué es D.L. tan bueno?» «¡Porque conduce tan rápido que el diablo no puede agarrarlo!»[15]

Josué trató su fracaso cuidadosamente por medio de la oración.

Una vez visitó doscientas casas el día de Año Nuevo. Con un estilo de vida tan agitado su vida de oración, aunque formidable, era completamente simple. Moody hacía cortas oraciones en el transcurso del día. Cuando Moody afrontaba una necesidad, oraba. Sus oraciones parecían escandalosamente breves a algunos porque no eran elocuentes o pomposas. Sus oraciones eran sencillas y francas. Y Dios siempre contestaba. En una ocasión reconoció tratar de orar toda la noche como supuestamente lo había hecho Martín Lutero. D.L. admitió que al despertar la mañana siguiente había quedado «Un Moody bastante tieso».[16]

Los más cercanos a él afirmaban que nunca lo oyeron hacer oraciones largas, pero le oían invocar a Dios con frecuencia. Las oraciones no tienen que ser elocuentemente hechas o largas como una historia épica. Las oraciones más profundas se expresan de manera sencilla y con expectativa. Josué hizo tales oraciones y los milagros eran un acontecimiento regular en su vida.

JOSUÉ OYÓ LA VOZ DE DIOS

Es completamente obvio que Dios hablaba a Josué a menudo (Josué 1.1; 3.7; 4.15; 5.15; 7.10; 8.1-2; 11.6; 13.1; 20.1). Él recibía un flujo constante de instrucciones específicas de Dios. Esto obligaba a Josué y su pueblo a responder con obediencia. Cuando congruentemente obedecían a Dios, con regularidad experimentaban la victoria. Por todo el libro de Josué encontramos el modelo siguiente: Dios hablaba, Josué obedecía, Josué tenía éxito.

Dios habla

Muchas personas, incluso algunos eruditos de la Biblia, afirman que aunque Dios hablaba a personas como Josué durante los tiempos bíblicos, no lo hace hoy en día.[17] Algunos dicen que la Biblia contiene todas las instrucciones que la gente necesita; los mandamientos de Dios, junto con los principios bíblicos encontrados en la Escritura, niegan la necesidad de que Dios hable directamente.

Sin embargo, muchas veces usted afrontará una situación en la que no hay ningún mandamiento específico que se aplique a sus circunstancias. Ningún principio bíblico expresamente le dice si debería despedir a sus empleados cuando la economía no anda bien. Ni tampoco existe un mandamiento particular que le permita saber si debería emprender cierto viaje de negocios o aceptar una posición de voluntario que esté vacante.

Aquellos que obedecen la ley de Dios y acuden a los principios bíblicos para hallar dirección, de seguro que la van a encontrar. Pero también pasarán por alto *la relación* de la que ellos podrían haber disfrutado al colocar a Dios y a Su palabra directamente a sus vidas. Por ejemplo, supongamos que a usted se le invita a tomar un nuevo trabajo en una ciudad diferente. Su hijo adolescente está pasando por un tiempo tortuoso de cuestionamiento espiritual y rebelión. ¿Le ayudarían una nueva escuela e iglesia a salir de la situación o le darían estrés adicional? El mudarse a otra comunidad podría dar a su familia una nueva iglesia dinámica y un grupo juvenil; pero, debemos enfatizar, tal vez no.

Usted busca principios bíblicos que le ayuden a tomar una decisión. Tiene a un cónyuge y otros hijos, así que su decisión es compleja. Hay principios bíblicos relevantes tanto acerca de la crianza de los hijos como de la mayordomía. Usted está confundido. ¿Qué principio se aplica aquí? ¿Tiene prioridad un principio sobre el otro? Más que nada, quiere una palabra clara de Dios. ¡Hay mucho en juego aquí! Su familia no puede permitirse que usted cometa un error.

Josué con frecuencia afrontaba este tipo de situación. Como era un líder, sus decisiones tendrían derivaciones dramáticas sobre las demás personas. Él sabía que su pensamiento no estaba al mismo nivel que el de Dios (Isaías 55.8-9). Por consiguiente Josué con regularidad hablaba con Dios y esto le daba la perspectiva que buscaba.

La Escritura revela que mucho antes del tiempo de Josué, Dios hablaba a la gente. El libro de Génesis cuenta que Dios hablaba a la gente, y muchos siglos después de la era de Josué el libro de Apocalipsis revela que Dios todavía está en contacto con la gente. Él hablaba de muchas maneras, pero evidentemente se comunicaba con la gente. Y todavía lo hace. El testimonio de los santos a través de los siglos e incluso hasta hoy día es que Dios todavía busca una relación personal con Sus hijos y desea darles Su dirección.

Josué con regularidad hablaba con Dios y esto le daba la perspectiva que buscaba.

Exactamente *cómo* Dios hablaba a Josué es un misterio bíblico. ¿Lo hacía con voz audible o le hablaba a la mente y al corazón de Josué? La Escritura simplemente dice: «Jehová habló a Josué» (Josué 1.1). Obviamente *cómo* Dios hablaba no se consideraba importante. El hecho que Dios hablara era lo crucial. Dios hallaba la manera de comunicar Su voluntad a Josué, Josué entendía lo que Dios decía y siempre respondía en obediencia.

Varias veces Dios dio a Josué estrategias militares que no habría conocido de otra manera. Además le reveló la identidad del culpable en Jericó que violó las restricciones divinas (Josué 7.10-26). El escuchar de Dios daba a Josué una ventaja sobre sus adversarios idólatras.

El escuchar de Dios también despejaba cualquier duda que Josué podía haber tenido cuando iba a la batalla. Una vez que Dios designó a Josué como líder, Josué no tuvo ninguna necesidad de llenar un cuestionario sobre los dones espirituales para determinar si estaba preparado para dirigir. ¡No importaba! Dios acababa de designarlo como líder y lo dirigiría en cada paso que daba.

Hoy día existe una epidemia de idolatría evangélica.

Obediencia y éxito

Hoy día existe una epidemia de idolatría evangélica. Idolatría es cuando la gente mantiene sustitutos de Dios. Más que buscarlo a Él, andan detrás de un principio. No responden inmediatamente a la voz de Dios. ¡Primero, hacen un inventario para ver si tienen las habilidades necesarias para ser obedientes! La gente confía en la doctrina más que en Dios. La gente coloca su fe en sus propias habilidades de liderazgo o en cursos de capacitación o en pruebas de personalidad, más que en la dirección de Dios. Esto es idolatría.

Muchos cristianos tienen problemas para obedecer a Dios, no porque sean desafiantes, sino porque no están seguros cómo escucharlo. Si oyeran Su voz con claridad, harían lo que Él dice. Pero cuando usted no está seguro cómo reconocer la voz de Dios, puede volverse dudoso, con miedo de cometer un error. Josué estaba tan familiarizado con la voz de Dios que una palabra suya era suficiente para hacerlo avanzar confiadamente. Escuchar la voz de Dios era la llave del éxito de Josué como líder espiritual.

JOSUÉ ESTUDIÓ LOS CAMINOS DE DIOS

El nombramiento de Josué como nuevo líder de Israel vino con una promesa profunda. Dios le aseguró de esta forma: «Como estuve con Moisés, estaré contigo» (Josué 1.5). Envuelta en esta magnífica promesa había una historia de milagros y victorias junto con más de un caso de disciplina. Josué había sido testigo de todo esto en el período de liderazgo de Moisés. ¡A la luz de esta palabra de Dios, esto ciertamente convino a Josué para examinar cómo se había relacionado Dios expresamente con Moisés!

Cuando Dios le habló primero a Moisés, se identificó en términos de como había tratado con los precursores de Moisés. Él dijo: «Yo soy el Dios de tu padre, Dios de Abraham, Dios de Isaac, y Dios de Jacob» (Éxodo 3.6). Dios declaraba que era el mismo Dios que los patriarcas anteriores habían seguido. Él caminaba con Moisés de la misma manera que se había relacionado con los patriarcas. Dios nunca cambia (Malaquías 3.6).

El método específico que uso para hablar a Moisés, podría variar enormemente de la manera que hablaba a los patriarcas. ¡Abraham, Isaac y Jacob nunca encontraron una zarza ardiente! Pero si Moisés estudió cuidadosamente la manera en que Dios trataba con sus antepasados, pudo ver como Dios lo dirigiría y sostendría a él también.

Ahora era el turno de Josué. Él tenía la seguridad de que Dios hacía su presencia obvia para él. Josué había sido testigo de las singulares y variadas maneras en las que había manifestado Su presencia a Moisés. Ahora veía la obra de Dios actuar poderosamente en su propia vida.

Los líderes espirituales estudien con cuidado las maneras que Dios ha tratado en las vidas de la gente en la Escritura y en la historia.

Es sumamente importante que los cristianos estudiemos las Escrituras y leamos biografías de cristianos y líderes espirituales.[18] Al hacerlo, podemos aprender mucho sobre la forma que Dios coherentemente trata con Su pueblo. Dios no pasó por alto el pecado en la vida de Moisés o David, aunque fueran líderes religiosos principales de su día.

Podemos concluir categóricamente que Dios no pasará por alto nuestro pecado tampoco, sin tener en cuenta lo que podemos hacer a Su servicio. Igualmente, si Dios acudió en ayuda de sus criados Josué, Gedeón y Elías cuando ellos con valentía adoptaron una actitud para Él, podemos asumir que Él nos asistirá también en nuestros desafíos cuando obedientemente le sirvamos.

Muchos de los grandes líderes de la antigüedad eran ávidos estudiantes de historia. La reina Isabel I resueltamente dedicaba tres horas por día a la lectura de libros históricos.[19] Más que ser cautiva de sus circunstancias presentes, quiso ver su situación actual en base al punto de ventaja de todo lo que había transcurrido antes de su época.

Winston Churchill dijo: «Si nos peleamos con el pasado podemos perder el futuro».[20] Dwight Eisenhower le gustaba leer historia.[21] De la misma manera, es aconsejable que los líderes espirituales estudien con cuidado las maneras que Dios ha tratado en las vidas de la gente en la Escritura y en la historia para que comprendan cómo Dios podría usar sus vidas para Su reino también.

Tenemos muchas razones por las cuales debemos estudiar las Escrituras. A través de los milenios Dios ha obrado poderosamente por medio de las vidas de personas comunes y corrientes. La actividad de Dios en las vidas de Su pueblo es evidente no solo en la historia bíblica, sino a lo largo de dos mil años de historia cristiana también. Deberíamos asumir con seguridad que de la misma manera que Dios estuvo con Moisés, David, Pedro y Pablo, también estará con nosotros.

CONCLUSIÓN

Josué tenía muchas habilidades y talentos que le ayudaron a trabajar con eficacia como líder. Sin embargo, aquellas habilidades solas no pueden explicar su éxito fenomenal. Sólo Dios puede. La presencia de Dios era inconfundiblemente obvia, no solo al pueblo de Dios, sino hasta a los incrédulos. Y aquella presencia marcó toda la diferencia.

Cuando Josué se sometió a la dirección de Dios, se gozó en usar su vida para Sus objetivos divinos. Dios a menudo hablaba a Josué y se cercioraba de que conociera su voluntad. Josué meditaba en las palabras que Dios hablaba. Sabía que su vida y la de sus coterráneos, dependían de su entendimiento y obediencia a la palabra de Dios.

Josué oraba con regularidad. Esperaba en Dios. Observó cómo Dios anduvo con sus predecesores. Procuró caminar con Él muy de cerca. A Josué no le satisfacía nada que no fuera la manifiesta presencia de Dios en su vida. Y Dios estaba activo en la vida de Josué.

Las Escrituras dan testimonio del éxito sobrecogedor que la presencia de Dios hizo en la vida de un siervo que le escuchaba y obedecía Su mandato.

LA PRESENCIA DE DIOS: EL SECRETO DEL ÉXITO

- Josué ejerció un buen liderazgo.
- Josué recibió la aprobación de Dios.
- Josué poseyó el Espíritu de sabiduría.
- Josué meditó en la Palabra de Dios.
- Josué esperó en el Señor.
- Josué oró.
- Josué oyó la voz de Dios.
- Josué estudió los caminos de Dios.

PREGUNTAS A CONSIDERAR

1. ¿Experimenta actualmente aridez espiritual como le sucedió a Duncan Campbell? De ser así, ¿qué está haciendo para remediar su condición espiritual?
2. ¿Le confirma Dios su papel de liderazgo actual? De ser así, ¿qué evidencia tiene sobre la satisfacción de Dios con su función de liderazgo actual?
3. ¿De qué manera ha confiado en «el Espíritu de sabiduría» con sus responsabilidades de liderazgo?
4. ¿Con qué frecuencia medita en la Palabra de Dios? ¿Cómo podría incorporar más tiempo para la meditación en su vida?

5. ¿Espera actualmente en el Señor? ¿Cómo ha estado manejando el período de espera?
6. ¿Reconoce la voz de Dios? ¿Qué le ha oído decir últimamente?

Obediencia que llega lejos

TODO EL CASTILLO ESTABA EN MOVIMIENTO. La reina se encontraba de visita, un evento esperado durante mucho tiempo. Una serie de complejas preparaciones habían acontecido en los meses anteriores y una torre recién construida se erigía en el sitio, amoblada con apartamentos reales para hospedar a la soberana. El conde de Leicester, señor del castillo, montó su caballo y salió a encontrarse con su apreciada reina. Lo que sucedió después fue un derroche de pompa y esplendor; a diez kilómetros del castillo, el conde hizo preparar un lujoso pabellón en el cual ofreció a su soberana y al séquito que la acompañaba una suntuosa cena.

Al aproximarse al castillo, la reina pudo ver la gran estructura iluminada por miles de antorchas y velas. Los pilares del puente levadizo estaban adornados con frutas y vides, de las cuales pendían instrumentos musicales y una armadura; todo el ambiente estaba dispuesto de la mejor manera. Una «isla flotante» aparecía en el foso y personajes decorados magnífica y humildemente le ofrecían a la reina las llaves del castillo.

Cuando la reina entró a su alcoba real, se escuchó el estruendo de muchos disparos y la explosión de una serie de fuegos artificiales. Se dice que cuando la soberana le mencionó a su anfitrión el desencanto que le producía el no poder ver desde su ventana el jardín de su castillo natal, el Conde, mortificado por el asunto, reclutó a toda prisa un ejército de obreros y en el transcurso de una noche ¡construyó un jardín idéntico justo frente a la ventana de la alcoba real para que la reina lo pudiera disfrutar![1]

¿Quién era la monarca que recibía tan majestuoso homenaje? La reina Isabel I, que en julio de 1575 iba a pasar diez días en el famoso castillo de Kenilworth. Cada día se ofreció un festín o una presentación incomparable en honor de ella. Uno de los banquetes exhibió más de mil piezas de cristal y de plata, doscientos caballeros sirvieron más de trescientos exquisitos platos.

Era una época en que la reverencia por el monarca se practicaba a extremos impresionantes e inigualables. Algunos nobles, de hecho, rediseñaron sus hogares de manera que tuvieran la forma de la letra «E» en honor a su venerada reina.[2] Los nobles que deseaban hablar con la soberana en su corte, humildemente se acercaban de rodillas a ella. Si uno de sus cortesanos deseaba lo mismo, pacientemente había de esperar su oportunidad, cuando la reina pasara por su lado, y respetuosamente debía decir: «Dios salve a su majestad; anhelo su atención a la hora que sea más conveniente para que su siervo se encuentre con su rostro bendito».[3] La reverencia a la reina era, pues, algo primordial y absoluto.

La reverencia es la máxima expresión de respeto y un asunto de extrema humildad. Aunque el conde de Leicester puede haber sido impulsado por un deseo de impresionar a la reina, también estaba motivado por el hecho de que estaba hospedando a la persona más poderosa de la Tierra.

Josué era un respetado general, el máximo líder de la nación de Israel y, sin embargo, él entendió claramente su papel como siervo de Dios. Jamás confundió quién era el líder en la relación con su Señor, por lo cual demostró una sumisión radical a los mandatos de su Rey, se rindió ante Él, lo obedeció y aceptó sus arduas tareas; su obediencia no tuvo ningún tipo de vacilación.

JOSUÉ SE RINDIÓ A DIOS

Un evento inusual en la vida de Josué ocurrió en la víspera de su famoso ataque a Jericó:

> Estando Josué cerca de Jericó, alzó sus ojos y vio un varón que estaba delante de él, el cual tenía una espada desenvainada en su mano. Y Josué, yendo hacia él, le dijo: «¿Eres de los nuestros, o de nuestros enemigos?» El respondió: «No; mas como Príncipe del ejército de Jehová he venido ahora». Entonces Josué, postrándose sobre su rostro en tierra, le adoró; y le dijo: «¿Qué dice mi Señor a su siervo?» Y el Príncipe del ejército de Jehová respondió a Josué: «Quita el calzado de tus pies, porque el lugar donde estás es santo». Y Josué así lo hizo (Josué 5.13-15).

Jericó representaba el mismo asunto que había aterrorizado a los diez hebreos espías cuarenta años atrás. Era una ciudad amurallada protegida por soldados amenazantes, se veía invencible, era la máxima prueba para los israelitas, quienes finalmente habían entrado a la tierra prometida, pero aún tenían que luchar contra el enemigo. Esa ciudad representaba el primer gran reto para esta generación de guerreros israelitas.

En la noche anterior a la batalla, Josué salió a revisar con detenimiento la ciudad fortificada y, al hacerlo, su mirada se detuvo de repente en un soldado de extraordinaria apariencia que tenía su espada en la mano. Una espada desenvainada indicaba que estaba listo para la batalla, por lo cual Josué confrontó abiertamente al extranjero para determinar si era un amigo o un enemigo.

Josué descubrió que el extranjero no estaba a favor ni de Jericó ni de Israel, sino que era un siervo de Dios, un visitante celestial que estaba actuando como mensajero del ejército del Señor. Puesto que Josué era un militar con experiencia, inmediatamente reconoció que este soldado poseía una autoridad mayor; se encontraba junto a alguien cuyo rango era muy superior al de él y cuyo ejército era infinitamente más poderoso que el suyo.

El intercambio que sucedió entre ellos trae a la memoria dos encuentros bíblicos similares. Una noche, mientras esperaba en el vado de un arroyo para encontrarse con su hermano Esaú, de quien se había distanciado hacía ya mucho tiempo, Jacob se halló con un mensajero celestial. A diferencia de Josué, Jacob luchó con este divino visitante durante toda la noche (Génesis 32.22-32). Por alguna razón desconocida, al encontrarse con el mensajero de Dios, el primer impulso de Jacob fue luchar.

De la misma manera, cuando Moisés se encontró con Dios en la zarza ardiente, su instinto natural fue resistir. Moisés luchó contra la voluntad de Dios hasta que provocó la ira del Señor (Éxodo 4.14). Jacob era un engañador, un maquinador que procuraba obtener ventaja de los otros; a Moisés le faltaba confianza porque era consciente de todas sus deficiencias y estaba convencido de que Dios estaba cometiendo un serio error al llamarlo a su servicio.

La experiencia militar de Josué le había enseñado a reconocer la autoridad. Sabía que los subordinados no pelean con sus superiores; por ende, al reconocer en presencia de quien se encontraba, no presentó ningún tipo de lucha. La única respuesta fue la obediencia.

Oponerse a la voluntad de Dios resulta costoso

Oponerse a la voluntad de Dios es un atrevimiento que resulta muy costoso. Por el resto de su vida, la forma coja de caminar de Jacob fue un recordatorio visible de su terquedad (Génesis 32.31). Durante el resto de su ministerio, Moisés tuvo que proclamar la Palabra de Dios a través de la boca de Aarón (Éxodo 4.14-16). Por el contrario, Dios decidió bendecir poderosamente el liderazgo de Josué durante el resto de su vida.

La vida nos ofrece numerosas oportunidades a los creyentes para probar nuestra lealtad a Dios. El mismo Dios que salió al encuentro de Jacob, Moisés, Josué y cientos de otros personajes bíblicos, confronta a cada cristiano con Su voluntad.

La resistencia siempre resulta tener un precio muy alto. Muchísima gente en problemas nos ha compartido que Dios los llamó al ministerio pero se opusieron y postergaron su entrenamiento ministerial por varias razones «prácticas». Decidieron pasar sus vidas en los costados del terreno de juego, cuando sabían que Dios los estaba llamando a servir a tiempo completo en el campo ministerial. Dios ha invitado a muchos otros a restaurar relaciones destrozadas pero su orgullo les impidió dicha reconciliación hasta que fue demasiado tarde. Afortunadamente Dios es un ser lleno de gracia y nos restaurará si le obedecemos en aquello que sabemos que nos está pidiendo hacer hoy; sin embargo, muchos han perdido oportunidades que ahora son irrecuperables.

Aprender, una dura lección

Mel Blackaby es el tercer hijo de Henry y Marilynn Blackaby. Cuando era un adolescente sabía que sus dos hermanos mayores habían sido llamados a servir a tiempo completo en el ministerio cristiano. Mel se dio cuenta de que Dios también lo estaba llamando, pero se resistió al llamado, porque estaba demasiado ocupado pasándola bien como para tomar en serio al Señor. En lugar de concentrarse en su universidad y en su preparación en el seminario, concluyó que necesitaba un poco de tiempo para ganar algo de dinero. Aspiraba a comprar un buen carro y pasarla bien con sus amigos durante un tiempo, antes de decidir tomar en serio el asunto de servir al Señor.

Se retiró de sus estudios durante un semestre y asumió un trabajo muy bien remunerado en un campo maderero, lo cual solo era una diversión temporal. Mientras se dedicaba a la tarea de cortar madera, Mel sufrió una herida terrible en un complicado accidente; se destrozó una pierna y estuvo a punto de perder la vida. Al estar postrado durante meses en cama sufriendo un increíble dolor, comprendió que sus planes de hacer dinero se habían malogrado; terminó perdiendo dos semestres de estudios y lo único que tenía para compensar esta situación era una pierna gravemente lastimada.

Una vez que se recuperó, retornó a sus estudios y al final obtuvo su doctorado. En la actualidad es el pastor de una de las iglesias principales de Canadá y ha sido coautor de dos libros con su padre.[4] Sus libros son fuente de ánimo para miles de personas alrededor de todo el mundo. Mel se encuentra agradecido con Dios por haber vuelto a orientar su vida, pero tuvo que aprender una lección muy dura sobre el asunto de resistir la voluntad de Dios.

El Nuevo Testamento nos cuenta la historia de un hombre en los días de Jesús quien, al igual que Josué, mostró una fe asombrosa (Mateo 8.5-13). Un centurión gentil se acercó a Jesús en nombre de su siervo enfermo y Jesús se ofreció a acompañar al noble soldado para sanar al siervo, pero el hombre humildemente objetó:

> «Señor, no soy digno de que entres bajo mi techo; solamente di la palabra, y mi criado sanará. Porque también yo soy hombre bajo autoridad, y tengo bajo mis órdenes soldados; y digo a éste: Ve, y va; y al otro: Ven, y viene; y a mi siervo: Haz esto, y lo hace» (Mateo 8.8-9).

¡Este hombre reconocía la autoridad! Este tipo de hombres no suele cuestionar las órdenes de sus superiores o molestarse con ellas, para ellos solo existe la sumisión. Jesús quedó tan sorprendido con la fe del veterano soldado que recompensó grandemente su servidumbre (Mateo 8.10,13).

Hay personas que en ocasiones hablan de «luchar» con Dios: «Yo sé que Dios quiere que dirija un estudio bíblico en mi hogar pero he estado luchando con Él sobre dicha cuestión porque no me siento capacitado para esa tarea»; en ocasiones suelen decir: «Siento que Dios quiere que acepte un trabajo en otro lugar pero he estado luchando con Él sobre lo que significa tener que trasladarme lejos de mis amigos y mis parientes».

Luchar con Dios no es un paso legítimo en el proceso de buscar la voluntad de Él. Es una desobediencia abierta y descarada. Aquellos que hablan de luchar con Dios no lo conocen porque Él no es igual a nosotros para que se le pueda resistir; Él es Dios y nosotros debemos rendirnos a Él.

Dios no es igual a nosotros para que se le pueda resistir; Él es Dios y nosotros debemos rendirnos a Él.

La naturaleza de Dios

Para responder de manera apropiada a la voluntad de Dios, debemos entender su naturaleza. Dios es *amor* (1 Juan 4.8). Él no puede y no actuará por un motivo diferente al del perfecto amor; todo lo que alguna vez le diga a usted es una expresión de Su amor; incluso el hecho que lo discipline y lo convenza de su pecado es una expresión de su amor (Hebreos 12.6-7). ¿Por qué alguien querría resistirse a una expresión de perfecto amor? Es ridículo, sin mencionar lo costoso que resulta luchar contra Él.

Dios es omnisciente. Él lo sabe todo, ve el futuro y entiende nuestro pasado y nuestro presente al más mínimo detalle. Su sabiduría es infinita. ¿Con qué propósito quisiera alguien luchar contra un Dios como este?

Finalmente, *Dios es omnipotente*. Él es todopoderoso. Considere las palabras del apóstol Juan al describir su visión del Cristo resucitado en Su trono:

> «Y al instante yo estaba en el Espíritu; y he aquí, un trono establecido en el cielo, y en el trono, uno sentado. Y el aspecto del que estaba sentado era semejante a piedra de jaspe y de cornalina; y había alrededor del trono un arco iris, semejante en aspecto a la esmeralda. Y alrededor del trono había veinticuatro tronos; y vi sentados en los tronos a veinticuatro ancianos, vestidos de ropas blancas, con coronas de oro en sus cabezas. Y del trono salían relámpagos y truenos y voces; y delante del trono ardían siete lámparas de fuego, las cuales son los siete espíritus de Dios.
>
> Y delante del trono había como un mar de vidrio semejante al cristal; y junto al trono, y alrededor del trono, cuatro seres vivientes llenos de ojos delante y detrás. El primer ser viviente era semejante a un león; el segundo era semejante a un becerro; el tercero tenía rostro como de hombre; y el cuarto era semejante a un águila volando. Y los cuatro seres vivientes tenían cada uno seis alas, y alrededor y por dentro estaban llenos de ojos; y no cesaban día y noche de decir: Santo, santo, santo es el Señor Dios Todopoderoso,

el que era, el que es, y el que ha de venir. Y siempre que aquellos seres vivientes dan gloria y honra y acción de gracias al que está sentado en el trono, al que vive por los siglos de los siglos, los veinticuatro ancianos se postran delante del que está sentado en el trono, y adoran al que vive por los siglos de los siglos, y echan sus coronas delante del trono, diciendo: Señor, digno eres de recibir la gloria y la honra y el poder; porque tú creaste todas las cosas, y por tu voluntad existen y fueron creadas» (Apocalipsis 4.2-11).

¿En este texto hay alguna mención de resistencia o de lucha? Por supuesto que no. ¡Eso sería absurdo! El Señor de los cielos y la tierra es exaltado en Su trono. Nadie se queja de que no tiene talento para cantar «Santo, Santo, Santo». Nadie se queja de la duración del servicio de adoración. Nadie insiste que a sus pies no pueden entregar sus coronas. En el cielo, los santos humildemente adorarán y obedecerán a su Señor, no porque tengan que hacerlo, sino por el hecho de que cuando vean a Dios como realmente es, ninguna otra respuesta podrá pasar por sus mentes.

Nosotros los mortales tenemos la responsabilidad de poner nuestros ojos en nuestro Señor resucitado. La evidencia de Su existencia y grandeza nos rodean por doquier; no obstante, aun se requiere fe para creerle y obedecerlo. Algunos sienten que pueden luchar contra Dios porque aún no han aprendido lo que realmente es. Aquellos que llegan a conocer verdaderamente a Cristo se negarán a sí mismos, tomarán sus cruces y lo seguirán (Mateo 10.37-39; 16.24-25; Lucas 14.26-27). Ninguna otra respuesta es posible para un seguidor de Cristo (Isaías 6.1-5).

JOSUÉ OBEDECIÓ A DIOS

Josué no era un creyente poco entusiasta. Su integridad y rectitud es evidente en un hecho que ocurrió después que los israelitas cruzaron el río Jordán en Canaán. Dios le dijo a Josué que circuncidara a todos los varones israelitas (Josué 5.2). Los hijos israelitas que habían nacido durante los cuarenta años de errar por el desierto no habían sido circuncidados como sus padres.

Antes que Dios los utilizara para establecer una nación en Canaán, quería que todos los hombres portaran el signo físico de Su pacto con ellos. Desde una perspectiva pragmática, este no parece ser el mejor tiempo para tal ejercicio de obediencia. Circuncidar a todos los adultos varones después de acabar de entrar al territorio enemigo habría dejado al ejército vulnerable a cualquier clase de ataque.

Josué podría haberse excusado para esperar un tiempo más seguro y más conveniente en el cual pudiese encargarse de este asunto; sin embargo, su preocupación principal no era la seguridad o la conveniencia, sino la obediencia. Sabiamente concluyó que el mejor lugar en que podía estar su ejército era el centro de la voluntad de Dios.

Su preocupación principal no era la seguridad o la conveniencia, sino la obediencia.

Desde que Dios estableció su pacto con Abraham (Génesis 17.10-14), la circuncisión significaba que un varón hebreo pertenecía al pueblo de Dios. Otras naciones también practicaban la circuncisión pero usualmente en adultos y por otras razones. Los descendientes de Abraham debían ser todos circuncidados desde niños y habían de crecer con ese recordatorio físico de que le pertenecían a Dios.

Moisés fue meticuloso en la mayoría de las áreas de su caminar con Dios, pero parece haber sido flojo en el aspecto de la circuncisión. Después de encontrarse con Dios en la zarza ardiente, viajó hacia Egipto y en el camino Dios estuvo a punto de quitarle la vida porque no había circuncidado a su hijo.

> Y aconteció en el camino, que en una posada Jehová le salió al encuentro, y quiso matarlo. Entonces Séfora tomó un pedernal afilado y cortó el prepucio de su hijo, y lo echó a sus pies, diciendo: A la

> verdad tú me eres un esposo de sangre. Así le dejó luego ir. Y ella dijo: Esposo de sangre, a causa de la circuncisión (Éxodo 4.24-26).

La esposa de Moisés, Séfora, era una madianita y ellos circuncidaban a los varones adultos solo antes de la boda. Tal vez Moisés estaba posponiendo la circuncisión de su hijo hasta el día que se casara con el fin de satisfacer a su mujer. Cualquiera que haya sido la razón, Dios esperaba que el líder de Su pueblo se adhiriera a Sus mandamientos y el no hacerlo casi le cuesta la vida.

No es claro si Dios explícitamente ordenó la circuncisión de los niños hebreos durante los cuarenta años que vivieron en el desierto, pero ninguno de los israelitas había sido circuncidado durante el liderazgo de Moisés. A la luz de la falla que cometió Moisés al no circuncidar a su hijo ni a ninguno de los otros varones, la obediencia inmediata de Josué a la instrucción de Dios es impresionante. Él entendió que la circuncisión representaba el compromiso del pueblo con el pacto de Dios.

Antes de que invadieran la tierra prometida, todos los hombres debían representar su total compromiso a Dios. Es seguro que Josué debe haber encontrado oposición al exigir la circuncisión de cada varón; pero tratándose de seguir los mandamientos de Dios, Josué tenía una sola forma de pensar.

JOSUÉ ACEPTÓ TAREAS DIFÍCILES

Dos verdades importantes por las cuales Josué rigió su vida son dos de las realidades que más les cuesta entender y aceptar a los cristianos modernos: 1) Dios finalmente juzgará a todo aquel que peque contra Él. 2) Dios le ordena a Su pueblo que permanezca separado de los rebeldes espirituales porque corren el riesgo de caer en el mismo estilo de vida destructivo de ellos, que inevitablemente produce el juicio de Dios. Solo al entender con claridad la importancia de estas dos verdades, podemos apreciar lo que Dios le ordenó a Josué hacer a los habitantes de Canaán.

La labor de Josué, tal como sucede en todas las posiciones de liderazgo, lo puso en situaciones bastante complicadas. Es preciso recordar que los tiempos en los cuales vivió este hombre de Dios eran tiempos bárbaros en los que la vida era extremadamente difícil. A medida que los israelitas se acercaban a Jericó, Dios les ordenó que se abstuvieran de tomar cualquier tipo de botín después de su victoria porque todo lo que había en Jericó (la primera conquista del pueblo en Canaán), había de ser dedicado a Dios como una ofrenda santa (Josué 6.18-19). Todo ser viviente en Jericó había de ser destruido, excepto por Rahab y sus parientes (Josué 6.22-23).

El mandamiento de Dios nos parece en la actualidad innecesariamente drástico y aparentemente *muy* alejado del amor que Jesús demostró al pecador Zaqueo y el tierno perdón que el Salvador le ofreció a la mujer adúltera (Lucas19.1-10; Juan 8.1-11). ¿Por qué el mismo Dios de amor le ordenaría a Su pueblo que no tuviese misericordia de sus enemigos cananeos?

Una de las grandes enseñanzas y mandamientos de Jesús fue amar a nuestros enemigos (Mateo 5.38-45). Sin embargo, hay una gran diferencia entre la forma en que Jesús les ordenó a Sus discípulos que respondieran a las agresiones personales y la forma en que Dios trató con naciones que repetidamente desafiaron Sus santos principios.

Canaán estaba infestado de idolatría y de las formas más grotescas de inmoralidad. Sus habitantes habían llevado a extremos espantosos la adoración a los ídolos; tal era su nivel de maldad, que los granjeros que deseaban obtener la lluvia para sus cultivos y para conseguir una cosecha lucrativa, sacrificaban a sus propios hijos en el altar en un esfuerzo por ganarse el favor de sus ídolos. Su depravada adoración incluía la prostitución y actos inmorales como parte de los servicios religiosos que celebraban.

La religión pagana incitaba a todo tipo de práctica vil y carnal que Dios había condenado. La adoración de los cananeos era una vulgar antítesis de lo que nuestro santo Dios le había prescrito a Su pueblo. A menos que el pueblo de Canaán se arrepintiera, Dios lo juzgaría de manera definitiva.

Siglos antes, Dios había hecho una declaración profética a Abraham que finalmente sería cumplida en los días de Josué. Dios era totalmente consciente de la depravación moral y espiritual de los amorreos que habitaban la tierra prometida y por eso le había dicho a Abraham que sus descendientes tendrían que sufrir durante cuatrocientos años una difícil estadía en un país distante, «porque aún no ha llegado a su colmo la maldad del amorreo...» (Génesis 15.16).

Dios había tenido misericordia de los habitantes de Canaán. Su abierta y grosera sensualidad era una abominación a Su santidad; sin embargo, Él declaró que sus pecados aún no habían alcanzado toda su plenitud, es decir que no habían llegado al punto en el cual la justicia del Señor les demandaría un castigo. De hecho, Dios les ofreció cuatrocientos años adicionales para que se apartaran de sus caminos de perversión.

Solo un Dios infinitamente amoroso y lleno de gracia, que no desea que ninguno se pierda, sería tan indulgente (2 Pedro 3.9). En nuestros días, es una gran lección darnos cuenta que Cristo ha retrasado Su retorno final y Su juicio durante dos mil años para que cada persona tenga la oportunidad de responder a Su amor y de salvarse de las consecuencias de sus pecados.

Para cuando Josué llegó a Canaán con los israelitas, la oportunidad de que los cananeos se arrepintieran había finalmente expirado. Josué y sus soldados habrían de ser los instrumentos del juicio de Dios sobre un pueblo que se había burlado de Él y lo había rechazado, incluso después de siglos de haber estado recibiendo Su misericordia.

Dios no siempre les ordenó a los israelitas que exterminaran a todas las personas con las cuales luchaban. Esa no fue la forma usual en la que el ejército israelita trató a sus amigos después de haber entrado a habitar la tierra de Canaán. A menudo las personas recibían la oportunidad de rendirse y, aun si no lo hacían, las mujeres y los niños generalmente eran perdonados.

No obstante, Dios planeó que Jericó, la primera ciudad, fuera plenamente destruida, pues había determinado enjuiciar a sus pecadores habitantes y producir un temor que paralizara los corazones de sus aliados. Al mismo tiempo, también estaba profundamente interesado en que Israel no fuese contaminado moral y espiritualmente por la influencia de los cananeos adoradores de ídolos.

Repetidamente Dios urgió a Su pueblo a que no se casaran con aquellos que practicaban religiones paganas. El casarse fuera de su fe tendría un mortal efecto espiritual sobre su gente. Es por eso que Dios les ordenó:

> «En ninguna de estas cosas os amancillaréis; pues en todas estas cosas se han corrompido las naciones que yo echo de delante de vosotros, y la tierra fue contaminada; y yo visité su maldad sobre ella, y la tierra vomitó sus moradores. Guardad, pues, vosotros mis estatutos y mis ordenanzas, y no hagáis ninguna de estas abominaciones, ni el natural ni el extranjero que mora entre vosotros (porque todas estas abominaciones hicieron los hombres de aquella tierra que fueron antes de vosotros, y la tierra fue contaminada); no sea que la tierra os vomite por haberla contaminado, como vomitó a la nación que la habitó antes de vosotros. Porque cualquiera que hiciere alguna de todas estas abominaciones, las personas que las hicieren serán cortadas de entre su pueblo. Guardad, pues, mi ordenanza, no haciendo las costumbres abominables que practicaron antes de vosotros, y no os contaminéis en ellas. Yo Jehová vuestro Dios» (Levítico 18.24-30).

El mensaje de Dios, tanto para su pueblo como para los idólatras cananeos, fue claro y poderoso; estaba declarando una guerra total e implacable sobre el estilo de vida pecaminoso e idólatra de aquellos que lo rechazaban. Dios no abrió ningún tipo de espacio para el debate o para hacer concesiones. Si a estos adoradores de ídolos se les permitía permanecer en Canaán, serían fieles enemigos de los israelitas y con toda seguridad tendrían muy poco interés en compartir la religión de Israel. Por el contrario, serían, sin duda, una fuente de apetecibles tentaciones para ceder a la inmoralidad y a la liviandad.

Josué eliminó a los prominentes líderes religiosos de las naciones idólatras en Canaán. Dios estaba despojando a la tierra prometida de la idolatría que, a la postre, tentaría a los israelitas a que labraran su propia destrucción. Puede parecer incomprensible que Dios haya decidido utilizar a Josué como un instrumento para producir la muerte de tantas personas, pero los caminos de Dios no son nuestros caminos (Isaías 55.8-9).

Repetidamente, a lo largo de la historia humana, Dios ha utilizado personas como sus instrumentos para ejecutar su juicio. Cuando cuestionamos la disciplina de Dios, estamos poniendo nuestra perspectiva por encima de la suya; por el contrario, cuando aprendemos a confiar en Él y en su soberanía, no cuestionamos su sabiduría. No importa cuán drásticas puedan parecer las acciones de Dios, Él vio la necesidad de juzgar una rebelión flagrante para proteger a su pueblo de las muchas tentaciones que les esperaban.

Cuando cuestionamos la disciplina de Dios, estamos poniendo nuestra perspectiva por encima de la de Dios

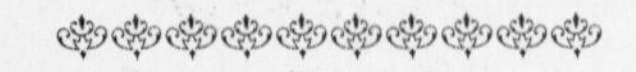

Debemos tener cuidado de no pensar que somos más compasivos y misericordiosos con los pecadores que Dios mismo y también debemos tener la suficiente cautela para no concentrarnos más en los pecadores que en la soberanía de Dios. Dios es infinitamente amoroso pero también es absolutamente justo y llegará el momento en el que ya no retrasará más el juicio de aquellos que lo merecen (Jeremías 15.1).

Es un instinto natural sentirnos incómodos cuando Dios disciplina a alguien. En ocasiones, una iglesia debe responder firmemente a un miembro obstinado que abierta y descaradamente peca y rehúsa arrepentirse. La reacción inevitable de algunos miembros es decir: «Sí, es cierto que ellos pecaron pero acaso ¿quién no ha pecado alguna vez? ¿Quiénes somos nosotros para juzgar? ¡Si no fuese por la gracia de Dios, nosotros haríamos lo mismo!»

Escuche con atención lo siguiente: *La compasión por un pecador es absolutamente crucial, pero una compasión mal enfocada puede conducir a que nos opongamos flagrantemente a la obra que Dios está haciendo en medio de nosotros*. Disculpar la continua rebelión de alguien en realidad puede hacerle más daño de lo que le puede ayudar. Nuestra preocupación siempre debería ser estar de lado de Dios y de su obra redentora. No ayudamos a nuestros hermanos cristianos al interferir cuando Dios los está disciplinando.

Unidos en yugo desigual

El Nuevo Testamento también nos advierte en contra del peligro que representa permitir que los pecadores corrompan al pueblo de Dios: «No os unáis en yugo desigual con los incrédulos; porque ¿qué compañerismo tiene la justicia con la injusticia? ¿Y qué comunión la luz con las tinieblas? ¿Y qué concordia Cristo con Belial? ¿O qué parte el creyente con el incrédulo?» (2 Corintios 6.14-15). Mucho después de la época de Josué, Dios todavía le ordena a su pueblo que no unamos nuestras vidas con personas no creyentes porque nos harán apartar de nuestra lealtad a Él.

Hemos conocido a padres que nunca les enseñaron a sus hijos la magnitud de esta realidad y, cuando sus hijos empezaron a entablar una relación romántica con una persona no creyente, jamás les instaron a que rompieran tal relación y escucharan el consejo de Dios. Los padres bien intencionados no querían mostrarse demasiado drásticos o detractores y después del matrimonio de sus hijos, la sabiduría de la advertencia de Dios se hizo absolutamente clara.

Aunque los mandamientos de Dios pueden parecer demasiado exigentes, siempre están motivados por el amor, siempre son para nuestro bien.

Surgieron significativas diferencias de opinión entre los dos miembros de la pareja sobre cómo educar a sus hijos, sobre sí debían o no asistir a la iglesia, sobre cómo utilizar su dinero y la calidad de los principios morales que debían establecer en su hogar. El cónyuge cristiano sufrió la terrible y solitaria experiencia de tener que llevar él solo a sus hijos a la iglesia semana tras semana bajo la mirada apática del cónyuge no creyente. A la larga, las diferencias fundamentales, los valores y las realidades condujeron a un doloroso divorcio.

Los padres que pensaron que la advertencia de Dios era demasiado severa como para imponerla a sus hijos, se vieron obligados a observar, sin poder hacer absolutamente nada, cómo su precioso hijo y sus nietos sufrieron la agonía de la separación matrimonial. Aunque los mandamientos de Dios pueden parecer demasiado exigentes, siempre están motivados por el amor, siempre son para nuestro bien.

Josué nunca vacilaba con respecto a obedecer los mandamientos más difíciles de Dios. El duque de Wellington exclamó: «Nada puede producir más melancolía que una batalla ganada, excepto, claro está, una batalla perdida».[5] Cuando Dios le daba a Josué la instrucción de ejecutar el juicio total sobre una ciudad, este obedecía sin ningún tipo de cuestionamiento, no porque fuese un hombre malvado y vengativo que disfrutara destruyendo ciudades, sino porque entendía que cuando Dios decidía enjuiciar a todo un pueblo, el castigo debía ser total.

> «Pero de las ciudades de estos pueblos que Jehová tu Dios te da por heredad, ninguna persona dejarás con vida, sino que los destruirás completamente: al heteo, al amorreo, al cananeo, al ferezeo, al heveo y al jebuseo, como Jehová tu Dios te ha mandado; para que no os enseñen a hacer según todas sus abominaciones que ellos han hecho para sus dioses, y pequéis contra Jehová vuestro Dios» (Deuteronomio 20.16-18).

Después de la destrucción de Jericó, Dios le dio a Josué la instrucción de arrasar la vecina ciudad de Hai, pero las fuerzas de Josué inicialmente fueron derrotadas por causa del pecado que había en medio de sus tropas. No obstante, Josué atacó la pequeña ciudad por segunda vez y le informó a sus guerreros que en tanto mantuviese en alto su lanza debían luchar a muerte contra el enemigo.

Josué mantuvo su lanza en alto hasta que no quedaron sobrevivientes de sus enemigos (Josué 8.25-26). Una vez tras otra, el libro de

Josué nos cuenta que la instrucción que se le dio fue no dejar sobrevivientes (Josué 6.24; 8.26; 10.20,28; 11.14). Para cumplir una tarea tan penosa, Josué tuvo que aferrarse firmemente a su inquebrantable fe en la sabia justicia de Dios.

LA OBEDIENCIA DE JOSUÉ FUE SIN RASTRO DE VACILACIÓN

A medida que los israelitas se acercaban a Jericó, Dios declaró que la ciudad tenía una severa prohibición: toda criatura viviente debía ser destruida y ningún botín debía ser tomado de ella. Todo en ella había de ser un sacrificio santo a Dios; pero un hombre llamado Acán vio unos hermosos atuendos al igual que unas piezas de oro y plata y no pudo resistir la tentación de tomarlos y esconderlos en su tienda (Josué 7.21). Nadie se enteró de las piezas que tomó Acán.

Al parecer los israelitas habían sido totalmente exitosos. Milagrosamente Dios había derribado los muros de Jericó tal como lo había prometido, a la vez que ellos rápidamente derrotaron a la sorprendida resistencia, y la ciudad cayó bajo sus manos. Sin embargo, en medio de las celebraciones de victoria, Acán escondió el botín de manera furtiva. Algunos de los pecados más grotescos se cometen a la sombra de las obras más portentosas de Dios. Tal vez fueron personas como Acán a las que el apóstol Juan se refirió cuando dijo: «Salieron de nosotros, pero no eran de nosotros» (1 Juan 2.19).

Algunos de los pecados más grotescos se cometen a la sombra de las obras más portentosas de Dios.

Hay ocasiones en las que todos nos hemos enterado de este tipo de situaciones; puede haber sido en una congregación que florecía bajo la bendición de Dios y en la cual la asistencia se estaba multiplicando. Había personas que estaban llegando a los pies de Cristo y familias destruidas que estaban siendo restauradas, al tiempo que proyectos misioneros estaban siendo realizados. De repente surge una revelación asombrosa; el pastor ha estado involucrado en un tipo de inmoralidad sexual y entonces el caos retumba en medio de la congregación y la comunidad.

Parece incomprensible que alguien en el centro de la actividad redentora de Dios pueda ser tentado a pecar de manera tan grave, pero es posible; lastimosa y trágicamente, este tipo de cosas suelen ocurrir. Los líderes jamás deberían subestimar su propia vulnerabilidad al pecado, incluso cuando se encuentren en un momento de gran éxito personal. Se puede caer más lejos cuando se está más alto.

Ananías y Safira eran miembros privilegiados de la primera iglesia en Jerusalén. Sus pastores eran Pedro, Jacobo y Juan y sus diáconos, hombres piadosos como Esteban. Tres mil personas se habían unido a la iglesia en tan solo un día (Hechos 2.41). No es necesario decir que Dios estaba trabajando de manera poderosa y que los milagros sucedían de manera frecuente. Pero en medio de toda la actividad de Dios, esta pareja se llenó de orgullo y permitieron que su avaricia los consumiera, lo que los guió a deshonrar públicamente al Espíritu Santo. El resultado fue la muerte de ambos (Hechos 5.1-11). Cometer una blasfemia en medio de las obras más poderosas de Dios es sencillamente el resultado de la siniestra obra del pecado en el corazón de una persona.

Los líderes jamás deberían subestimar su propia vulnerabilidad al pecado.

Las consecuencias de los actos de Ananías y Safira se vieron reflejadas de manera instantánea, lo cual no sucedió con Acán. El pecado de este hombre permaneció escondido en su tienda hasta que los israelitas se enfrentaron a su siguiente oponente, la ciudad de Hai. Esta pequeña ciudad debería haber significado un reto mínimo en el que un pequeño contingente de soldados israelitas era considerado necesario para asegurar una victoria. Pero, para su profunda deshonra y desaliento, los israelitas fueron derrotados de una manera contundente. Esta es la única derrota de Josué que se encuentra registrada y él no la asumió muy bien.

> Entonces Josué rompió sus vestidos, y se postró en tierra sobre su rostro delante del arca de Jehová hasta caer la tarde, él y los ancianos de Israel; y echaron polvo sobre sus cabezas. Y Josué dijo: «¡Ah, Señor Jehová! ¿Por qué hiciste pasar a este pueblo el Jordán, para entregarnos en las manos de los amorreos, para que nos destruyan? ¡Ojalá nos hubiéramos quedado al otro lado del Jordán! ¡Ay, Señor! ¿qué diré, ya que Israel ha vuelto la espalda delante de sus enemigos? Porque los cananeos y todos los moradores de la tierra oirán, y nos rodearán, y borrarán nuestro nombre de sobre la tierra; y entonces, ¿qué harás tú a tu grande nombre?» (Josué 7.6-9)

Si consideramos que los israelitas solo perdieron una veintena de hombres en esta escaramuza, la respuesta de Josué parece ser un poco melodramática. Pero no debemos olvidar que su confianza en Dios había sido absoluta y creía plenamente que era invencible cuando Dios marchaba con ellos a la batalla porque Él así lo había prometido: «Yo os he entregado, como lo había dicho a Moisés, todo lugar que pisare la planta de vuestro pie... Nadie te podrá hacer frente en todos los días de tu vida» (Josué 1.3,5).

La posibilidad de ser derrotado jamás cruzó por la mente de Josué en tanto que estuviera siguiendo la voluntad de Dios, por lo cual este retroceso lo atribuló profundamente. Había obedecido las instrucciones de Dios y, no obstante, estaba derrotado. ¿Qué seguridad existía, entonces, para su futuro? Aun más, cuando corriera la voz por todo Canaán que era posible derrotar al pueblo de Dios, todos sus enemigos los atacarían prontamente para vengarse.

La posibilidad de ser derrotado jamás cruzó por la mente de Josué en tanto que estuviera siguiendo la voluntad de Dios.

La segunda parte de la promesa de Dios era que si los israelitas no eran fieles, Él se aseguraría de que continuamente perdieran en batalla (Deuteronomio 28.7,25). Aunque Josué no tenía conocimiento de la traición de

Acán, ahora conocía el amargo sabor de la derrota. Josué debió haber quedado desconcertado y horrorizado con el solo pensamiento de tener a Dios como enemigo. Toda la perspectiva que tenía de Dios por un momento se estremeció, hasta que escuchó la voz del Señor y, tal como siempre sucede con esta experiencia, eso puso las cosas en la perspectiva correcta una vez más.

Dios instó a su abatido general: «Levántate; ¿por qué te postras así sobre tu rostro? Israel ha pecado» (Josué 7.10-11). Es significativo el hecho que

Dios no dijo: «Acán ha pecado». Todo el pueblo de Dios debía enfrentar las consecuencias del pecado de un hombre. Dios podría haber identificado al culpable y Josué podría haberlo castigado con toda discreción; pero Dios hizo que toda la nación atravesara el proceso público de descubrir al traidor pecador.

Tribu por tribu, clan por clan, familia por familia, el pueblo de Israel observó la forma en que Dios descubría al culpable y pronunciaba su juicio sobre él: «y el que fuere sorprendido en el anatema, será quemado, él y todo lo que tiene, por cuanto ha quebrantado el pacto de Jehová, y ha cometido maldad en Israel» (Josué 7.15).

Todos sabían lo que se encontraba en juego para el condenado. Mientras toda la nación observaba la escena, presenciaron la gravedad del pecado. Nadie pudo obviar la forma en que Dios estricta y plenamente trató la desobediencia de su pueblo. Dios utilizó esta crisis como un poderoso elemento disuasivo para cada uno de los hogares de la nación israelita.

Cuando finalmente Dios identificó a Acán como el culpable, a Josué le fue asignada la increíble y difícil labor de darle muerte a él y a su familia. Acán era de la tribu de Judá, de Zera, y seguramente debe haber tenido muchos parientes y amigos entre los israelitas.

No hay duda de que el pueblo debe haber temido a causa de un castigo tan severo. Al fin y al cabo los artículos ya habían sido descubiertos y el pecado, confesado; sin embargo, Dios castigó el menosprecio por su palabra con la mayor severidad. Convirtió a Acán en un dramático ejemplo de las consecuencias de la desobediencia y no dejó ninguna sombra de dudas respecto al hecho de que Su palabra siempre había de ser tratada con reverencia y obedecida con dedicación.

Jericó fue la primera fortaleza enemiga que los israelitas habían atacado en Canaán y el pueblo de Dios ya había pecado flagrantemente. Si los israelitas iban a tener éxito en la conquista de la Tierra prometida, debían estar convencidos de que únicamente la obediencia era aceptable ante los ojos de Dios. La absoluta conformidad a la palabra de Dios era la clave del éxito. Por ende, Dios castigó a Acán de una forma tan severa que todos entendieron el mensaje.

Obedecer el decreto de Dios puso a Josué en una situación difícil y descorazonadora porque una cosa era matar a soldados enemigos en un combate cuerpo a cuerpo y otra, muy diferente, ejecutar a uno de los miembros de su propio pueblo. Todos deben haber mirado a Josué para ver lo que haría. Moisés había tenido que manejar su propia experiencia con un pequeño grupo de detractores y de críticos. Josué debe haber sabido que si actuaba, muchas personas lo considerarían cruel y despiadado; sin embargo, no obedecer hubiese significado ganarse la desaprobación de Dios.

Es obvio que Josué temía a Dios mucho más que a cualquier hombre porque no encontramos en el recuento bíblico ningún asomo de duda o de cuestionamiento a Dios (Josué 7.24-26). De hecho, esa mañana se levantó temprano a cumplir la difícil tarea (Josué 7.16). Era una labor cruenta y horrible, pero Josué y el pueblo la hicieron completa y con prontitud.

Es algo aterrador el que Dios utilice como ejemplo la vida de uno para persuadir a otros.

Después de la muerte de Acán, no existe ningún registro de un momento similar de desobediencia en el pueblo de Dios durante todo el tiempo que duró el liderazgo de Josué. Es un asunto aterrador el que Dios utilice la vida de uno como un elemento para disuadir a otras personas.

No tenemos la libertad de escoger o seleccionar cuál de los mandamientos de Dios queremos obedecer. Algunas de sus palabras son muy bien recibidas y agradables, otras demandan un mayor esfuerzo y un gran sacrificio. Josué jamás parece haber hecho una distinción entre las dos. Ya sea que el mandamiento fuese fácil o difícil de obedecer, Josué obraba siempre con el mismo tipo de celo.

JOSUÉ SE EQUIVOCÓ EN CIERTAS OCASIONES

Se ha dicho que la reina Victoria se sentía mucho más a gusto con Benjamín Disraeli como primer ministro que con William Gladstone porque este a menudo tenía algunos álgidos desacuerdos con ella, mientras que Disraeli jamás los tuvo. Aunque Disraeli no luchaba contra los argumentos de su temperamental monarca, tampoco era completamente sumiso a ella.

Cuando se refería a su respuesta a los mandatos de la reina decía en medio de mucha palabrería: «Yo jamás me niego; jamás contradigo; sencillamente a veces olvido».[6] Aunque jamás luchó abiertamente con el mandato de su soberana, Disraeli usualmente era desobediente. De la misma forma, muchos cristianos le dan a Dios una obediencia de labios pero jamás le obedecen completamente con sus vidas.

EL ENGAÑO DE LOS GABAONITAS

Josué jamás dudó obedecer en tanto conocía la voluntad de Dios con claridad, pero hubo algunas raras ocasiones en las que su descuido le resultó costoso a él y a su pueblo. Uno de estos eventos involucró a los gabaonitas, un reino cananeo. Dios claramente le prohibía a Israel hacer cualquier tipo de tratados con los habitantes de Canaán (Éxodo 23.31-33; Deuteronomio 7.1-5;20.16-18). Le advirtió a su pueblo que los cananeos se convertirían en un lazo espiritual para ellos si les permitían vivir en medio del pueblo y Josué era plenamente consciente de este asunto; por lo cual, jamás permitió que los cananeos escaparan de su espada.

Los gabaonitas sabían que no podían derrotar a Josué porque las historias de las poderosas obras de Dios los habían aterrado (Josué 9.9-11,24). Mientras que otros reinos se animaban a luchar contra los invasores, los gabaonitas acudieron al engaño: enviaron emisarios que fingieron ser de un país lejano y convencieron a Josué y a los ancianos de Israel para firmar un tratado de paz con ellos (Josué 9.1-27).

Cuando los israelitas descubrieron que Josué y los ancianos habían sido embaucados, se molestaron con toda razón (Josué 9.18). Esta es la única referencia en la Escritura a cualquier tipo de queja en contra del liderazgo de Josué. Josué no había desobedecido abiertamente a Dios pero, ¿no podría acaso haber evitado esta calamidad?

Cuando Josué se encontró con los mensajeros gabaonitas, ellos le mostraron un pan mohoso, unos cueros de vino viejos y los zapatos y la ropa llenos de polvo, y aseguraron que todos estos elementos habían estado nuevos cuando empezaron su viaje (Josué 9.12-13). Parecía como si hubiesen viajado desde una tierra mucho más lejana que cualquiera de las que quedaban al interior de Canaán.

Josué y los ancianos inspeccionaron cuidadosamente la evidencia que había sido puesta delante de ellos y concluyeron que estaban escuchando la verdad. Sin embargo, «no consultaron a Jehová» (Josué 9.14). Ese fue el pecado de Josué. Tal vez llenos de confianza por los éxitos recientes, él y los ancianos decidieron utilizar su propio juicio y fallaron en buscar la dirección de Dios, aunque sabían que las cosas se debían hacer de otra forma porque Dios había caminado íntimamente con ellos durante cada paso del trayecto hasta ese momento.

«No consultaron a Jehová.»

Tal vez los ancianos asumieron que aunque dependían de Dios para que destruyera fuertes amurallados y detuviese el caudal de los ríos, tareas más sencillas, como la de interrogar a unos emisarios extranjeros, era algo que podían manejar por su propia cuenta.

Para beneficio de Josué, algo que es preciso reconocerle, siempre aprendía de sus errores. Jamás volvemos a leer en cualquier otra parte de la Biblia de una falla en su caminar con Dios, sin embargo, tal como siempre sucede con la mayoría de los pecados, las consecuencias, incluso de un descuido momentáneo, pueden tener repercusiones duraderas (2 Samuel 21.1-9). Los gabaonitas permanecieron en la tierra prometida y fueron un perpetuo recordatorio del descuido de Josué.

Los líderes espirituales usualmente son personas muy capaces y Josué ciertamente era un hombre brillante y lleno de talentos. La tentación para estas personas es confiar en sus propios instintos y solo «acudir a Dios» para que ayude con los asuntos grandes, pero una vez tras otra la Biblia nos advierte en contra de confiar en el criterio propio. Por ejemplo:

- Rebeca diseñó un plan para bendecir a su hijo menor, Jacob, y originó que su hogar se dividiera en dos (Génesis 27).
- Sansón intentó luchar contra los filisteos, sin el poder de Dios, solo para ser capturado y quedar lisiado (Jueces 16.18-21).
- El rey Salomón confió en su sabiduría, aclamada y reconocida internacionalmente, más que en la palabra de Dios; por lo cual, Dios levantó adversarios que se opusieran a este rey desobediente durante el resto de su reinado (1 Reyes 11.14,23,26).
- El rey Acab pensó que podía confiar más en su ejército que en Dios y resultó muerto en el campo de batalla (1 Reyes 22.1-37).

Con toda seguridad Jesús estaba hablando a todas las generaciones cuando declaró: «porque separados de mí nada podéis hacer» (Juan 15.5). Los líderes sabios consideran cuidadosamente lo que son realmente capaces de lograr separados de Dios y, obviamente, la respuesta que obtienen de la Biblia es que no pueden lograr nada.

LA SUPERVIVENCIA CANANEA

Las conquistas de Josué fueron en total definitivamente extensas y exitosas pero tal vez exista un área en la cual no fue tan íntegro como debería haberlo sido. Aunque aparentemente Josué derrotó a la mayoría de sus enemigos, no lo hizo con todos (Josué13.1-7). Leemos lo siguiente sobre su campaña en el sur:

> También en aquel tiempo vino Josué y destruyó a los anaceos de los montes de Hebrón, de Debir, de Anab, de todos los montes de Judá y de todos los montes de Israel; Josué los destruyó a ellos y a sus ciudades. Ninguno de los anaceos quedó en la tierra de los hijos de Israel; solamente quedaron en Gaza, en Gat y en Asdod. Tomó, pues, Josué toda la tierra, conforme a todo lo que Jehová había dicho a Moisés; y la entregó Josué a los israelitas por herencia conforme a su distribución según sus tribus; y la tierra descansó de la guerra (Josué 11.21-23).

Los anaceos eran las personas de quien se había reportado eran gigantes (Números 13.32-33). Ellos eran guerreros poderosos que habían petrificado a diez de los doce espías. Josué, no obstante, parece haber derrotado a la mayoría de ellos y ninguno fue dejado en las tierras ocupadas por los israelitas (Josué 11.22). Sin embargo, este pueblo todavía residía en las ciudades que quedaban en la periferia de Gaza, Gat, y Asdot. Estas eran ciudades que Dios quería que los israelitas a la larga conquistaran y habitaran; de hecho, había numerosas regiones que faltaban por conquistar después de que Josué depuso su espada (Jueces 1.27-2.6; 3.1-6). Aparentemente Josué había subyugado a la mayoría de las ciudades y de las fortalezas enemigas a lo largo de Canaán pero les dejó a las tribus individuales el trabajo de terminar de erradicar al enemigo de en medio de la tierra prometida. La mayoría de las tribus fallaron en ese propósito y las consecuencias duraron mucho tiempo. Josué falló al no capturar a la ciudad de Gat, donde vivía el legendario Anaquín. Gat se convirtió en una fortaleza filistea que le produjo mucho sufrimiento a las postreras generaciones israelitas. Un soldado filisteo salió de Gat a humillar a los israelitas, su nombre era Goliat (1 Samuel 17.4). Después, los filisteos asesinaron al primer rey de los israelitas, al rey Saúl (1 Samuel 31). La incapacidad de los israelitas para conquistar a la ciudad de Gat como Dios lo había ordenado les costó un alto precio a muchas generaciones siguientes.

Ciertamente Josué no desobedeció los mandamientos de Dios con intención; urgió al pueblo a completar la obra que habían empezado. Sin embargo, puesto que la generación de Josué fracasó en erradicar completamente a los cananeos de la tierra, los israelitas muy pronto se vieron tentados por las prácticas paganas y las costumbres moralmente flojas de sus vecinos cananeos tal como Dios lo había predicho (Jueces 2.11-15,3-7). Todo esto produjo un enorme sufrimiento y pena a Israel hasta que su deslealtad postrera les costó cuatrocientos años de confusión y agitación durante el periodo de los jueces y después setenta años de exilio en Babilonia.

CONCLUSIÓN

Oswald Chambers alguna vez dijo: «Cada vez me es más imposible tener planes y programas porque solo Dios tiene el plan; nuestros planes únicamente logran impedir los de Él y esto hace necesario que los destruya».[7] Josué no fue perfecto en su caminar con Dios pues hubo ocasiones en las que falló en completar todo lo que

Dios le había instruido pero, a lo largo de toda su vida, tomó las instrucciones de Dios con una seriedad extrema. Josué asumió la Palabra de Dios como un compromiso que debía cumplir plenamente, en su caso no hubo negociaciones, ni tardanzas, ni luchas con Dios; sencillamente, una obediencia inmediata y absoluta. Esta actitud fue el secreto de su éxito.

OBEDIENCIA QUE LLEGA LEJOS

- Josué se rindió a Dios.
- Josué obedeció a Dios.
- Josué aceptó tareas difíciles.
- La obediencia de Josué fue sin rastro de vacilación.
- Josué se equivocó en ciertas ocasiones.

PREGUNTAS A CONSIDERAR

1. Cuando Dios habla, ¿cuál es su reacción espontánea: sumisión o resistencia?
2. En la actualidad ¿está luchando para cumplir una tarea difícil que Dios le haya asignado? ¿Qué puede ser lo que Dios quiere enseñarle?
3. ¿De qué forma sufre en la actualidad las consecuencias de su pasada desobediencia a Dios?
4. ¿Qué le indica —sobre su relación con Dios—, su resistencia para cumplir la voluntad de Él?

SEIS

CARÁCTER, EL FUNDAMENTO DEL LIDERAZGO

SU NACIMIENTO FUE UN MILAGRO. De los doce hijos que nacieron en su familia, siete murieron durante la infancia. Sus padres, que nunca estuvieron lejos de la pobreza, le pidieron que renunciara a su derecho a la herencia para poder evitar la ruina financiera. Su carrera militar floreció solamente para decaer cuando un nuevo rey ascendió al trono. A pesar de su reconocida valentía y su habilidad en la guerra, el nuevo monarca deliberadamente lo desairó y escogió a hombres con menos habilidad para que comandaran las tropas reales.

Incluso desde muy temprana edad, parecía haber estado destinado a sentarse en una silla y ver cómo pasaba la vida frente a sus ojos mientras otros hacían lo que anhelaba poder hacer. El rey, evidentemente, tenía la determinación de evitar que alguna vez pudiese disfrutar el éxito. Su vida alcanzó el punto más bajo cuando fue falsamente acusado de traición y fue enviado a la Torre de Londres y se ordenó que fuese llevado a juicio. Si sus acusadores a la postre no hubieran confesado su falsedad, seguramente habría tenido una muerte humillante en el patíbulo, cosechando solamente una pequeña referencia en un pie de página en los anales de la historia británica.

Los seis años en los que padeció la desaprobación real parecían haber sido un tremendo desperdicio de lo que en la actualidad los historiadores reconocen fue un enorme talento. Pero esos años no fueron desaprovechados. De hecho, durante el tiempo en el que John Churchill, que más adelante se convirtió en el duque de Marlborough, sufrió la desaprobación del rey William III, su carácter maduró y se desarrolló.

Su biógrafo e ilustre descendiente, Winston Churchill, dijo: «Pocos acontecimientos en la larga vida de Marlborough fueron más importantes que la forma en la que creció a un ritmo continuo en influencia y prominencia durante los seis años en los que fue removido de su cargo y sufrió la desaprobación».[1] Aunque Marlborough no tuvo control de su rey ni del clima político en el cual vivió, si podía tener la soberanía de la clase de persona en la que se podría convertir.

Por increíble que parezca, aunque el rey lo había rechazado y a pesar que él no había comandado ningún ejército, más adelante, cuando Inglaterra se enfrentó a una crisis internacional, los ingleses de todas partes lo reconocieron como el líder más respetado y con mejor talento en medio de ellos. Marlborough lideraría las fuerzas de Inglaterra al igual que muchos otros ejércitos europeos en una lucha que duró una década contra el rey Luis XV y sus aparentemente invencibles legiones francesas.

Marlborough obtuvo una presencia tan respetuosa que Churchill anota: «Su apariencia, su serenidad, su mirada penetrante, sus gestos, el tono de su voz —qué decir del palpitar de su corazón— difundían una armonía a todo su derredor. Cada palabra que hablaba era decisiva y la victoria usualmente dependía de si cabalgaba un kilómetro en una dirección u otra».[2]

El duque de Marlborough guió a Inglaterra a un estado de prominencia entre las naciones más grandes del mundo y se convirtió en una fuerza que siempre tenía que ser tomada en cuenta. A pesar de las calamidades de su infancia, del rechazo de sus superiores, del ataque de sus críticos y de la dura oposición de sus enemigos, logró convertirse en un líder indomable que dejaría un legado perpetuo a su nación y las relaciones mundiales.

CARÁCTER: EL SECRETO DEL ÉXITO

Parece un poco inusual que el recuento bíblico de un general tan poderoso como Josué no haga ningún tipo de mención a su tamaño, a su apariencia o a su fortaleza. En una época en la que la fuerza física era de tanta importancia, los rasgos físicos de Josué parecían irrelevantes. En el reino de Dios tales cosas no tienen relevancia, el carácter sí. El potencial del crecimiento del carácter es mucho mayor de lo que la gente con esfuerzo puede mejorar sus habilidades físicas y mentales.

El potencial del crecimiento del carácter es mucho mayor de lo que la gente con esfuerzo puede mejorar sus habilidades físicas y mentales.

Las asignaciones importantes requieren cierta madurez de carácter. Al observar la Biblia, cuando Dios tenía una tarea importante, usualmente pasaba por alto a los candidatos «más obvios» (según la perspectiva del mundo). Escogió a una joven adolescente y desconocida para que fuese la madre del Mesías, y a un sencillo joven pastor, para que fuese el rey más grande de Israel. Llamó a un pescador franco e impulsivo para que se convirtiera en un apóstol.

El común denominador de todos aquellos que Dios usó poderosamente es el carácter, lo cual no quiere decir que esas personas habían alcanzado la perfección, sino que todas tenían el deseo de que Dios los formara y los perfeccionara para convertirlos en el tipo de persona que Dios quería para sus tareas. El potencial yacía muy dentro de su carácter, en ocasiones tan profundamente que sólo Dios podía verlo.

El caso de Josué es de alguna manera inusual para un líder que es mencionado tan a menudo en la Biblia. De manera invariable un líder espiritual, no importa cuán famoso sea, en algún momento revela una falla en su carácter. Pero ese no es el caso de Josué, lo cual no significa que haya sido un hombre sin pecado, sino que no tenía deficiencias de carácter lo suficientemente significativas como para que la Escritura las mencione.

- Noé fue el único hombre justo en toda la tierra y, sin embargo, se embriagó con vino hasta llegar a ser avergonzado (Génesis 9.21).
- Abraham fue un hombre de fe, pero también fue un mentiroso (Génesis 12.11-13; 20.2).
- El hijo de Abraham, Isaac, fue un mentiroso y el hijo de Isaac, Jacob, un engañador (Génesis 26.7; 27.19).
- Moisés luchó con la ira (Éxodo 2.11-12; 32.19; Números 20.1-13; Levítico 10.16).
- El rey Saúl era celoso y el rey David un adúltero (1 Samuel 18.7-9 y 2 Samuel 11.4).

Los líderes más reconocidos de la historia han estado llenos de todo tipo de defectos que se pueda imaginar. Las páginas de este libro no son suficientes para hacer una crónica al respecto; sin embargo, la ira parece ser un pecado común, compartido por muchos líderes famosos. Napoleón solía perder la cabeza y eventualmente lo lamentaba más adelante.[3] La ira de la reina Isabel I fue notoria; cuando se airaba golpeaba a sus consejeros o lanzaba sus sandalias al rostro de ellos.

Uno de sus guardias dijo: «Cuando sonreía... era un rayo de sol puro en el cual todos deseaban deleitarse si tenían la oportunidad pero, de la misma forma, después venía una tormenta en un repentino e inesperado grupo de nubes y los rayos caían de manera aterradora». Un embajador francés dijo: «Cuando la veo airada contra cualquier persona desearía yo mismo estar en Calcuta, pues temo a su ira más que a la muerte misma».[4]

La famosa falla en el carácter de la reina Victoria era la ira. La diminuta reina, aunque media un poco menos de un metro y medio, podía generar temor en un gran noble solamente al expresar la frase: «No nos parece divertido». En alguna ocasión, Posomby, uno de los consejeros de Victoria, le escribió a su esposa lo siguiente: «Todos, pequeños y grandes, le tienen pavor a la sola posibilidad de que desapruebe algo con el movimiento de su cabeza y aun así tú me dices que ella no tiene poder».[5]

¿CARISMA O CARÁCTER?

Lo que la gente hace espontáneamente cuando nadie los está viendo revela su carácter. De la misma forma lo que la gente hace habitualmente refleja lo que hay en el interior de ellos. Las habilidades de un líder pueden disfrazar temporalmente un carácter débil pero a la larga todos los líderes revelan lo que realmente son. Alguien carismático y encantador puede engañar a las demás personas por un periodo de tiempo pero inevitablemente la falta de un carácter similar al de Cristo se hace evidente (Mateo 7.15-20).

El rey Saúl fue el primer monarca de Israel. Los israelitas anhelaban a alguien que se pareciera a los reyes de otras naciones y por eso pidieron un rey que pudiera conducirse a sí mismo con la pompa y el esplendor que lo hacían otros grandes monarcas del mundo (1 Samuel 8.19-20). Por eso Dios les dio un hombre que tenía todas las cualidades que eran importantes para ellos, era alto y con una apariencia física que impresionaba. Podía actuar como un rey y exigía el respeto de la gente.

Después de la coronación del rey Saúl, su débil carácter prontamente se manifestó. Para empezar, era avaro (1 Samuel 15.9). Imponía exigencias duras e irrazonables a su pueblo y estaba dispuesto a ejecutar incluso a su propio hijo por desobedecer sus tontas órdenes (1 Samuel 14.44). Además, no mostraba ningún reparo en quebrantar las leyes de Dios (1 Samuel 13.13; 15.19).

A medida que el tiempo avanzó, Saúl evidenció un celo enfermizo contra cualquiera que amenazara su posición (1 Samuel 18.8); aunque era un rey, Saúl estaba celoso incluso de sus sirvientes (1 Samuel 18.12). Era caracterizado por la paranoia, la autocompasión y la venganza cruel (1 Samuel 22.8, 17-18). Incluso en las ocasiones que David le perdonó la vida, el odio implacable de Saúl lo condujo a perseguir obstinadamente a David y a sus hombres (1Samuel 24.16-22; 26.21-25).

La vida de Saúl es una ilustración trágica de la diferencia que existe entre el carisma y el carácter; pues lucía impresionante en su apariencia externa pero entre más gobernó, se hizo más obvio que su carácter no era lo suficientemente fuerte como para mantener su posición.

Se dice que Crazo, el amigo y rival de Julio César, «poseía dificultades que se originaban en el hecho de que fijaba su visión en cosas muy elevadas. Su infortunio era que estaba lleno de avaricia… y nada de lo que hizo para extender su visión logró compensar la mediocridad que le caracterizaba».[6] Es una situación peligrosa tener una posición más grande que el carácter.

La vida de Josué ejemplifica las cualidades de un líder genuino, ya que este hombre de Dios no obtuvo su posición de la noche a la mañana como ocurrió con Saúl, sino que la logró a lo largo del tiempo, cuando estaba listo para asumirla. Josué jamás asumió más responsabilidades de las que podía manejar y su éxito nunca alimento su ego. Nunca parecía abrumado por sus responsabilidades porque su carácter siempre estaba en concordancia con el reto que era puesto ante él. Cuando Dios escoge un líder, no pasa por alto su carácter; por el contrario, convierte a aquellos que llama en personas con una fortaleza moral y después los usa como Sus siervos en la construcción de su reino.

Cuando Dios escoge un líder, no pasa por alto su carácter.

Por desdicha, las iglesias usualmente le dan más importancia al carisma que al carácter y eligen pastores que lucen admirables y que generan una muy buena primera impresión, pero después se desilusionan cuando el verdadero carácter sale a la luz. En la actualidad se les da importantes funciones de liderazgo a los hombres y a las mujeres por su apariencia atractiva, su posición prominente o su estado financiero y no por su íntimo caminar con Dios. Los miembros más piadosos de la iglesia no reclaman posiciones y reconocimiento; como resultado de esto, usualmente son pasados por alto, mientras que personas de menos integridad asumen funciones que no están de acuerdo con su carácter.

¿Era Josué perfecto cuando Dios lo escogió? Por supuesto que no, pero estaba dispuesto a que Dios lo fortaleciera y que labrara en él las cualidades piadosas que eran necesarias para la enorme tarea de guiar una nación. Saúl, por el contrario, parece haberse degenerado entre más tiempo permanecía en el poder. Su carácter sencillamente no podía manejar el peso del liderazgo. Josué pagó el precio por ser el hombre que Dios quería que fuese; Saúl no ganó su posición, por eso nunca desarrolló la fortaleza de carácter necesaria para mantener dicha posición.

CARÁCTER: FORJADO POR LA CRISIS

Winston Churchill una vez observó: «Se dice que los hombres famosos usualmente son el producto de una infancia triste».[7] Uno podría asumir que la grandeza de Josué no solo surgió de las dificultades de su vida juvenil sino también de los retos de una difícil adultez. Josué se enfrentó constantemente a una tras otra experiencia dolorosa y desalentadora.

Nació en esclavitud y parece haber perdido a sus padres siendo aún muy joven. Tuvo que pasar cuarenta años en un desierto porque a sus colegas les faltó fe y observó a sus líderes y héroes espirituales morir uno por uno hasta que solamente quedó un hombre canoso llamado Caleb. Incluso cuando Josué estaba experimentando el éxito como uno de los generales prominentes de su nación, tuvo que estar inmerso en una guerra y un derramamiento de sangre constante. Es claro que su vida no fue fácil.

Josué no tuvo la posibilidad de escoger las tareas que Dios le iba a asignar y tampoco controlaba lo que sus hermanos o sus enemigos israelitas habrían de hacer; lo que sí podía determinar era cuánto acceso a su vida le iba a permitir a Dios. Independientemente de si Dios le permitiría entrar o no a la tierra prometida, él sí pudo experimentar la obra de Dios en su vida.

Ya fuese que Josué viera o no la tierra de Canaán transformada en un lugar donde el pueblo de Dios habitara, lo que sí vemos que sucedió es que pudo experimentar a Dios transformando su carácter en el tipo de carácter que glorifica a Dios. El carácter de una persona es la espera en la cual Dios se deleita en trabajar porque Él recibe gloria por medio de un carácter piadoso.

Un carácter fuerte nunca se forma de la noche a la mañana porque se requiere mucho más que la sencilla adquisición del conocimiento de la Palabra de Dios; se requiere vivir la verdad de Dios en situaciones de la vida real.

Un carácter débil y poco desarrollado no es congruente con la magnitud espiritual que significa guiar al pueblo de Dios. Es crucial para un líder que Dios construya su carácter y esto siempre tiene un precio. Usualmente el proceso comienza cuando el líder es joven, tal fue el caso de las vidas de Moisés y de Josué.

El sufrimiento desarrolla el carácter

Un carácter débil y poco desarrollado no es congruente con la magnitud espiritual que significa guiar al pueblo de Dios.

La historia está llena de ejemplos de personas que sufrieron durante su juventud y después utilizaron esas experiencias dolorosas para construir un carácter fuerte y refinado. Los historiadores ubican a la reina Isabel I como una de las monarcas más grandes de la historia inglesa. A los tres meses de edad fue enviada a vivir separada de sus padres. Tiempo después, a su mamá, Ana Bolena, le quitaron la cabeza por orden del papá de Isabel I, Henry VIII. Con sólo tres años de edad, fue separada de su padre y lo vio en muy pocas ocasiones.

En el reinado de su hermana mayor, la «Sanguinaria María», la llevaron a prisión en la Torre de Londres, en donde pasó muchos días creyendo que sufriría el mismo y espeluznante destino de su madre en la plataforma de la ejecución. Cuando se le dijo que era la nueva reina, se postró de rodillas y dijo: «Esta es la obra del Señor y es maravillosa a nuestros ojos».[8] A menudo agradecía a Dios por «sacarme de la prisión al palacio».[9] Los oficiales reales que observaban a la reina de veintiún años jamás hubiesen predicho que disfrutaría uno de los reinados más largos e ilustres de la historia inglesa.

Ulises Grant asistió a la academia militar de West Point y, el día de su graduación, con orgullo portó su uniforme al caminar en medio del pueblo. Al marchar presuntuosamente en la ciudad de Cincinnati, un joven se burló de él. Más adelante en el pueblo de Bethel, el peón de un establo parodió al joven soldado, con la complacencia y las risas de la gente del pueblo.

Estas tempranas y humillantes experiencias, aunque no fueron eventos demoledores, tuvieron un efecto tan profundo en la vida del futuro general que más adelante incluso aseveró: «El orgullo fue derribado de mi interior».[10] Nunca más Grant volvió a exhibirse ante la gente e incluso parecía resistirse a vestir su uniforme de general cada vez que podía evitarlo.

D.L. Moody fue el quinto de nueve hijos. Su padre fue un hombre amoroso, pero su adicción al whisky le impidió satisfacer de manera apropiada las necesidades económicas de una familia tan numerosa. Murió cuando Moody contaba con sólo cuatro años de edad y dejó a toda la familia en la bancarrota. Betsey, la madre de Moody, dio a luz dos gemelos poco después de la muerte de su esposo. Cuatro días después del parto, su acreedor, Richard Colton, vino hasta el lecho de ella y le exigió el pago de la hipoteca de la hacienda.

Como si no fuera suficiente para la abatida familia, Isaías, el hermano mayor de Moody, huyó del hogar con tan sólo quince años de edad. Moody creció con grandes responsabilidades y se vio obligado a recibir una precaria educación; a la edad de diecisiete años, dejó su hogar para ir en busca de trabajo.[11] Estos obstáculos a tan temprana edad y la profunda influencia de su madre fueron los elementos que Dios utilizó para crear el humilde carácter del más grande evangelista de su época.

Muchos de los rasgos más profundos del carácter son aquellos que se generan en los momentos más difíciles; tales momentos se graban en el carácter de la persona. Las dificultades dejan una cicatriz de amargura y cinismo, o forjan compasión, humildad y fortaleza.

La diferencia radica completamente en la forma como la gente responde a las situaciones de la vida y, más importante aun, cómo responden a Dios en medio de esas circunstancia (Romanos 8.28). Aunque nadie, excepto un masoquista, busca oportunidades para sufrir, las personas que realmente desean ser semejantes a Cristo en cada una de las esferas de su vida, le darán la bienvenida a cualquier instrumento que Dios utilice para formarlos.

Fue Santiago quien instó a los creyentes a «tened por sumo gozo cuando os halléis en diversas pruebas, sabiendo que la prueba de vuestra fe produce paciencia. Mas tenga la paciencia su obra completa, para que seáis perfectos y cabales, sin que os falte cosa alguna» (Santiago 1.2-4).

Las dificultades dejan una cicatriz de amargura y cinismo, o forjan compasión, humildad y fortaleza.

Josué se acercó a los momentos de reto en su vida con una gran fe y una humilde dependencia de Dios. Aunque los contratiempos tentaron a muchos de sus colegas a abandonar su fe él, en cambio, aprendió a confiar más en Dios. El resultado fue un invaluable carácter moral que podía permanecer firme ante la tentación, el miedo y la duda.

CARÁCTER: CUMPLIR LA PALABRA

Josué era un hombre de palabra; sus palabras y sus acciones siempre coincidían de manera perfecta. Cuando envió dos espías a reconocer la ciudad de Jericó, las autoridades locales intentaron arrestarlos. Sólo la intervención de Rahab, la prostituta, logró salvar sus vidas (Josué 2.1-24). En respuesta a su bondad, los dos espías le prometieron perdonarla junto con los miembros de su familia que se reunieran en el hogar de ella durante el ataque.

El día de la acometida, Josué se cercioró de honrar su promesa (Josué 6.17, 22-25). En los días de Josué, los hombres no hacían tratos con mujeres y con toda seguridad una promesa a una prostituta se hubiese podido romper u olvidar en medio del fragor de la batalla. Incluso Josué no era quien había hecho la promesa; de todas formas, fue diligente para cumplirla.

Cuando los gabaonitas engañaron a Josué y a los ancianos, estos prometieron hacer un tratado de paz con ellos. Después que los israelitas descubrieron el engaño, su primer impulso fue destruir inmediatamente al astuto enemigo. Sin embargo, Josué y los ancianos decidieron honrar su palabra (Josué 9.17-19). A pesar que los gabaonitas se habían mostrado más hábiles, Josué y sus colegas creyeron que le rendirían cuentas a Dios por el hecho de no cumplir su promesa. Este tipo de fidelidad a la palabra es verdaderamente admirable.

Antes de la Guerra Civil Americana, Ulises Grant cayó en las profundidades de la pobreza y la vergüenza. Durante este humillante periodo de su vida, tuvo un encuentro memorable. Varios oficiales de la que en el pasado fuera la unidad de Grant en el ejército, incluyendo al mayor Longstreet, que había sido el padrino en la boda de Grant, se encontraban en St. Louis. Querían jugar cartas en el hotel Planters y, puesto que les faltaba un jugador, enviaron al capitán Edmund Holloway a reclutar otro participante. Edmund trajo a Grant consigo.

Longstreet se entristeció inmediatamente por la lamentable condición a la que su amigo había sido reducido desde su vergonzosa dada de baja del ejército. Los hombres disfrutaron unas cuantas rondas de cartas y después Grant se despidió de ellos. Longstreet comentó después:

> Al siguiente día me encontraba caminando frente al hotel cuando me encontré cara a cara con Grant, que puso en la palma de mi mano una pieza de oro que costaba cinco dólares e insistió en que la tomara como parte de pago de una deuda de honor de hacía más de quince años. Me rehusé a recibirla alegando, en un tono perentorio,

> que él ya no estaba en el servicio militar y que necesitaba el dinero más que yo. «Debe recibirla», observó él. «No puedo vivir con nada bajo mi posesión que no me pertenezca». Al ver la determinación en el rostro de Grant y con el fin de evitarle más mortificaciones, tomé el dinero y partí después de estrecharle la mano.[12]

Grant había comprometido su palabra e incluso la extrema pobreza no le impediría cumplirla.

El inquebrantable cumplimiento de su palabra le generó a Josué un gran respeto; cuando ordenó que le dieran muerte a Acán por desobedecer a Dios, juró hacer lo mismo a la siguiente persona que atrapara violando los mandamientos de Dios. Todos sabían que lo decía en serio porque nunca los había engañado ni se retractaba de sus palabras. Saber lo que había dicho era igual a saber lo que haría; esto les dio a sus seguidores una increíble confianza.

Las promesas hechas a la ligera disminuyen la influencia

Una forma segura para que un líder pierda su influencia con sus seguidores es hacer promesas a la ligera. Hay líderes que ingresan a una organización pronunciando promesas efusivas a todos los que los oyen. Cada buena idea que atraviesa por sus mentes se convierte en una promesa que sale de sus labios; no obstante, olvidan tales juramentos casi con la misma rapidez con la que los hacen. Los seguidores pronto reconocen a tal clase de persona y aprenden a menospreciar todo lo que digan.

Algunas personas en posiciones de liderazgo constantemente hacen pronunciamientos sobre cosas en las cuales no tienen la menor intención de trabajar. Richard Nixon hizo eso a menudo mientras fue presidente. Después de un brusco aterrizaje en el avión Fuerza Aérea Número Uno, al inicio de su periodo presidencial, Nixon declaró: «¡No más, se acabaron los aterrizajes en aeropuertos!».[13]

En momentos de frustración, el presidente solía gritar: «Quiero que despidan a todo el mundo y esta vez lo digo en serio».[14] Es obvio que cuando los líderes hacen afirmaciones tan a la ligera, dejan de ser tomados en serio.

Algunos líderes frecuentemente amenazan con renunciar si no se hacen las cosas a su manera, pero nunca lo cumplen. Otros prometen escuchar cualquier sugerencia pero reaccionan con molestia y a la defensiva cuando se les critica. Otros prometen apoyar fielmente a sus colegas pero desaparecen cuando surge la presión.

Algunos de los votos más caprichosos son los que se ofrecen a Dios. Es toda una lección el reflexionar sobre cuántas promesas vacías escucha Dios de parte de personas bien intencionadas pero poco sinceras. La Escritura advierte sobre la gravedad de no cumplir los votos hechos a Dios (Eclesiastés 5.2-5). Las palabras de los líderes son su riqueza pero las mismas pierden su valor si no se respaldan con las acciones.

Una forma segura para que un líder pierda su influencia con sus seguidores es hacer promesas a la ligera.

CARÁCTER: MANTENERSE CALMADO

Es claro que no había un israelita más estimado en sus días que Josué. La Escritura dice: «Jehová engrandeció a Josué a los ojos de todo Israel; y le temieron, como habían temido a Moisés, todos los días de su vida ... Estaba, pues, Jehová con Josué, y su nombre se divulgó por toda la tierra» (Josué 4.14; 6.27).

Es seguro que un honor tan grande de parte de Dios y semejante tipo de respeto por parte de la gente deben haber provisto una amplia oportunidad para que Josué tuviese una alta opinión de sí mismo. Sin embargo, a pesar de haber alcanzado el pináculo del poder militar y político, jamás permitió que su éxito le nublara la cabeza, sino que durante toda su vida permaneció como un fiel siervo de Dios.

Josué fue meticuloso a la hora de darle a Dios el crédito de su éxito; continuamente le recordaba al pueblo que no eran sus estratagemas militares o sus brillantes hazañas en el campo de batalla las que habían traído la victoria. Por el contrario, constantemente señalaba la presencia de Dios como la clave:

> Y Josué dijo al pueblo: «Santificaos, porque Jehová hará mañana maravillas entre vosotros (Josué 3.5)».
>
> «Porque Jehová vuestro Dios secó las aguas del Jordán delante de vosotros, hasta que habíais pasado, a la manera que Jehová vuestro Dios lo había hecho en el Mar Rojo, el cual secó delante de nosotros hasta que pasamos (Josué 4.23)».
>
> «Y vosotros habéis visto todo lo que Jehová vuestro Dios ha hecho con todas estas naciones por vuestra causa; porque Jehová vuestro Dios es quien ha peleado por vosotros (Josué 23.3)».
>
> «Porque Jehová nuestro Dios es el que nos sacó a nosotros y a nuestros padres de la tierra de Egipto, de la casa de servidumbre; el que ha hecho estas grandes señales, y nos ha guardado por todo el camino por donde hemos andado, y en todos los pueblos por entre los cuales pasamos (Josué 24.17)».

Josué fácilmente podría haber asumido que era, por lo menos *en parte*, responsable del dramático éxito de los israelitas, pero no lo hizo. Los líderes cristianos de la actualidad pueden luchar contra cómo percibir sus carreras profesionales. Los hombres de negocios exitosos que han acumulado fortunas por medio de prácticas de negocios sabias e inversiones prudentes pueden asumir que, aunque Dios los haya bendecido (sea lo que sea que eso signifique), su éxito ha sido el resultado de su propia diligencia y sagacidad. De la misma manera, los pastores de iglesias en crecimiento pueden concluir que el desarrollo de sus congregaciones se debe en gran manera a sus propias habilidades de liderazgo y a la apasionada visión que han asumido para sus iglesias.

Sin embargo, Josué entendía que, a la larga, nada de lo que hiciera poseía importancia a menos que Dios lo afirmara. Dios le dio a Josué cada habilidad y cada estrategia que implementó en el campo de batalla porque Dios era el mismísimo autor de la vida de Josué.

Josué sabía que siempre estaba a tan sólo una flecha o a una súbita espada de distancia de que su brillante carrera de liderazgo sucumbiera abruptamente; una rebelión o un asesino traidor hubiesen significado la agonía de su vida. Julio César no pudo ser derrotado en el campo de batalla pero no fue capaz de observar bien a su buen amigo Bruto y a los veintidós compañeros asesinos de este.

Alejandro Magno conquistó el mundo conocido pero cayó víctima de la enfermedad en el mejor momento de su vida. Al morir en el lujoso palacio de Nabucodonosor le fue recordado que incluso los más grandiosos conquistadores de la historia han vivido bajo la voluntad y el antojo del Dios Todopoderoso. Napoleón Bonaparte fue el más famoso emperador de su época, pero estaba a sólo un Waterloo del exilio y la ruina.

Humildad ante el éxito

Es reconfortante conocer líderes que permanecen humildes a pesar de su éxito. Del duque de Marlborough se ha dicho que: «No se rendía ni ante el éxito ni ante la fatiga».[15] Su biógrafo anota: «La verdadera gloria de Marlborough es que entre más grande era su fortuna, más elevada era su virtud».[16]

Cerca de 1814 el duque de Wellington, el afamado triunfador de Waterloo, se encontraba asistiendo a un baile en el club de moda Almack y en lugar de vestir los pantalones bombachos y las medias de seda que eran lo prescrito para la ocasión portó, por descuido, unos pantalones negros. El Señor Willis se encontró con el reconocido duque en la puerta y de manera decepcionada le informó: «No se le puede permitir la entrada a su Excelencia con esos pantalones». El duque era el hombre más famoso de Inglaterra; había salvado a su país. No obstante, humildemente se dio la vuelta y se fue.[17]

En otra ocasión, cuando se encontraba en la cúspide de su popularidad como primer ministro, se dirigía en su carruaje al palacio de Buckingham. Al entrar al parque Hyde se le informó que en ese momento no se permitía la entrada de ningún carruaje. Al darse cuenta a quien estaba reteniendo, el oficial se apresuró a corregir que con seguridad la norma no se aplicaba a él. Sin embargo, Wellington obedientemente le ordenó a su carruaje que se desviara explicando que obedecería las normas como cualquier otra persona.[18]

Alexander Stephens, vicepresidente de la confederación, dijo de Robert E. Lee: «El general Lee continuó siendo lo que yo había visto desde el principio, un niño en la simplicidad y generoso en el carácter, a pesar de la gloria y el éxito».[19] El victorioso antagonista del general Lee, Ulises Grant, humildemente observó respecto a su propio éxito: «'El hombre propone y Dios dispone'. Existen muy pocos eventos importantes en los asuntos de los hombres que se generen por su propia elección».[20] Estos líderes consumados lograron mantener su éxito en la perspectiva correcta.

La funesta experiencia de Josué en la ciudad de Hai fue suficiente prueba, si necesitaba alguna, de que la presencia de Dios lo era todo. En el momento en que Dios retiraba su presencia de las nunca derrotadas fuerzas israelitas, el ejército tenía que salir huyendo por el camino.

Aconsejamos a varios ejecutivos cristianos de grandes corporaciones. Cuando les preguntamos por qué han logrado tanto, muchos ofrecen una respuesta sensata. No siempre pueden explicar por qué han disfrutado tal prosperidad; poseen amigos que han trabajado tan arduamente y que tienen más talento, sin embargo a ellos no les ha ido tan bien.

Se hace evidente que a pesar de sus agotadores esfuerzos el éxito los tomó por sorpresa y usualmente concluyen que Dios debe haber querido utilizarlos para algún propósito y esa es la razón por la cual les ha permitido triunfar. Conocemos a muchos ejecutivos y empresarios que toman su fe en serio y hacen importantes sacrificios para que sus compañías honren a Dios.

Un buen número de empresarios cristianos han rehusado reducir el personal de sus compañías cuando la economía se viene a pique, aunque habría sido el paso más prudente a dar. Como resultado, han evitado que cientos de familias afronten dificultades económicas.

El fundador de una compañía de software estableció una fundación de caridad con una porción de sus ganancias y la ha utilizado para promover educación cristiana alrededor del mundo. Una mujer de negocios utilizó sus recursos personales para fundar y patrocinar un orfanato en una empobrecida región de Asia. Dueños de equipos deportivos profesionales han contratado capellanes para ayudarles a los jugadores a conocer a Cristo y a discipularlos después de tal experiencia. Algunos ejecutivos ofrendan de su propia fortuna para proveer ayuda a los pobres y para patrocinar proyectos misioneros como la construcción de casas para familias pobres. Otros han utilizado sus posiciones de influencia para presionar a redes de televisión a dejar de emitir comerciales moralmente ofensivos durante horas familiares.

Algunos líderes cristianos de negocios usan sus jets privados para transportar a líderes eclesiales a eventos ministeriales. Otros ofrecen sus propiedades vacacionales como sitios en los que exhaustos ministros cristianos y sus familias pasan un tiempo de descanso. Algunos utilizan su fortuna para iniciar empresas cristianas o para publicar y distribuir literatura cristiana.

Muchos ejecutivos generosamente invierten recursos de la compañía para ayudar a sus empleados a mejorar su nivel educativo y sus habilidades. Algunos empresarios invierten sus recursos en proveer consejería cristiana a sus empleados. Otros ejecutivos corporativos aprovechan el acceso que tienen a líderes mundiales para compartir el evangelio con las personas más poderosas del mundo.

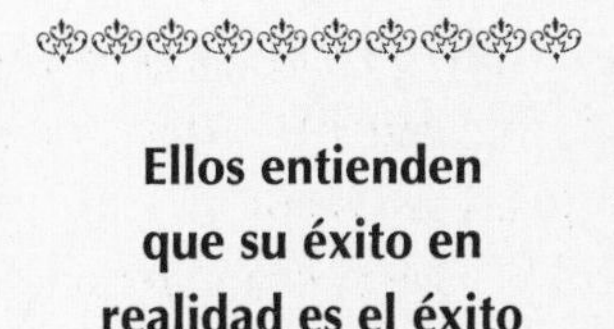

Ellos entienden que su éxito en realidad es el éxito de Dios.

Las distintas formas en las que líderes cristianos de negocios han invertido su fortuna en el reino de Dios parecen interminables. Dichas prácticas no siempre parecen ser las más coherentes, pero estos cristianos saben que esa es una forma en la que Dios los está usando para construir *su* reino.

Tales líderes (y no hemos mencionado sus nombres) no hacen esto para ganar elogios, pero podemos asegurarle que a lo largo y ancho del mundo corporativo existen muchos líderes cristianos comprometidos que están produciendo una profunda diferencia en las vidas de aquellos a quienes lideran. Estos hombres realizan sus acciones porque entienden que su éxito en realidad es el éxito de Dios.

Cuando los líderes cristianos de negocios asumen que son los autores de su propio éxito, evidencian que carecen de un sentido de mayordomía divina. Se concentran más en acumular riquezas que en construir el reino de Dios y obtienen gloria personal en vez de glorificar a Dios. Escriben libros titulados «pasos para», con el fin de que las personas puedan copiar el éxito de ellos; no obstante, nunca conducen a la gente a Dios.

Algunos cristianos de negocios viven febrilmente la primera mitad de sus vidas ganando fama y fortuna por medio de sus propios esfuerzos. Luego, una vez han alcanzado sus metas y obtenido un cómodo nivel de abundancia, se vuelven a Dios y de modo poco convincente le dan la «gloria» a Él por sus logros. Bíblicamente, sin embargo, esto no glorifica a Dios porque es una gloria de segunda mano y Dios jamás toma el segundo lugar en la vida de una persona. Dios no se glorifica haciendo funcionar *nuestros* planes, sino cumpliendo *su* voluntad. Josué entendía esto. Desde el inicio de su carrera militar hasta el día en que pronunció su discurso de retiro Josué, de manera regular y sincera le dio la gloria a Dios por su éxito porque en su mente en realidad *era* el éxito de Dios.

Dios jamás toma el segundo lugar en la vida de una persona. Dios no se glorifica haciendo funcionar *nuestros* planes, sino cumpliendo *su* voluntad.

La prueba del éxito

Se ha dicho que George Washington era un «verdadero artista de las partidas».[21] Cada vez que Washington terminaba la tarea que su nación le encomendaba, se retiraba. Algunas personas temían que una vez elegido presidente de los Estados Unidos, Washington regiría de por vida casi como un rey.

John Adams una vez comentó sobre la enorme influencia de Washington: «Si realmente él no fuera uno de los hombres mejor intencionados del mundo, sería alguien muy peligroso».[22] Sin embargo, después de haber cumplido con dos periodos presidenciales, Washington se retiró y permitió que el floreciente proceso democrático alcanzara su madurez bajo la siguiente generación de líderes.

Joseph Ellis observó que Washington «se convirtió en el ejemplo supremo de un líder al que se le puede confiar el poder porque estaba plenamente dispuesto a entregarlo».[23] Washington entendía que se le había confiado una gran responsabilidad, pero que la misma era una mayordomía, no un derecho.

Una forma inequívoca de descubrir de qué está hecha la gente es examinar lo que hacen con el éxito y el poder y la fama que este trae consigo. Josué podría haber aprovechado su magna posición para beneficiarse a sí mismo económicamente, pero jamás abusó de la función que Dios le había confiado. Después de haber cumplido con la asignación de Dios, voluntariamente se hizo a un lado del centro de atención.

Josué no necesitaba un trabajo prestigioso para sentirse importante; no obtenía su autoestima de la atención y la alabanza de otros. No alimentaba sentimientos de pertenencia de las cosas como resultado de sus labores. Su relación con Dios le daba más que suficiente para sentirse satisfecho.

Se dice de Napoleón Bonaparte y de su familia que: «Se ufanaba de ellos y de los reinos y principados de sus consortes, pero perdió todo. Todos sus hermanos se encontraron de frente con el infortunio o atravesaron largos años en el exilio».[24] El biógrafo de Napoleón explica la razón de gran parte de su corrupto comportamiento: «Surgió de un trasfondo político en el que la palabra de un hombre no significaba nada, el honor estaba muerto y el asesinato era una rutina».[25]

A medida que Alejandro Magno de una manera sistemática sometía a sus enemigos, sus demandas sobre los pueblos se incrementaban proporcionalmente. Cerca del ocaso de su vida, Alejandro pidió que las ciudades estado de Grecia le dieran un reconocimiento divino como hijo del Dios Zeus o de Amón.[26]

En una ocasión, mientras se transportaba en un pequeño bote, la diadema real cayó de su cabeza al océano. Un marinero diligente saltó al agua y la recuperó para su rey. Para mostrar su gratitud, Alejandro le dio al marinero un talento de oro y después lo hizo ejecutar por haberse atrevido a colocarse la corona real en la cabeza mientras nadaba de vuelta al bote.[27] Cuando Julio César alcanzó el pináculo de su poder, se deshizo de la compostura personal como si lo hiciera de una vieja toga. Le gustaba llenarse de galardones y tributos. Dirigió una fiesta en la cual veintidós mil personas se sentaron y comieron en su honor. Los senadores realizaron elaborados juramentos para proteger su vida. Un dócil senado aprobaba con antelación y de manera diligente todos sus decretos, aun antes de que los anunciara.

En su nombre se celebraban unos juegos cada cuatro años y su imagen era llevada en una procesión como si él fuera un dios. En su casa se construyó un gablete imitando un templo. Tal tipo de extravagancia en torno a un hombre era algo que jamás se había escuchado incluso en dicha época, caracterizada por gente que constantemente incurría en excesos.[28] César se llenó de tanta confianza y arrogancia que despidió a su guardaespaldas y fue el artífice de su propio destino.

A Josué lo rodeaba el éxito y el poder; los reyes le rendían homenaje. No obstante, mantuvo los pies siempre sobre la tierra y no permitió que el éxito se le subiera a la cabeza.

CARÁCTER: CONSIDERAR A OTROS

Se ha dicho que «ningún hombre es héroe para su siervo». Examine detenidamente la sección de biografías de una librería y observe cuántos exempleados y criados revelan con entusiasmo el lado escandaloso de sus famosos exempleadores. Muchos héroes ampliamente aclamados al igual que muchos líderes famosos no son tan pródigamente admirados por aquellos que deben trabajar cerca de ellos a diario.

Dios exaltó a Josué ante su gente. Hubiese sido fácil para Josué abusar de su influencia sobre otros, pero nunca creyó que por haber logrado mucho por su pueblo, tenía derecho a favores u honores especiales. No hay evidencia que el éxito de Josué le haya quitado la sensibilidad para con los que guiaba. No existe ningún registro que lo mencione como alguien centrado en sí mismo. Según todas las narraciones, la gente de Josué gustosamente lo seguía a cualquier lugar y enfrentaba a cualquier enemigo.

Cuando estaba dividiendo la tierra prometida entre las tribus y las familias de Israel, les entregó a todos su heredad antes de finalmente recibir su propia porción (Josué 19.49-51). Nadie había trabajado más duro ni jugado un papel más decisivo en el éxito de Israel que el propio Josué, pero fue el último en beneficiarse personalmente de sus propias victorias y no recibió más que los demás.

No hay evidencia que el éxito de Josué le haya quitado la sensibilidad para con los que guiaba.

LOS GRANDES LÍDERES SON SENSIBLES A LAS NECESIDADES

Una característica de los grandes líderes es cuán sensibles son a las necesidades de quienes guían. El duque de Marlborough era famoso entre sus hombres porque se aseguraba del bienestar de ellos. Uno de sus cabos escribió: «Su atención y cuidado ... estaban sobre todos nosotros». Su biógrafo dijo:

> Desempeñaba hasta el fin de la manera más fiel y vigilante las tareas de un soldado, examinando siempre con paciencia y a cabalidad las condiciones en el frente del pelotón sin dar evidencias de

cansancio por todas sus campañas ni mostrarse imponente por algún sentido de importancia, mucho menos desilusionado por la malicia de sus enemigos en casa. Fue por su norma de comportamiento que se ganó el distintivo y el apodo de «el Viejo Cabo».[29]

Una característica de los grandes líderes es cuán sensibles son a las necesidades de quienes guían.

El admirante Nelson fue herido durante la gran victoria naval en la Bahía de Aboukir y fue transportado a la parte interna de la cubierta para recibir atención médica. Cuando el cirujano del barco observó al almirante, se alejó de los otros marineros heridos que estaba atendiendo. «No, tomaré mi turno detrás de mis valientes compañeros», objetó Nelson.[30] Estos y otros actos de respeto que mostraba hacia sus hombres incitaron a los marinos de Nelson a desempeñarse con valentía dondequiera que le sirvieran.

El hijo de Robert E. Lee luchó en el ejército de su padre y dijo lo siguiente del mismo: «Al igual que el resto de todos sus soldados, sentí que él siempre estaba cerca, que merecía recibir la confianza de cuidarnos, que no nos defraudaría y que todo terminaría bien. El sentimiento de confianza que depositamos en él era sencillamente sublime ... Nunca se me ocurrió ni a mí ni a los miles de miles junto a mí que hubiese alguna ocasión para el descontento».[31] No resulta sorpresivo que los hombres de Lee lucharan con gallardía a donde él los llevara.

Después de un amargo encuentro en el campo de lucha en la batalla de Chattanooga, las fuerzas de la Unión estaban procesando a un largo número de prisioneros confederados que habían capturado durante su victoria. El desfile de prisioneros despeinados fue detenido para permitir el paso a varios generales de la Unión y de su personal. Al pasar, miraron con petulancia y desdén a los nuevos prisioneros.

Un prisionero confederado recordó más adelante: «Cuando el general Grant alcanzó la línea de los prisioneros sucios, sangrientos, harapientos y desesperados desplegados a cada uno de los lados del puente, se quitó el sombrero y lo mantuvo sobre su cabeza hasta que pasó por enfrente del último hombre de aquel cortejo funeral viviente. Fue el único oficial entre todos que notó que estábamos presentes en ese sitio».[32] Al finalizar la guerra, fue Grant quien amenazó con renunciar a su posición si Robert E. Lee y sus oficiales eran procesados por traición. Probablemente los salvó de la horca.[33]

La humildad no exige respeto ni busca venganza; sencillamente busca una expresión de «bien hecho» de parte del Señor.

Los grandes líderes tratan incluso a sus enemigos con dignidad y gracia. Los líderes espirituales también se conducen a sí mismos con humildad. La humildad no exige respeto ni busca venganza; sencillamente busca una expresión de «bien hecho» de parte del Señor.

CARÁCTER: RENDIR CUENTAS A DIOS

El duque de Marlborough fue invencible en el campo de batalla durante diez años de intensas campañas militares en Europa. Dirigió ejércitos de cien mil soldados a través de maniobras intrincadas y complicadas. Se reunió constantemente con los monarcas y soberanos más poderosos del mundo. Guió sus tropas en ataques valientes contra el enemigo, pero también tenía sus limitaciones.

Cuando su esposa Sara perdió el favor de la reina Ana y fue removida de su función de dama de honor, Marlborough retornó a Inglaterra y solicitó una audiencia con la monarca. A pesar de ser el militar más grande del mundo en ese momento, se arrodilló ante ella e imploró en nombre de su esposa.[34] Tal ejemplo de humildad de parte de un condecorado héroe parecía extraordinario. El duque de tantas batallas entendía que todos sus poderes eran suyos por concesión de su soberana. Tal como su biógrafo dijo: «Él podría ser el más grande de los siervos; no podría ser nada más».[35]

Tener un carácter como el de Cristo es posible para cada creyente; Dios puede hacer una obra de transformación en cualquier persona que esté dispuesta a permitírselo. Pero Él nos deja la decisión a nosotros. Al final de su vida, Josué urgió a los israelitas a «seguir a Jehová» (Josué 23.8). Josué había pasado toda una vida escogiendo el camino de Dios, en ocasiones eso significó arriesgar su reputación. Dios a menudo le dijo que hiciera cosas que iban contra las opiniones militares y administrativas aceptadas por todos. ¡Imagínese el tener que anunciarles a los oficiales militares el plan de Dios para derribar los muros de Jericó! Josué a menudo se enfrentó a la perspectiva de hacer el ridículo y de que aquellos a quienes guiaba lo cuestionaran; sin embargo, siempre escogió aferrarse al Señor.

Josué desafió al pueblo a «escoger hoy a quién sirváis». Después declaró su propia lealtad a Dios y sus palabras se han convertido en un lema para los creyentes desde entonces: «pero yo y mi casa serviremos a Jehová» (Josué 24.15).

Toda persona tiene la misma opción. No importa si fueron criados en un ambiente cristiano o en un lugar ateo, tampoco importa si la persona es altamente educada o analfabeta, rica o pobre; escoger obedecer a Dios es una decisión consciente que cada persona debe hacer constantemente.

Josué aclaró por qué era tan cuidadoso para obedecer a Dios: «él es Dios santo, y Dios celoso ... Si dejareis a Jehová y sirviereis a dioses ajenos, él se volverá y os hará mal, y os consumirá, después que os ha hecho bien» (Josué 24.19-20). Josué sabía que no podía servir a un Dios santo con una vida impía. Saber cómo era Dios, le brindó la perspectiva apropiada para servirle obedientemente.

No era un asunto de sentimientos, derechos o preferencias. Era un asunto de reverencia.

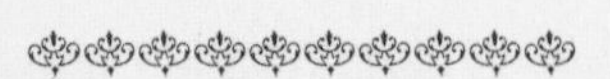

No era un asunto de sentimientos, derechos o preferencias. Era un asunto de reverencia. De su asombro por Dios surgía un entusiasta sentido de responsabilidad. Josué entendió que Dios lo disciplinaría si abandonaba su pacto divino; al saber esto, la única opción que tenía era someterse plenamente a Dios. La raíz de su fidelidad era un sano temor de Dios. Él exhortaba al pueblo: «temed a Jehová, y servidle con integridad y en verdad» (Josué 24.14).

La reina Isabel I dijo: «Nosotros los príncipes estamos en el escenario a la vista de todo el mundo. Es nuestro deber ser cuidadosos para que nuestro proceder sea justo y honorable».[36] Sin excepción, los grandes líderes espirituales poseen un profundo sentido de responsabilidad. Los guía la certeza de que sin importar cuan estimados sean por la gente durante su vida, un día estarán de pie ante el Dios todopoderoso. Se encontrarán cara a cara con su creador y su vida será plenamente expuesta tal y como realmente fue, meritos y fallas a la vez. Esta verdad aterraba al apóstol Pablo. Él conocía muy bien el «temor del Señor». Todo el tiempo era consciente de que servir al Señor era un asunto serio:

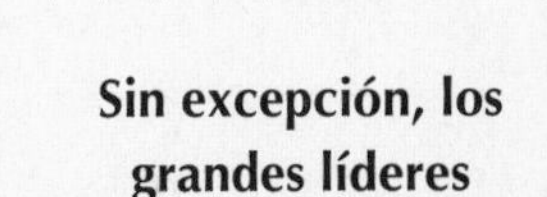

Sin excepción, los grandes líderes espirituales poseen un profundo sentido de responsabilidad.

> «Por tanto procuramos también, o ausentes o presentes, serle agradables. Porque es necesario que todos nosotros comparezcamos ante el tribunal de Cristo, para que cada uno reciba según lo que haya hecho mientras estaba en el cuerpo, sea bueno o sea malo. Conociendo, pues, el temor del Señor, persuadimos a los hombres; pero a Dios le es manifiesto lo que somos; y espero que también lo sea a vuestras conciencias» (2 Corintios 5.9-11).

Lastimosamente, muchos líderes cristianos en la actualidad carecen de un profundo sentido de reverencia a Dios. La cultura cristiana de hoy enfatiza tanto el merecido amor de Dios que se considera de mal gusto hablar de la santidad y el juicio de Dios. Sin embargo el autor de los Proverbios urge a los que tienen sabiduría a mantener un manifiesto temor y reverencia a Dios:

> «Entonces entenderás el temor de Jehová,
> Y hallarás el conocimiento de Dios» (Proverbios 2.5).
>
> «No seas sabio en tu propia opinión;
> Teme a Jehová, y apártate del mal» (Proverbios 3.7).
>
> «El temor de Jehová aumentará los días,
> Mas los años de los impíos serán acortados» (Proverbios 10.27).
>
> «El temor de Jehová es para vida,
> Y con él vivirá lleno de reposo el hombre;
> No será visitado de mal» (Proverbios 19.23).

Es imposible temer a Dios y tolerar el pecado en la vida de uno. El pecado asume una apariencia totalmente diferente cuando usted es profundamente consciente de que un día rendirá cuentas de él. Dios se declara a sí mismo un Dios celoso. Esta verdad debería impactar hasta lo más profundo a aquellos que lo siguen. Es increíble que el Dios todopoderoso se preocupe por lo que sus criaturas hagan o crean. Es un error muy grave que la gente asuma que Dios está demasiado distante para saber lo que están haciendo o muy lejano de la majestad como para preocuparse por la lealtad y el afecto de ellos.

Josué, el empedernido guerrero, entendía que Dios anhelaba su lealtad. Dios no miraría para otro lado si él lo traicionaba, jamás estaría satisfecho con las migajas que cayeran del plato de los afectos de Josué. Este urgía al pueblo a seguir a Dios de todo corazón o a rechazarlo. Él desmotivaba al pueblo con respecto a tratar de seguir a Dios de una manera apática. Esto era algo que Dios jamás aceptaría (Josué 24.19-20).

Es imposible temer a Dios y tolerar el pecado en la vida de uno.

CONCLUSIÓN

No hay atajos para el éxito con Dios. Dios, sistemática y plenamente, trabajará en usted a medida que trabaja *por medio* de usted. Puesto que Dios busca hacer a través de su vida mucho más de lo que usted se puede imaginar, constantemente lo moldea, lo transforma y le cambia el carácter para que se asemeje al de Cristo. Cuanto más íntimamente camine con Dios, más se asemejará su carácter al de Cristo. Someterse plenamente a la voluntad de Dios es la forma más segura de vivir una vida que a Dios le plazca usar para *sus* propósitos.

CARÁCTER. EL FUNDAMENTO DEL LIDERAZGO

- Carácter: el secreto del éxito.
- Carácter: forjado por la crisis.
- Carácter: cumplir la palabra.
- Carácter: mantenerse calmado.
- Carácter: considerar a otros.
- Carácter: rendir cuentas a Dios.

PREGUNTAS A CONSIDERAR

1. ¿Qué eventos clave en su vida lo han moldeado para convertirse en la persona que es? ¿Hay algún evento o alguna crisis en su vida en la que necesite pedirle a Dios que lo acompañe?

2. ¿Qué aspectos de su carácter siente que le desagradan a Dios? ¿Qué está haciendo Dios en usted para cambiar su carácter? ¿Qué está haciendo usted para lograr el mismo objetivo?
3. ¿Lo conocen a usted como una persona que cumple su palabra? ¿Por qué?
4. ¿Ha tomado usted, sin darse cuenta, el crédito por sus éxitos en el liderazgo? ¿Cómo puede cambiar eso?
5. ¿La gente con quien trabaja cree que usted se preocupa por ellos? ¿Tiene la tendencia de usar a la gente o de bendecirlos?
6. ¿Considera a menudo el hecho de que un día le dará cuentas totalmente a Dios por la forma en que guió a otros? ¿Cómo alcanza a prever que será ese momento?

SIETE

Fe que derriba murallas

Su matrimonio se inició con una voluntad mutua de servir juntos en el campo misionero. Justo dos semanas después de su matrimonio, emprendieron alegremente una navegación de ciento catorce días, a Calcuta, India. Pero sus románticas nociones sobre el trabajo misionero se evaporaron al momento de llegar. Los conflictos internacionales los privaron de permanecer en India y los forzaron a buscar un campo misionero alterno.

Finalmente, llegaron a Burma, uno de los lugares más opresivos y peligrosos del mundo. Los misioneros que comparten el evangelio en ese país de oscuridad espiritual, se arriesgaban a castigos tan brutales como la crucifixión, la decapitación y el que les fuese derramado plomo derretido entre sus gargantas. Durante sus primeros viajes, su primogénito murió mientras estaban en el mar; Roger, el segundo hijo de la pareja, murió a los seis meses de edad. Esperaron dos años antes de recibir su primer correo. Su primer convertido fue bautizado siete años después de haber dejado su hogar por el campo misionero.

Luego, su desalentadora situación se volvió insoportablemente peor. La policía armada irrumpió en su casa, se llevó al esposo y lo encerraron en una prisión de máxima seguridad acertadamente apodada: «La casa de la muerte». Alrededor de cincuenta prisioneros de alta peligrosidad eran amontonados dentro de oscuros y putrefactos cuartos infestados de ratas.

En la noche, se bajaba un tronco de bambú por el techo y se incrustaba a través de las esposas en las piernas de los prisioneros. Entonces, el palo se volvía a subir sólo hasta que únicamente los hombros de los prisioneros tocaran el piso. Los cautivos permanecían colgados boca abajo toda la noche mientras los insectos en enjambres se daban un banquete con sus pies sangrientos y contusionados.

Cada tarde, tan pronto eran las tres en punto, dos guardias entraban a la celda y escogían a dos prisioneros para ejecutarlos. Diariamente, los prisioneros aguardaban para ver a quién le tocaba el turno de morir. Al ver con tristeza que dos de sus compañeros eran llevados, resultaba poco reconfortante saber que por ahora ellos tendrían por lo menos veinticuatro horas más de vida.

María, la hija del misionero, nació mientras él languidecía en cautiverio. Su esposa contrajo un caso severo de disentería y no pudo alimentar a su bebé. Tuvieron que sobornar al guardia para que dejara salir al padre de la prisión bajo vigilancia todos los días y así poder llevar a su hambrienta bebé de casa en casa mendigándoles a las madres lactantes algo de leche. En esa desesperante etapa de sus vidas, sólo habían visto a dieciocho convertidos después de doce años de haber servido en Burma.[1]

Nadie hubiera culpado a Adoniram y a Nancy Judson si hubieran perdido la esperanza. Sin embargo, se apegaron a la certeza de que Dios los había llamado para que compartieran las buenas noticias de Jesucristo con el pueblo de Burma. Cada circunstancia representaba fracaso y desesperanza, pero firmemente creían que Dios les proveería. Su fe no estaba puesta en el lugar equivocado; Dios liberó a Adoniram de la cárcel y les dio un ministerio fructífero entre la gente de Burma. La historia de los Judson motivó a una generación de estadounidenses y a cientos de personas a que respondieran al llamado de Dios a las misiones. En todo el mundo hubo misioneros inspirados por la fe que mostraron los Judson al enfrentar una situación de desesperanza.

Las Escrituras dicen: «Es, pues, la fe la certeza de lo que se espera, la convicción de lo que no se ve ... Pero sin fe es imposible agradar a Dios» (Hebreos 11.1,6). Fe significa confiar en Dios sin importar las circunstancias, mirar más allá de la situación actual y creer que Él cumplirá sus promesas. Los grandes santos de la historia fueron personas comunes que se aferraron con tenacidad a la palabra de Dios sin importar lo que encontraban. Dios premia profundamente a aquellos que ponen su fe en Él y la dejan allí.

Los grandes santos de la historia fueron personas comunes que se aferraron con tenacidad a la palabra de Dios sin importar lo que encontraran.

La vida de Josué se caracterizó por una fe indomable. No basaba su confianza en los eventos de la vida, sino en el conocimiento de primera mano que tenía de Dios. La seguridad inquebrantable de Josué en Dios se vuelve obvia a medida que uno examina la forma como vivió.

FE QUE SE MANTIENE FIRME

Dirigir seguidores es una cosa. Dirigir líderes es otra. Cuando se necesitaron espías para investigar Canaán, cada una de las doce tribus escogió a un líder prominente para que los representara. Josué tuvo el honor de estar entre ellos (Números 13.2). Los maestros modernos de la Biblia describen a diez de estos hombres como unos cobardes inútiles. Esto es, indiscutiblemente, demasiado severo; cada uno de esos soldados se había alzado en la cumbre del liderazgo en su tribu y era considerado como un líder dominante y fuerte en las tribus compuestas por decenas de miles. Esos hombres eran respetados; ya habían comprobado ser líderes capaces, por lo tanto, cuando hablaban, la gente escuchaba, confiaban en ellos.

Este grupo de espías gastó cuarenta días juntos mientras analizaban Canaán. Viajaban juntos, comían juntos, se escondían de los

Dirigir seguidores es una cosa. Dirigir líderes es otra.

centinelas juntos. En la noche, se turnaban la vigilancia para protegerse entre sí. Indudablemente, tenían personalidades fuertes y opiniones fervientes. Josué pudo haber sido uno de los más jóvenes en esta peligrosa misión; día tras día, debe haber escuchado a sus convincentes compañeros discutir de forma vehemente sus puntos de vista sobre la viabilidad de conquistar Canaán.

Un momento central en la historia de Israel fue el regreso de este grupo para entregar el reporte a sus parientes. Diez de los espías empezaron por describir una tierra próspera y fértil, rica en recursos. Luego sus historias se tornaron negativas, hablaron de feroces gigantes y ciudades fortificadas (Números 13.28-29, 31-33). Estos respetables hombres estaban haciendo exactamente lo que se les había pedido, contar lo que habían visto.

A medida que estos elocuentes oradores se referían al asunto, la gente se empezó a llenar de terror. Por supuesto, fueron convincentes, nadie en la multitud puso en duda su opinión, nadie cuestionó la información ni los acusó de cobardes. El testimonio de tan respetados líderes puso a la nación en un estado de terror y caos incontrolable. Incluso Moisés y Aarón se desplomaron ante la gente. Allí le tocó el turno a Josué.

¿Qué haría Josué? Estos hombres eran fervientes y convincentes, tenían la confianza y la atención de su nación. Para hablar en contra de estos líderes populares se necesitaría un enorme coraje. Además, Josué no podía negar la realidad. Ellos *sí* eran enemigos feroces. *Sí* había ciudades poderosas y fortificadas.

Josué y los diez espías reacios veían la misma situación, pero desde distintas perspectivas. Este fue el reporte que dieron Josué y Caleb:

> «La tierra por donde pasamos para reconocerla, es tierra en gran manera buena. Si Jehová se agradare de nosotros, él nos llevará a esta tierra, y nos la entregará; tierra que fluye leche y miel. Por

> tanto, no seáis rebeldes contra Jehová, ni temáis al pueblo de esta tierra; porque nosotros los comeremos como pan; su amparo se ha apartado de ellos, y con nosotros está Jehová; no los temáis» (Números 14.7—9).

¡No era esta una opinión popular para aprovechar el momento y compartirla! De hecho, la gente se alistó para apedrear a Josué y a Caleb con tal de callarlos (Números 14.10). ¿Qué tanto coraje se necesita para mirar a la cara de miles de personas atemorizadas y decirles que su punto de vista es incorrecto, que su miedo no tiene razón de ser? ¿Cuánta temeridad se requiere para discrepar con diez de los líderes más creíbles de la nación? ¿Qué tipo de carácter se necesita para enfrentar a una multitud hostil y asesina y, sin embargo, aferrarse con tenacidad a las convicciones de uno?

Josué tenía fe, conocía a Dios. Sabía que sin importar la fuerza o el tamaño de sus enemigos, ni lo débil que se sintiera, con Dios todas las cosas eran posibles. No se trataba de lo que Josué no sabía; su fe estaba basada en lo que sí sabía. En este punto, Josué enfrentó una cantidad de interrogantes: no tenía idea de cuántos soldados enemigos debía derrotar su ejército ni podía anticipar los recursos ni las alianzas de sus oponentes. Tampoco tenía conciencia del plan de Dios para mantener el sol en su lugar o derribar los muros de la ciudad. Pero conocía a Dios y todo lo que conocía de Él le aseguraba que no tenía nada que temer.

La fe de Josué no se basó en la opinión pública ni en sus propios recursos, surgió de su conocimiento experimental de Dios. No fue una «fe ciega», sino basada en su experiencia personal con Dios. Después de todo ¿No fue Dios el que los liberó de Egipto y los tenía a salvo hasta el momento? Todos los doce espías tenían la misma prueba, pero Josué tenía una fe firme en Dios y esto marcó la diferencia.

No se trataba de lo que Josué no sabía; su fe estaba basada en lo que sí sabía.

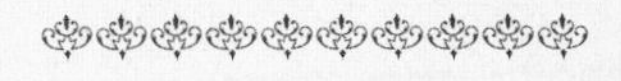

Hudson Taylor oraba todos los días sobre el mapa de la China. Su corazón estaba bastante agobiado por los millones de chinos que nunca habían escuchado el evangelio.

Leyó la palabra de Dios con cuidado y comprendió que Dios lo quería para que reclamara para Cristo esa vasta y poblada región del mundo. A la luz de las circunstancias de Taylor, semejante proeza era claramente imposible. En primera instancia, no tenía ningún soporte financiero de una agencia misionera. No había una organización en China para coordinar tal empresa y, hasta ese momento, no sabía de otros misioneros dispuestos a servir con él.

Sus pensamientos de evangelizar China en la dimensión que Dios le estaba mostrando parecían ridículos. Sin embargo, Taylor sabía que Dios había hablado y estaba convencido de que Dios proveería. Tiempo después, le preguntaron sobre la poderosa labor que Dios había hecho en la China por medio suyo. Esto dijo: «Con frecuencia creo que Dios debió haber estado buscando a alguien lo suficientemente pequeño y débil para usar, y entonces me encontró a mí».[2]

Taylor siempre asumió que la presencia y las promesas de Dios eran más que suficientes para invalidar cualquier problema que tuviera que enfrentar. Hubo un momento en que el tesorero de la misión le informó que sólo tenían veinticinco centavos disponibles en su cuenta. Taylor, alegremente respondió: «Veinticinco centavos… ¡más todas las promesas de Dios! ¡Vaya, me hace sentir tan rico como un magnate!»[3]

Siglos antes de la época de Taylor, Josué tuvo la misma actitud. En la medida en que recibió una promesa de Dios, no había razón para inquietarse por los detalles, Dios proveería. Por ende, escogió enfocarse en Él y en su palabra más que en los problemas y en lo desconocido. Incluso, cuando los obstáculos inmovilizaron a la mayoría de personas que estaban alrededor suyo, Josué continuó motivado por el Dios que conocía. Esto no implica tener una actitud indiferente hacia la difícil tarea que hay por delante. Josué fue un líder competente y capacitado en todo sentido.

FE: UN PASO A LA VEZ

El primer problema logístico que Josué tuvo que enfrentar fue el río Jordán. Una barrera terrible, especialmente durante la época de inundaciones, cuando la nieve que se derretía de las montañas del norte podía hacer que el agua se extendiera por la llanura hasta un kilómetro y medio a la redonda. Durante ese tiempo, las corrientes se transformaban en un torrente furioso. Transportar suministros y equipo para una nación entera cruzando el desbordado río se convertía en una pesadilla organizacional.

Incluso, cuando los obstáculos inmovilizaron a la mayoría de personas que estaban alrededor suyo, Josué continuó motivado por el Dios que conocía.

Dios ya había hecho un grandioso milagro durante el liderazgo de Moisés, al dividir el Mar Rojo. La gente no sabía si ahora obraría con igual poder por medio de Josué. Dios dividió un mar por Moisés; ¿acaso detendría el caudal de un río por Josué?

No sabemos si la fe de Josué tambaleó durante su primera gran prueba, pero su conducta indica una firme confianza en Dios:

> Y Josué dijo a los hijos de Israel: «Acercaos, y escuchad las palabras de Jehová vuestro Dios». Y añadió Josué: «En esto conoceréis que el Dios viviente está en medio de vosotros, y que él echará de delante de vosotros al cananeo, al heteo, al heveo, al ferezeo, al gergeseo, al amorreo y al jebuseo. He aquí, el arca del pacto del Señor de toda la tierra pasará delante de vosotros en medio del Jordán. Tomad, pues, ahora doce hombres de las tribus de Israel, uno de cada tribu. Y cuando las plantas de los pies de los sacerdotes que llevan el arca de Jehová, Señor de toda la tierra, se asienten en las aguas del Jordán, las aguas del Jordán se dividirán; porque las aguas que vienen de arriba se detendrán en un montón».Y aconteció cuando partió el pueblo de sus tiendas para pasar el Jordán, con los sacerdotes delante del pueblo llevando el arca del pacto, cuando

> los que llevaban el arca entraron en el Jordán, y los pies de los sacerdotes que llevaban el arca fueron mojados a la orilla del agua (porque el Jordán suele desbordarse por todas sus orillas todo el tiempo de la siega), las aguas que venían de arriba se detuvieron como en un montón bien lejos de la ciudad de Adam, que está al lado de Saretán, y las que descendían al mar del Arabá, al Mar Salado, se acabaron, y fueron divididas; y el pueblo pasó en dirección de Jericó. Mas los sacerdotes que llevaban el arca del pacto de Jehová, estuvieron en seco, firmes en medio del Jordán, hasta que todo el pueblo hubo acabado de pasar el Jordán; y todo Israel pasó en seco (Josué 3.9-17).

¿Cuánta fe se necesita para unir a una nación entera, hacerles empacar todas sus pertenencias y meterlos de cabeza a caminar en un río furioso? Moisés por lo menos se mantuvo quieto y vio las aguas del Mar Rojo dividirse ante él (Éxodo 14.21). Pero a Josué se le ordenó marchar directamente hacia el río. La única señal de que las aguas milagrosamente se abrirían era la promesa de Dios de que así sería.

Solamente hasta que los pies de los sacerdotes entraron a las arremolinadas aguas, la corriente del río cesó. Dios pudo haber dividido el río la noche anterior o pudo haber frenado las aguas momentos antes de que los israelitas llegaran, pero decidió forzar la fe de ellos. La forma cómo Dios realizó este milagro fue una prueba para su gente y ciertamente probó la firme confianza de Josué en Él.

Al retener su intervención hasta el último momento posible, Dios permitió que su gente le demostrara su arraigada confianza en Él; una situación desesperada llegó a ser un momento de triunfo para el pueblo de Dios. A partir de ahí, pudieron recordar ese día como un momento en el que caminaron con fe y Dios estaba allí para caminar con ellos.

George Müller: Un guerrero de oración

George Müller de Bristol, Inglaterra, fue uno de los más famosos guerreros de oración de la historia. Con muy pocos recursos, pero con una abundante confianza en Dios, construyó un gran orfanato. Confiaba en que Dios alimentaría y supliría las necesidades de cientos de niños y niñas huérfanas, sin embargo, con frecuencia, las provisiones de Dios llegaban en el último momento posible. En ocasiones, Müller y los niños se alistaban para una comida que aún no existía. En todo caso, él oraba y daba gracias por lo que Dios les iba a proveer. Luego, llegaba un llamado a la puerta y allí estaba la provisión de Dios, justo a tiempo. Müller atestiguaba que, a pesar de que Dios nunca les falló, algunas veces, retrasaba su respuesta, para fortalecer la fe de Müller:

> «Y ahora observen ¡cómo el Señor nos ayudó! Una dama de Londres traía una bolsa con dinero y alquiló un cuarto, en la casa al lado del orfanato. Esa tarde me llevó el dinero que sumaba tres libras, dos chelines y seis centavos. Estábamos a punto de vender aquellas cosas de las que se puede prescindir, pero esa mañana le pedí al Señor que nos supliera de otra forma. El dinero estuvo cerca del orfanato por varios días sin haber sido entregado. Esto me comprobó que, desde el principio, estuvo en el corazón de Dios ayudarnos. Pero, debido a que Él se regocijaba con las oraciones de los niños, nos dejó orando por más tiempo. Su fe, probada, hizo mucho más dulce la respuesta».[4]

La mayoría de los cristianos, prontamente, admitirían creer que Dios provee. Pero no muchos estarían dispuestos a vivir esa confianza en la provisión de Dios. Müller no sólo predicaba y enseñaba el amor a Dios, era ejemplo de su fe al vivirla. Imagínese a todos los niños sentados en la mesa escuchando a su maestro expresar sinceros agradecimientos por la comida ¡que aún no estaba allí!

La fe de Müller evoca la de Josué. Josué actuó con base en la palabra de Dios, incluso cuando parecía que esa confianza podría conducir al desastre. Alguien que no haya escuchado hablar a Dios como Josué y Müller lo han hecho, podría considerar sus acciones un puro abandono imprudente causado por una presunción errónea sobre Dios. Sin embargo, cuando se tiene una promesa divina, caminar con fe es lo más lógico y razonable que se puede hacer. No es presuntuoso caminar con obediencia cuando se acaba de escuchar a Dios hablar.

La razón por la que más personas no ven ríos jordanes dividirse en sus vidas y ministerios, es porque ellos tambalean en la orilla. Quieren ser personas de fe, pero concluyen que sería mucho más fácil si Dios dividiera las aguas ¡*antes* de que se mojen sus pies!

Con mucha frecuencia los cristianos empiezan a caminar con obediencia, pero se desaniman. Deciden que si Dios quiere que crucen el río ya debía haber dividido las aguas. Interpretan las aguas no divididas, como «una puerta cerrada», Dios no debe querer que sigan adelante o les habría dado «una puerta abierta».

Pero Dios puede estar probando su fe. Quizás está esperando ver qué harán con una palabra de Él. Sólo Dios sabe cuántos milagros han perdido los líderes espirituales porque se retiraron del río justo en el momento en que Dios planeaba separar las aguas.

La razón por la que más personas no ven ríos jordanes dividirse en sus vidas y ministerios, es porque ellos tambalean en la orilla.

FE PARA EL FUTURO

¡Cuando usted considera lo enorme que fue la labor de conquistar y habitar Canaán, se da cuenta de lo sorprendente que fue la promesa de Dios a los israelíes! Les estaba entregando una tierra bella y fértil (Números 34.1-12), su territorio abarcaba desde las tierras del este del río Jordán hasta el oeste del mar Mediterráneo; de la región del norte del monte Hor hasta los desiertos del sur de Zin. Canaán era el hogar de numerosas ciudades poderosas y fortificadas. Era la tierra cuyos ocupantes celosamente protegerían contra el traspaso de intrusos que no fueran bienvenidos. Sin embargo, Dios dijo ¡que la tierra ya les pertenecía a los israelitas!

Después de que Josué conquistó a los cananeos, lo guió específicamente a dividir la tierra (Josué 15-21). Es impresionante ver como fueron de meticulosas las instrucciones de Dios. Los eruditos de la Biblia encuentran estas listas tan detalladas, que muchos de los territorios mencionados aún son desconocidos para los historiadores modernos. Dios es el camino, Él obra en las especificidades, no en generalidades. El plan para su gente fue hecho a la medida hasta el último detalle. El que los israelitas se conformaran con algo inferior, habría significado aceptar menos que la voluntad específica de Dios para ellos. En algunos casos, Josué les repartió a las tribus tierras que no habían sido conquistadas completamente. Sin embargo, las dio por conquistadas, basado en la promesa de Dios:

> «De esta manera dio Jehová a Israel toda la tierra que había jurado dar a sus padres, y la poseyeron y habitaron en ella. Y Jehová les dio reposo alrededor, conforme a todo lo que había jurado a sus padres; y ninguno de todos sus enemigos pudo hacerles frente, porque Jehová entregó en sus manos a todos sus enemigos. No faltó palabra de todas las buenas promesas que Jehová había hecho a la casa de Israel; todo se cumplió» (Josué 21.43-45).

Con frecuencia, algunos cristianos comparten con nosotros historias de cómo recibieron un claro llamado de Dios pero dejaron que las circunstancias los alejaran del plan que debían llevar a cabo. Algunos han dicho que Dios les habló cuando eran jóvenes sobre la posibilidad de servir en misiones internacionales, pero los años pasaron y nunca atendieron el llamado. Ahora son adultos y se preguntan si Dios todavía podría usar sus vidas de alguna manera en el campo misionero.

Algunos padres nos han contado sobre cómo Dios les dijo que algún día sus hijos servirían al Señor en el ministerio cristiano. Pero sus hijos no estaban caminando de cerca con Dios en ese entonces y, por tanto, los padres asumieron que Dios se había retractado de su promesa.

Dios les promete a todos los creyentes que nada los puede separar de su amor, pero se presenta una grave enfermedad y asumen que

Dios ya no se preocupa por ellos. Hablamos con alguien que Dios guió para emprender un negocio y utilizar sus activos para apoyar la labor de Dios mundialmente. Luego, los retos logísticos y los difíciles asuntos de trabajo capturaron su atención y abandonó la visión que Dios le había dado.

Cuando Dios le hace una promesa es fundamental que la mantenga siempre consigo; viva la vida con la esperanza de que algún día verá el cumplimiento de dicha promesa.

Cuando Dios le hace una promesa es fundamental que la mantenga siempre consigo; viva la vida con la esperanza de que algún día verá el cumplimiento de dicha promesa. Investigue lo que Dios les dijo a sus padres y a sus abuelos y también mantenga eso consigo (Isaías 55.10-11).

Mientras Josué estuvo al mando, Dios puso al alcance de su pueblo todo lo que les prometió. Sin embargo, los israelitas nunca ocuparon completamente la tierra que Dios dijo querer darles. Israel alcanzó su más larga extensión territorial bajo el gobierno del rey David; no obstante para la siguiente generación, bajo el reino de Salomón, tal extensión comenzó a reducir su tamaño a medida que los reinos vecinos se apoderaban de las tierras. La realidad es que el pueblo de Dios nunca disfrutó por completo todo lo que Él había prometido. Dios tenía mucho más en mente para su gente que lo que alguna vez recibieron.

Gran parte del libro de Josué presenta una paradoja. Leemos que Dios les *dio* la tierra a los israelitas, y luego encontramos que tenían que *tomarla* usando la fuerza militar. Cuando Josué asumió en primera instancia su rol de líder, le recordó al pueblo la promesa de Dios: «Acordaos de la palabra que Moisés, siervo de Jehová, os mandó diciendo: Jehová vuestro Dios os ha dado reposo, y os ha dado esta tierra... mas vosotros, todos los valientes y fuertes, pasaréis armados delante de vuestros hermanos, y les ayudaréis» (Josué 1.13-14).

Esta promesa tenía una condición. Dios prometió *darles* la tierra a los israelitas pero luego les dio la orden de entrar y *pelear* por ella. Es como si alguien le ofreciera un millón de dólares y luego le dijera que trabajara los próximos veinte años para obtenerlos. ¡Esto no parece un regalo!

Quizás Moisés había quedado desconcertado previamente por la misma paradoja:

> «y he descendido para librarlos de mano de los egipcios, y sacarlos de aquella tierra a una tierra buena y ancha, a tierra que fluye leche y miel, a los lugares del cananeo, del heteo, del amorreo, del ferezeo, del heveo y del jebuseo» (Éxodo 3.8)

Hasta ese momento Moisés no había escuchado nada objetable. Luego el Señor continuó: «Ven, por tanto, ahora, y te enviaré a Faraón, para que saques de Egipto a mi pueblo, los hijos de Israel» (Éxodo 3.10).

En este momento Moisés dijo de manera entrecortada: «Espera un minuto Señor. Yo pensé que tú liberarías a los hijos de Israel, ¿por qué me envías a mí?»

Entonces Dios aclaró su plan: Él, de hecho, estaba planeando liberar a Israel pero iba a usar a Moisés para hacerlo. Usar personas para llevar a cabo su labor redentora, es una práctica que Dios emplea a lo largo de la Biblia y de la historia.

¿Podía Dios haber evacuado las ciudades de Canaán simplemente dejando un mensaje de bienvenida en el portal de la ciudad? Con toda seguridad, Dios pudo haber enviado su ángel de la muerte a exterminar toda cosa viviente en Canaán mientras que los israelitas continuaban levantando el campamento al este del río Jordán. Dios pudo haber puesto en los corazones de los cananeos el deseo de empacar sus pertenencias y dirigirse a Mesopotamia antes de que los israelitas llegaran. Sin embargo, no lo hizo.

La principal preocupación de Dios no era darle tierra a su pueblo, sino entablar una relación con ellos. En el Monte Sinaí, Dios dijo: «Vosotros visteis lo que hice a los egipcios, y cómo os tomé sobre alas de águilas, y os he traído a mí» (Éxodo 19.4).

La tierra prometida fue sólo el medio que Dios utilizó para establecer una relación única de confianza y obediencia con su pueblo. Si los israelitas hubieran entrado precipitadamente a la evacuada Canaán y se hubieran dirigido a las casas y las fincas, se habrían olvidado muy rápido de su Señor. Esto habría hecho fracasar el propósito completo que Dios tenía al liberarlos.

La tierra prometida fue sólo el medio que Dios utilizó para establecer una relación única de confianza y obediencia con su pueblo.

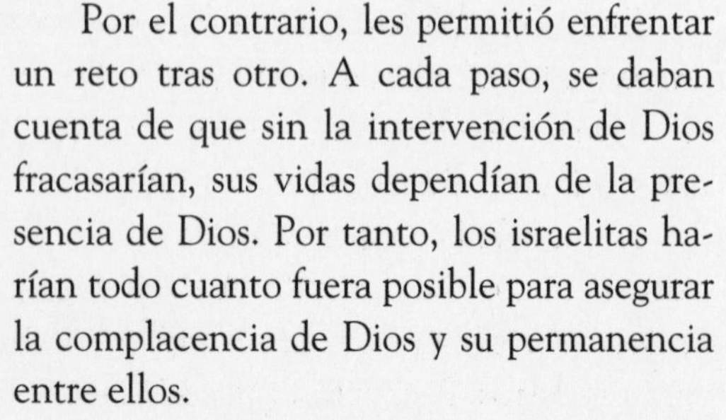

Por el contrario, les permitió enfrentar un reto tras otro. A cada paso, se daban cuenta de que sin la intervención de Dios fracasarían, sus vidas dependían de la presencia de Dios. Por tanto, los israelitas harían todo cuanto fuera posible para asegurar la complacencia de Dios y su permanencia entre ellos.

Las promesas de Dios para su pueblo son abundantes. Sin embargo, muchos cristianos no las experimentan sencillamente porque no las claman. Veamos algunas de las promesas al alcance de todo cristiano:

- Y yo os digo: Pedid, y se os dará; buscad, y hallaréis; llamad, y se os abrirá. Porque todo aquel que pide, recibe; y el que busca, halla; y al que llama, se le abrirá (Lucas 11.9-10).
- Venid a mí todos los que estáis trabajados y cargados, y yo os haré descansar. Llevad mi yugo sobre vosotros, y aprended de mí, que soy manso y humilde de corazón; y hallaréis descanso para vuestras almas; porque mi yugo es fácil, y ligera mi carga (Mateo 11.28-30).
- Así que, si el Hijo os libertare, seréis verdaderamente libres (Juan 8.36).
- Yo soy la vid, vosotros los pámpanos; el que permanece en mí, y yo en él, éste lleva mucho fruto; porque separados de mí nada podéis hacer (Juan 15.5).

- Respondiendo Jesús, les dijo: Tened fe en Dios. Porque de cierto os digo que cualquiera que dijere a este monte: Quítate y échate en el mar, y no dudare en su corazón, sino creyere que será hecho lo que dice, lo que diga le será hecho (Marcos 11.22-24).

Estas son poderosas promesas y cada una está al alcance de cada cristiano. No obstante, los creyentes aún se niegan a buscar a Dios. Aún son débiles de espíritu, permanecen en cautiverio. Todavía dudan confiar en Dios y en todos los recursos que ha prometido.

No hay duda de que la razón yace en las mismas promesas. Con frecuencia, las promesas de Dios vienen condicionadas por alguna acción de nuestra parte. Por ejemplo: «Acercaos a Dios, y él se acercará a vosotros. Pecadores, limpiad las manos; y vosotros los de doble ánimo, purificad vuestros corazones» (Santiago 4.8).

Esta no es una promesa global que asegura la presencia de Dios sin importar nuestro estilo de vida. Se nos pide limpiarnos de nuestros pecados y *entonces* experimentaremos la presencia de Dios. Debemos estar dispuestos a cumplir con nuestras obligaciones para con Dios y no enfocarnos exclusivamente en lo que creemos es la obligación de Dios con nosotros.

Josué enfrentó esta verdad al comienzo de su liderazgo. Dios le prometió: «Yo os he entregado, como lo había dicho a Moisés, todo lugar que pisare la planta de vuestro pie» (Josué 1.3). Dios no le daría a Josué nada que él no persiguiera y reclamara.

Los israelitas no podían permanecer a orillas del este del río Jordán y experimentar la promesa de Dios en Canaán; si querían la tierra, tendrían que poner un pie sobre ella. Josué aprendió que Dios no nos concede sus promesas por negligencia, tenemos que reclamarlas.

Por lo general, nuestra falta de fe es la razón para perder las promesas de Dios. Cuando la vida de Josué se acercaba a su final, le recordó a su pueblo la fidelidad de Dios: «Y he aquí que yo estoy para entrar hoy por el camino de toda la tierra; reconoced, pues, con todo vuestro corazón y con toda vuestra alma, que no ha faltado una palabra de todas las buenas palabras que Jehová vuestro Dios había dicho de vosotros; todas os han acontecido, no ha faltado ninguna de ellas» (Josué 23.14).

En la mente de Josué no había duda de que Dios siempre sería confiable. La variable desconocida era qué haría la gente cuando Dios les hablara; en el corazón de Josué existía una profunda confianza en que sus compatriotas permanecerían fieles a Dios; los exhortó a cumplir su parte del pacto con Dios:

> «Y Jehová vuestro Dios las echará de delante de vosotros, y las arrojará de vuestra presencia; y vosotros poseeréis sus tierras, como Jehová vuestro Dios os ha dicho. Esforzaos, pues, mucho en guardar y hacer todo lo que está escrito en el libro de la ley de Moisés, sin apartaros de ello ni a diestra ni a siniestra» (Josué 23.5-6).

Lo único que se interponía entre el pueblo de Dios y sus promesas era la obediencia. Podían escoger su destino al confiar o dudar de Dios. Lo mismo pasa con cada creyente en el presente; Dios está listo para cumplir sus promesas, todo lo que necesita es nuestra obediencia.

FE QUE FOMENTA LA VALENTÍA

Un síntoma obvio de la falta de fe es el miedo. El miedo es una consecuencia de la falta de confianza en Dios. Si hay un lugar en el que este se difunde por todas partes, es en el campo de batalla. El general George Patton decía: «Comparadas con la guerra, todas las demás formas de esfuerzo humano se reducen a la insignificancia».[5]

Lo único que se interponía entre el pueblo de Dios y sus promesas era la obediencia.

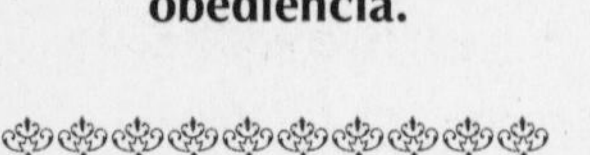

Una característica común de los grandes comandantes militares de la historia ha sido su valentía personal. Los generales extraordinarios no han dirigido a sus ejércitos desde la seguridad que representa un frío puesto de mando a cientos de kilómetros de las líneas frontales de batalla. Por el contrario, cada uno demostró una valentía que inspiró a sus seguidores.

Al general Dwight Eisenhower le gustaba ir a las líneas delanteras para animar a sus soldados. Decía: «Siempre me ha parecido que entre más cerca esté del frente, mayor es el espíritu de lucha y menor la crítica».

El general Patton se encontró una vez con algunos oficiales que parecían más preocupados por su seguridad personal que por sacar a sus hombres adelante. El irascible general los censuró gritando: «¿Quieren trasmitirle a sus hombres la idea de que el enemigo es peligroso?»[6]

Se dijo del duque de Wellington: «Daba la impresión de que se encontraba en perfecta calma durante cada fase de la operación, no importando lo delicado de las mismas».[7]

El almirante británico Horacio Nelson comentó: «Soy de los que creen que las medidas más arriesgadas son las más seguras».[8] Cuando fue enviado a atacar al puerto de Copenhague, su comandante le dio la instrucción de que si la lucha se tornaba demasiado peligrosa, lo relevaría en el mando. Durante la batalla, el teniente de Nelson, Langford, se dio cuenta de que cuando el buque insignia del comandante le ordenó a Nelson retirarse, este hizo caso omiso de dicha orden. Langford seguía preguntándole a Nelson qué debían hacer, a lo cual este respondió: «Señor Langford, le pedí que vigilara al capitán de escuadra danés y me informara cuando se rindiera; mantenga sus ojos fijos en él». Pero Langford insistió en decirle a Nelson que prestara atención a la señal del comandante supremo. Finalmente, Nelson tomó el telescopio de su alférez y lo puso en su ojo de vidrio, «¡En realidad no veo ninguna señal!», exclamó. Y siguió luchando hasta lograr la victoria.[9]

Un biógrafo de Alejandro Magno, conquistador del mundo conocido, comentó: «Parece haber estado convencido de que era invencible, y haber convencido de esto a sus tropas; al igual parece haber impuesto esta convicción sobre sus enemigos».[10]

Se puede llegar a una conclusión errónea sobre Josué porque Dios casi siempre exhortó a su general a «esforzarse y ser valiente» (Josué 1.6-7, 9; 10.8; 11.6). Aquellos que nunca hemos peleado en combate, podríamos no entender la importancia de estas palabras de Dios.

Josué nunca mostró miedo o cobardía. De hecho, algunas veces demostraba un gran valor. Pero Dios conoce el corazón humano. Nadie es inmune al temor, especialmente aquellos que se encuentran en posiciones de gran peligro. El hecho de que Dios dijera tales palabras indica que sabía que Josué necesitaba oírlas. El mayor temor de Josué sería que Dios lo abandonara. De ahí, la promesa de Dios: «Como estuve con Moisés, estaré contigo; no te dejaré, ni te desampararé» (Josué 1.5).

La valentía no ha sido el dominio exclusivo de los comandantes militares. Los siervos de Dios también han demostrado ser héroes en ese respecto. Existe un decir: «La sangre de los mártires se convirtió en la semilla de la iglesia».[11] A lo largo de la historia, los cristianos han preferido dar sus vidas valientemente, que rendirse ante el temor y comprometer su fe.

Predicadores como John Wesley y George Whitefield enfrentaron a multitudes de revoltosos furiosos que les lanzaban verduras, piedras e incluso animales muertos mientras predicaban. Durante una campaña en Chicago, Billy Graham vio cómo cerca de cuatrocientos adoradores de Satanás ingresaron al estadio con el propósito expreso de arremeter en el escenario y callar al evangelista.[12] Los misioneros como Jonathan Goforth, Adoniram Judson y Hudson Taylor enterraron a muchos de sus hijos en el campo misionero pero rehusaron detenerse e interrumpir el llamado de Dios.

Nadie podía juzgar a Josué si se sentía intimidado por sus enemigos. ¡Eran supuestos gigantes que defendían sus ciudades! Josué estaba consciente de los peligros de su misión pero, una vez que Dios habló, su confianza fue firme.

A lo largo de la historia, los cristianos han preferido dar sus vidas valientemente, que rendirse ante el temor y comprometer su fe.

La razón por la que algunos líderes espirituales luchan contra el miedo es porque no han oído hablar al Señor. El mundo está lleno de gente malvada y de situaciones aterradoras. Si no fuera por la poderosa presencia de Dios, muchos cristianos vivirían en un constante temor. Es crucial que los líderes cristianos reconozcan la voz de Dios, esto podría ser lo único que se interponga entre ellos y el desastre.

El año pasado se le pidió a Henry dar un discurso en Richmond, Virginia, en una sesión de preparación para un grupo grande de nuevos misioneros. Era una época inusualmente sombría debido al reciente asesinato de tres misioneros médicos en el hospital Jibla, en Yemen.

Cuando Henry se dirigía al centro de preparación para animar a los recién designados misioneros, el celular del conductor timbró. Se hizo a un lado del camino y habló solemnemente por varios minutos. Luego de la llamada se volteó hacia Henry y dijo: «Henry, debemos orar. Acabo de recibir la noticia de que terroristas en Filipinas asesinaron a otro de nuestros misioneros».

Oraron, pidiéndole a Dios que les diera palabras que animaran a aquellos que se preparaban para enfrentar un mundo peligroso por la causa de Cristo. Dios guió a Henry y a su acompañante, Avery, a compartir algunas promesas específicas de la Biblia.

Los misioneros reaccionaron conmovedoramente con lágrimas de valor y esperanza. Desde esas trágicas muertes, la agencia misionera ha presenciado un incremento sustancial en el número de misioneros voluntarios. ¡Una palabra de Dios en medio de una crisis marca la diferencia!

El miedo tiene un efecto paralizante en los cristianos, especialmente en los líderes espirituales. ¿A qué le temen los líderes? Al fracaso, a ser malinterpretados, a la humillación, a ser responsables del sufrimiento de otros o a las críticas.

D.L. Moody advirtió: «Debemos esperar oposición. Si creen que se ha de realizar un gran trabajo sin oposición, están totalmente equivocados».[13] Los líderes cargan con la doble presión de saber que sus errores les pueden costar a otros un precio muy alto. Los líderes enfrentan innumerables oportunidades de temer. De entre todas las personas, son ellos quienes más deben confiar en la sabiduría de Dios. Su valentía debe venir de Él y no de la confianza en sí mismos.

El general Ulises Grant decía: «Ningún hombre debería obtener una victoria ... si no está dispuesto a correr el riesgo de la derrota».[14] Seguir la guía de Dios puede parecer precario para quienes se enfocan en las difíciles circunstancias que hay entre ellos.

Cuando Josué comenzó a liderar a su pueblo hacia Canaán recordó cómo, cuarenta años antes, sus colegas y los guías expertos de la época calificaron la conquista de Canaán como demasiado riesgosa y peligrosa. Ahora, Josué comenzaba a hacer exactamente eso. Estaba poniendo en riesgo no sólo su vida sino la de todos los soldados que se unieron a él. Si alguna vez había necesitado valor, ahora era el momento.

FE QUE ENCUENTRA REPOSO

Así como la fe es el remedio para el miedo, confiar en Dios también brinda una sensación de reposo emocional y espiritual. El reposo fue un tema dominante a lo largo de la vida de Josué (Josué 1.13, 15; 11.23; 14.15; 22.4; 23.1). Él les habló a las tribus de Rubén, Gad y Manasés sobre el reposo:

> «Acordaos de la palabra que Moisés, siervo de Jehová, os mandó diciendo: Jehová vuestro Dios os ha dado reposo, y os ha dado esta tierra» (Josué 1.13).

Más tarde, luego de que la invasión terminara, leemos, «Y Jehová les dio reposo alrededor, conforme a todo lo que había jurado a sus padres; y ninguno de todos sus enemigos pudo hacerles frente, porque Jehová entregó en sus manos a todos sus enemigos. No faltó palabra de todas las buenas promesas que Jehová había hecho a la casa de Israel; todo se cumplió» (Josué 21.44-45).

El concepto de reposo había sido especialmente intenso para los israelitas. Sus padres habían crecido en la esclavitud, en la que el agotamiento era algo habitual. La generación actual había pasado cuarenta años vagando en el desierto. Su estilo de vida nómada los llevó a todas partes, menos a la tierra prometida. La tensión debió haber sido palpable durante esas cuatro décadas.

Mes tras mes, funeral tras funeral, la gente esperaba melancólicamente la muerte de sus desleales líderes. Aquellos que habían llorado con temor a las afueras de Canaán, sufrían ahora las miradas de recriminación de quienes malgastaron su juventud en un desierto árido.

Después, cuando los israelitas finalmente entraron a Canaán, no experimentaron nada similar al reposo. Al invadir territorio enemigo, se encontraron con una tierra ajena y hostil. Los israelitas tenían que permanecer en un estado de constante alerta para la lucha. Largas marchas, jornadas agotadoras, noches de desvelo; deben haber anhelado un reposo.

El agotamiento físico fue sólo una parte del cansancio de los israelitas. Emocionalmente, estaban llegando a un punto límite. Se habían separado de sus familias; con frecuencia, estaban expuestos a la violencia; tenían que matar o morir; perdían camaradas en batalla. La posibilidad de ser emboscados los habría mantenido en un constante estado de ansiedad.

Espiritualmente, también estaban pagando un precio. Oswald Chambers dijo una vez: «Hay algo peor que la guerra y es el pecado».[15] Aunque ahora los israelitas seguían a Dios, continuaban pagando por los pecados de sus padres. En lugar de haber estado disfrutando de la tierra prometida durante los últimos cuarenta años, como Dios lo dispuso, ahora sólo estaban tratando de luchar para arrebatarles el territorio a los cananeos.

Sabían que todavía no estaban donde Dios quería que estuvieran. El salmista dijo: «Cuarenta años estuve disgustado con la nación, y dije: Pueblo es que divaga de corazón, y no han conocido mis caminos. Por tanto, juré en mi furor que no entrarían en mi reposo» (Salmo 95.10-11). Y por cuarenta años no entraron en este reposo. El escritor de Hebreos, al referirse a la trágica experiencia de los israelitas, compartió con su generación la conexión entre fe y reposo:

> «¿Y a quiénes juró que no entrarían en su reposo, sino a aquellos que desobedecieron? Y vemos que no pudieron entrar a causa de incredulidad. Temamos, pues, no sea que permaneciendo aún la promesa de entrar en su reposo, alguno de vosotros parezca no haberlo alcanzado. Porque también a nosotros se nos ha anunciado la buena nueva como a ellos; pero no les aprovechó el oír la palabra, por no ir acompañada de fe en los que la oyeron. Pero los que hemos creído entramos en el reposo» (Hebreos 3.18-4.3).

Un alma atormentada no experimenta el reposo de Dios. La culpa y la ansiedad libran una guerra en el espíritu, eliminando cualquier esperanza de paz. Aunque las personas estén rodeadas de circunstancias cómodas, aún les falta la paz que sólo Dios puede brindar. El reposo de Dios viene en medio de todas las situaciones. Aquellos que caminan de cerca con Dios experimentan una sensación de reposo que no se puede explicar en términos físicos.

Hudson Taylor, pasó gran parte de su vida como misionero en la China enfrentando innumerables penurias. Vivió en tiempos violentos, era responsable por el bienestar de muchos misioneros y sus familias. Tenía que cuidar de su propia familia. Pero, a pesar de todo, disfrutaba de un profundo sentimiento de paz y reposo.

Un alma atormentada no experimenta el reposo de Dios.

Él confesó: «La mejor parte, si se puede decir que hay una mejor que otra, es el reposo que trae el identificarse completamente con Cristo. Ya no me siento ansioso por nada...»[16] Este reposo llega sólo al confiar en Dios. Él anhela que toda persona conozca este profundo y duradero reposo que tanto Josué como Hudson Taylor experimentaron.

Durante nueve años, George Slesarev fue el violinista principal del teatro Bolshoi en Moscú. Era un músico talentoso y un cristiano comprometido. En la noche del 21 de enero de 1935, la policía secreta lo arrestó y lo culpó de crímenes contra el estado. Lo acusaron de testificar a otros, activamente, sobre su fe en Cristo. Su sentencia fue de cinco años de trabajos forzosos en el campo de Tmir-Tau en Kazajstán, cerca de la frontera siberiana.

Luego de haber cumplido por casi tres años de la condena, a su esposa e hija se les permitió viajar a visitarlo por primera y última vez. Un día antes de que Slesarev viera a su amada familia, el director de la cárcel le ofreció una oportunidad increíble: podría volver a casa con su esposa e hija al día siguiente y retomar su trabajo en la orquesta. La única condición era que prometiera nunca volver a dar testimonio de su fe en Cristo o tener tratos con cristianos. Esto era algo que él no podía hacer.

Al día siguiente se le permitió otra corta visita con su esposa y su hija, pero no les pudo contar de la oferta ni de su rechazo, que le destrozó el corazón. Poco después, lo trasladaron a un grupo de trabajo que hacía duros trabajos manuales. Sus manos, que una vez tocaron el violín tan magistralmente, estaban quebradas e hinchadas y nunca más volverían a producir música.

En marzo de 1938, declararon culpable a Slesarev de dar testimonio de su fe en Jesús a sus compañeros reclusos. Lo sentenciaron a ser ejecutado en el pelotón de fusilamiento. Poco antes de su muerte, Slesarev le confió a un amigo cristiano en el campo: «Mi querido hermano, no te aflijas. Cristo se ha acercado a mí. Está más cerca de lo que nunca había estado. Mi carne es débil; mi cuerpo está cansado. Pero esto es sólo un momento pasajero en el tiempo de la eternidad que pronto se abrirá ante mí. Me han quitado la oportunidad de tocar el violín, pero mi querido y amado amigo, tú sabes, tú entiendes, no me pueden quitar la música que suena dentro de mi corazón».[17]

El reposo que Dios trae al alma es tan profundo que nada, ni siquiera un brutal campo de trabajo siberiano, puede perturbarlo. El apóstol Pablo describe apropiadamente el reposo de Dios como una paz que rodea la mente y el corazón y que no puede ser removida por ninguna circunstancia (Filipenses 4.6-7). Es una paz que llega a aquellos que saben que han llevado a cabo la voluntad de Dios fielmente. Es experimentar el placer de Dios. Es una profunda bendición que sólo Dios puede dar. Este fue el reposo que Josué y su pueblo experimentaron; al confiar y obedecer a Dios, entraron a su reposo.

CONCLUSIÓN

Muchos rasgos fuertes definieron a Josué, pero su característica más prominente fue su confianza total en Dios. Su fe lo llevó a estar firme en Él; incluso en contra de la burla y las amenazas de sus propios colegas. Su fe lo alentó aun cuando no pudo ver el resultado final de las promesas de Dios.

La fe de Josué llevó al pueblo de Dios a experimentar todas sus promesas en una tierra de reposo.

La fe de Josué no era un «fe ciega» en el sentido de estar basada en lo que no sabía de Dios; su confianza se estableció firmemente por lo que *sí* sabía que era verdad. La fe de Josué le dio el valor para enfrentar al enemigo, su valentía dio un apremiante testimonio de su fe.

Finalmente, la fe de Josué lo llevó a experimentar una sensación indescriptible del reposo de Dios; Él trajo paz a la vida de Josué. Ningún enemigo lo podía despojar de eso. La fe de Josué llevó al pueblo de Dios a experimentar todas sus promesas en una tierra de reposo.

FE QUE DERRIBA MURALLAS

- Fe que se mantiene firme.
- Fe, un paso a la vez.
- Fe para el futuro.
- Fe que fomenta la valentía.
- Fe que encuentra reposo.

PREGUNTAS A CONSIDERAR

1. ¿Cómo clasificaría su fe en Dios: firme, fuerte, inestable, débil o inexistente?
2. ¿Actualmente está Dios pidiéndole que confíe en Él en cuanto a una promesa específica? ¿Está confiando en Él, un paso a la vez?
3. ¿Qué siente que Dios quiere hacer con su futuro? ¿La forma como vive refleja la confianza que tiene en que Dios hará lo que prometió? ¿Hay algo a lo que le tema en este momento? ¿Qué índica esto respecto a su fe en Dios?
4. ¿Existe algo en la actualidad que le esté causando temor? ¿Qué indica eso sobre su fe en Dios?
5. ¿En la actualidad está experimentando el reposo de Dios? ¿Por qué?

Influencia que hace la diferencia

Era la decisión más trascendental de la guerra y nadie más que él podía tomarla. Cinco mil barcos estaban ya en camino hacia su destino. Cientos de miles de soldados estaban prestos a avanzar y en espera de las órdenes de su líder, pero el clima era lúgubre. El comandante supremo pasó una noche en vela escuchando el fuerte aullido del viento. La lluvia azotaba el costado de su remolque en forma horizontal.

Tal clima, si continuaba constante, podía llevar a la perdida de miles de vidas. Con miles de vehículos, aviones y barcos dependiendo de las buenas condiciones del clima para emprender sus misiones, había quienes prudentemente le aconsejaban a su líder que el aplazamiento era su único recurso. Sin embargo, un retraso podría traer consigo sus propios problemas y posiblemente más muertes.

A la mañana siguiente, al reunirse los líderes superiores, algunos demandaban acción inmediata, mientras que otros abogaban por la prudencia. Todas las miradas estaban sobre el líder a sabiendas que su decisión cambiaría el curso de la historia. No sólo el destino de sus soldados, sino también el de naciones enteras, dependía de su elección. Ya no podía demorarse más, sus generales se reunieron a su alrededor y él, en una silenciosa y clara voz, dijo: «Está bien, vamos».

En ese instante, se escuchó una ovación y los hombres que habían estado tensamente agolpados a su alrededor momentos antes, salieron a empujones y corrieron hacia sus puestos de su comando. Treinta segundos después de esas históricas palabras, el lugar estaba vacío, excepto por el hombre que las había proferido. El general Dwight Eisenhower acababa de ordenar la invasión de Normandía. El día D había comenzado y la guerra más sangrienta en la historia de la humanidad pronto sería testigo de cómo la oleada de la guerra se inclinaría hacia los aliados.

Las palabras de un líder poseen un enorme poder. La aseveración de un líder puede atar a la gente o liberarla. Una declaración de un líder puede unir a la gente o puede dividirla. La influencia de un líder puede inspirar a la gente a lograr lo que parece imposible o puede desmoralizarla dejándolos inútiles. Un líder puede bendecir a la gente o también puede maldecirla.

Las palabras de un líder poseen un enorme poder.

No es exagerado alabar la credibilidad de Josué como líder. Sólo una persona con una gran influencia pudo haber movilizado una multitud abigarrada de nómadas para invadir una tierra aterradora con gigantes ostentosos, poderosos carros e inconquistables fortalezas. La influencia es algo difícil de describir.

En el libro *Spiritual Leadership: Moving People on to* God's *Agenda* [Liderazgo espiritual: Cómo mover la gente a desarrollar la agenda de Dios], definimos *influencia* como la habilidad que posee un líder para movilizar a la gente.[1] Los líderes efectivos llevan a la gente del lugar en donde están y hasta el lugar donde deberían estar. Los líderes seculares y los espirituales tienen la misma meta de movilizar a la gente, sin embargo, tienen una agenda completamente distinta.

Los líderes seculares se motivan por sus propios objetivos o por las expectativas de las juntas directivas, sus jefes o sus colegas. Los mercados económicos o los factores políticos son fuerzas significativas en el campo del liderazgo secular. Recíprocamente, los líderes espirituales son conducidos por el temario de *Dios*. Se esfuerzan bajo la dirección divina para llevar a su gente hacia el lugar que Dios tiene para ellos.

Los líderes espirituales enfrentan dos retos considerables. El primero es identificar claramente el temario de Dios para su gente. Si no entienden la voluntad de Dios y si no están familiarizados con su voz, se verán forzados a generar su propia visión y esperar que complazca a Dios. Como hemos visto, Josué regularmente conversó con Dios y siempre entendió la voluntad del Señor. Su éxito dependía por completo de este hecho.

El segundo reto para los líderes espirituales surge en el momento de la influencia. Una vez que los líderes saben dónde quiere Dios que su gente esté, ¿cómo los conducen allí? Hemos conocido varios líderes que dimitieron de sus posiciones o fueron relevados de ellas porque no fueron capaces de mover a su gente de donde se encontraban hacia donde Dios quería que estuvieran.

Saber dónde *debería* estar su gente y aun así no ser capaz de hacerlos llegar allí es una de las experiencias más frustrantes que los líderes soportan.

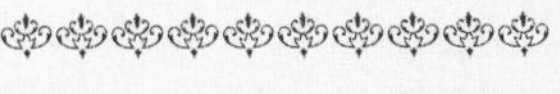

Hay pastores que han dejado sus iglesias después de haber servido sólo unos pocos meses porque la gente se rehusó a seguirlos. Saber dónde *debería* estar su gente y aun así no ser capaz de hacerlos llegar allí es una de las experiencias más frustrantes que los líderes soportan.

Josué sabía exactamente lo que Dios quería para los israelitas. Ellos debían caminar con Dios en santidad y a medida que le obedecieran tomarían a Canaán. El objetivo era claro; la pregunta era cómo llevar esto a cabo. Moisés, el profeta venerado, fue incapaz de conducir a estas personas a cumplir plenamente la voluntad de Dios.

Si el venerable Moisés había fallado, ¿qué esperanza tenía Josué? Si el obstinado pueblo se quejó y refunfuñó contra Moisés crónicamente, ¿no esperaría Josué enfrentar las mismas actitudes rebeldes de la siguiente generación? Aun así, Josué tuvo éxito, la gente *sí* lo siguió. La influencia es un tanto misteriosa; examinar la vida de Josué verterá algo de luz sobre cómo los líderes influyen a sus seguidores.

JOSUÉ ERA ACCESIBLE

Winston Churchill dijo una vez: «Aquellos que van en carruajes tienen su propio punto de vista».[2] La accesibilidad del líder ha sido un tema de debate por generaciones. Todos los líderes de la historia han tenido que decidir cuál sería el tipo de relación que tendrían con aquellos a quienes habían de guiar.

En la antigua Roma, el general Pompeyo creía que confraternizar con sus hombres disminuiría la admiración de ellos hacia él, así que permaneció distante de ellos. Por otro lado, Julio César usualmente compartía con sus hombres y se hizo amar por ellos. Cuando estos dos antagonistas se encontraron en un conflicto épico en Farsalos, César obtuvo la victoria aun cuando tenía la mitad de los soldados

El duque de Marlborough, aun cuando comandaba fuerzas de hasta cien mil soldados, hacía el mayor esfuerzo para darse a conocer personalmente entre ellos. Se reunía con ellos en grupos de ocho a diez mil hombres por día hasta haber visitado a todos los que conduciría a la batalla.[3]

A pesar de dirigir la fuerza militar más grande en la historia, el general Eisenhower hizo grandes esfuerzos por hacer contacto con tantos de sus soldados como fuera posible. Antes del día D, decidió que el máximo número de soldados debería ver al hombre que les ordenaba ir a la batalla. En los meses previos a la invasión masiva, Eisenhower visitó veintiséis divisiones, veinticuatro campos de aviación, cinco barcos de marina y numerosos hospitales, depósitos, tiendas y otras instalaciones.[4]

Antes del comienzo de la Segunda Guerra Mundial, Winston Churchill viajó a Francia para inspeccionar la famosa Línea Maginot. Churchill aún no era el primer ministro del Reino Británico pero era bien conocido y respetado por los franceses. Los soldados de ese país se preparaban para la guerra que se avecinaba contra los ejércitos de Hitler.

Churchill registró cada sección de la estructura defensiva y se reunió con la mayor cantidad posible de tropas francesas. Su biógrafo afirma: «Él sabía cómo mirar a cada hombre a los ojos cuando pasaba por frente suyo y de esta forma lo convencía de que había sido reconocido por alguien ya famoso y muy importante, incluso en Francia».[5]

La reina Isabel I presidió lo que ha sido descrito como una «monarquía muy visible».[6] Cada año, ella salía en una «marcha» a lo largo de varias partes de su dominio, hablaba con los aldeanos e incluso tocaba las llagas de la gente con la esperanza de brindarles ánimo y sanidad.[7] Fue muy estimada por el pueblo británico y su reino fue bastante popular.

Muchos de los generales más grandes de la historia han conducido personalmente a sus hombres en ataques frontales contra el enemigo. Aunque desde una perspectiva táctica no siempre eran sabios, al arriesgar sus vidas y mostrar valor frente al letal peligro, inspiraron a sus hombres a cumplir increíbles hazañas.

Durante la batalla de Princeton en la Guerra de la Revolución Americana, los británicos derrotaban la milicia de Filadelfia y parecían haber ganado ventaja. Entonces el general George Washington apareció en la escena gritando: «¡Marchen con nosotros, valientes amigos! ... Sólo es un puñado de enemigos y los enfrentaremos directamente».[8] Luego, el valiente general dirigió a sus tropas en una carga frontal de bayoneta, cabalgando al frente, ondeando su sombrero para animar a sus hombres hacia la victoria.

Josué condujo a sus hombres en medio de sus tropas. No andaba en un grandioso carruaje, ni siquiera tenía un poderoso semental que lo cargara. Cuando dirigía a sus hombres en la marcha durante la noche, marchaba con ellos. Cuando les ordenó atacar fuerzas superiores, peleó con ellos.

Nunca se menciona que Josué haya disfrutado de lujosos cuarteles generales o que su comida o sus condiciones de vida fuesen mejores que las de sus hombres. Lo siguieron con entusiasmo porque peleaba junto con ellos, también soportaba el trabajo con ellos y nunca les pidió hacer algo que él mismo no estuviera dispuesto a realizar.

JOSUÉ PERMANECIÓ CONFIADO

La confianza es un requisito obligatorio para ser un líder eficaz. La gente no sigue a líderes endebles. La mayoría de los famosos líderes de la historia han tenido confianza en sí mismos. Algunos, como George Washington, estaban dotados con una apariencia física robusta. Con un metro y noventa y tres centímetros de alto y con un peso de algo más de cien kilogramos, se ha dicho que: «Su cuerpo no sólo ocupaba espacio, sino que parecía organizarlo a su alrededor».[9]

La confianza es un requisito obligatorio para ser un líder eficaz.

John Adams afirmó que a Washington siempre se le pedía guiar a cada empresa nacional de la que él fuera parte, porque siempre era el hombre más alto del lugar.[10] Se ha dicho que Dwight Eisenhower «lucía, actuaba, y sonaba como un presidente»[11]

Sin embargo, los libros de historia también registran un número de líderes exitosos que no poseían una gran estatura física. Napoleón medía sólo un metro y sesenta y cinco centímetros. La reina Victoria medía menos de un metro y cincuenta y dos centímetros y se quejaba: «Todos crecen, menos yo».[12]

Ahora observe la poco impresionante descripción física de Ulises Grant:

> Muchos de nosotros nos sorprendimos de encontrar a un hombre de delgada figura, ligeramente inclinado, de un metro setenta y seis centímetros de altura, con un peso de sólo sesenta y tres kilogramos. Sus ojos eran grises oscuros y eran lo más expresivo de todos sus rasgos. Su cabello y barba eran de color café castaño. La

> barba era espesa y ninguna parte de la cara estaba afeitada pero, así como el cabello, permanecía estrecha y pulcramente recortada. Su cara no era perfectamente simétrica, el ojo izquierdo estaba más abajo que el derecho. Su voz era extremadamente musical y una de las más claras en sonido y más distintiva en pronunciación que alguna vez yo haya oído. Tenía una fuerza singular de penetración y las oraciones que decía en un tono regular, se podían escuchar a distancias sorprendentes. Su forma de caminar no era para nada militar. Nunca tenía su cuerpo erguido y puesto que no tenía oído para la música o el ritmo, nunca logró el paso a los ritmos tocados por las bandas, no importaba que tan vigorosamente marcaran el acento los tambores ... Cuando no estaba apresurado por ningún asunto importante, era a menudo lento en sus movimientos, pero cuando despertaba a la actividad, era rápido en cada uno de ellos y trabajaba increíblemente rápido. Era civil frente a todos los que tenían contacto con él y nunca intentó despreciar a alguien o tratarlo con menos consideración a causa de su inferior jerarquía.
>
> Otro observador afirmó que Grant podía pasar por un «subalterno sin importancia que se la pasaba inclinado». Aun así, «maneja a aquellos que le rodean tan tranquilamente y tan bien, que evidentemente tiene la facultad de deshacerse del trabajo y dirigir hombres. Es tan sereno y calmado, casi impasible como si fuese tonto; en peligro y en crisis él es el tipo de persona en quien todos los que le rodean, ya sean pocos en número o un gran ejército como aquí, instintivamente se apoyarían».[13]

Obviamente las apariencias pueden ser engañosas. Cuando logró su primer ascenso, Grant era tan pobre que no podía pagar un uniforme apropiado. Había estado considerando hornear pan para el ejército y así ganarse la vida cuando lo nombraron coronel y lo asignaron a Springfield, Illinois, para dirigir el vigésimo primer regimiento de voluntarios.

Dicho regimiento fue descrito como un grupo de «muchachos vigorosos y fuertes que no están acostumbrados a ninguna clase de compostura; cada hombre se inclina a pensar y actuar por sí mismo».[14] Grant se presentó ante sus hombres por primera vez «vestido muy torpemente, en un atuendo de civil; un viejo abrigo gastado en los codos y un deslucido sombrero. Algunos de los soldados empezaron a burlarse de él y entonces Grant los miró sólo por un instante, en el que supieron que tenían al frente "un hombre de coraje con el cual lidiar"».[15]

A pesar de la apariencia tan descuidada del nuevo coronel, Grant poseía una fuerza interior que no podía pasar inadvertida. Nunca trató de imponer su autoridad al vestir uniformes espléndidos o al exigir que le acompañaran pompa y ceremonia; sencillamente había algo en él que atraía el respeto de quienes lo conocían.

El general Grant también mantenía una perspectiva positiva en cada crisis que enfrentaba, nunca permitió que las circunstancias lo desanimaran. El ejército de la Confederación debilitó las fuerzas de Grant durante un combate en Silo. Cuando un cirujano militar comentó: «General, las cosas van definitivamente en nuestra contra», Grant respondió: «De ninguna manera, señor... ahora mismo les estamos dando una paliza».[16]

Uno de sus oficiales le preguntó si quería que preparara a sus hombres para la retirada y Grant respondió: «¿Retirada?... No. Propongo atacar al alba y darles una paliza».[17] Tal confianza inspiró a sus hombres a anticipar la victoria contando con que su general los estuviera guiando. El biógrafo del general dice: «Grant tenía críticos por montón, pero las tropas que comandaba no se contaban entre ellos».[18]

El duque de Wellington medía un metro setenta y cinco centímetros. Definitivamente no era un hombre gigante, su biógrafo afirma: «Tenía una confianza absoluta en sí mismo y nunca la perdió».[19] Se dice que Winston Churchill tenía «una presencia tan imponente que dominaba el lugar en el preciso momento que llegaba».[20]

Es claro que la confianza de los grandes líderes no proviene de su tamaño, fuerza o estatus social, sino de su interior. Al estudiar a estas figuras históricas se hace evidente que cosecharon seguridad y una actitud positiva de diferentes fuentes.

Algunos, como Dwight Eisenhower, a conciencia decidieron permanecer firmemente positivos cuando guiaban a otros. Eisenhower dijo: «Yo firmemente decidí que mis gestos y discursos en público siempre reflejarían la alegre certeza de la victoria».[21]

Los grandes líderes intencionalmente mantienen actitudes optimistas y un comportamiento positivo sin importar las circunstancias.

Los grandes líderes intencionalmente mantienen actitudes optimistas y un comportamiento positivo sin importar las circunstancias. Como resultado, es mucho más probable que inspiren absoluta confianza en sus tropas.

Josué siempre habló audazmente de la victoria segura pero, a diferencia de la mayoría de los líderes militares de la historia, la fuente de su confianza no era su propia capacidad militar; su convicción provenía de Dios. Su sólida fe en la capacidad de Dios es obvia desde su relato de reconocimiento de Canaán:

> «La tierra por donde pasamos para reconocerla, es tierra en gran manera buena. Si Jehová se agradare de nosotros, él nos llevará a esta tierra, y nos la entregará; tierra que fluye leche y miel. Por tanto, no seáis rebeldes contra Jehová, ni temáis al pueblo de esta tierra; porque nosotros los comeremos como pan; su amparo se ha apartado de ellos, y con nosotros está Jehová; no los temáis» (Números 14.7-9).

Josué no tenía que hacer un esfuerzo para parecer seguro por el bien de la moral, pues él estaba confiado. A lo largo de la conquista de Canaán, animaba a su pueblo constantemente para permanecer firme porque Dios estaba con ellos. Así como la presencia de Dios aseguraba a Josué y a sus soldados la victoria, al mismo tiempo desanimaba y desmoralizaba a sus enemigos (Josué 2.10-11; 9.24).

La gente adopta los indicios que transmiten sus líderes. Cuando ellos se desaniman y se dan por vencidos, es totalmente desesperanzador

La gente adopta los indicios que transmiten sus líderes.

para quienes les siguen. Los líderes a menudo cargan más presión y responsabilidad que sus seguidores, una razón más para demostrar confianza y modelar una actitud positiva. Los israelitas tomaron sus actitudes de Josué y, por lo que él estaba tan confiado en el Señor, ellos siempre entraron a la batalla asumiendo que ganarían.

JOSUÉ PERMANECIÓ DIGNO DE CONFIANZA

Los soldados están acostumbrados a obedecer órdenes. Generalmente cumplen con instrucciones razonables, podrían inclusive seguir órdenes cuestionables. Pero algunos de los mandatos de Josué deben haber parecido francamente absurdos.

Imagínese a un comandante militar ordenando a sus hombres a marchar alrededor de la fortaleza enemiga una vez al día durante seis días y luego rodearla siete veces en el séptimo día. A eso se le suma que Josué ordenó a siete sacerdotes que soplaran cuernos de cordero y a los soldados que gritaran (Josué 6.8–21). Tal plan de batalla habría sonado absurdo, a no ser por el hecho que se sabía que provenía de Dios.

Imagínese a un general ordenando que se apedreara a un soldado y a su familia hasta la muerte por conservar algo del botín de una ciudad enemiga vencida. Parece extremadamente injusto, pero Dios tenía sus razones para ordenarlo.

Consideren a un comandante a cargo que les ordena a sus soldados marchar treinta y cinco kilómetros durante la noche para que al amanecer pudieran pelear contra cinco reyes y sus respectivos ejércitos, los cuales habían disfrutado un placido sueño durante la noche (Josué. 10.9).

Imaginen a un general deteniéndose en la mitad de una feroz batalla y al frente de sus tropas y de su adversario, orando para que el sol no se ocultara y ellos pudiesen completar su victoria (Josué 10.12–13). Estas eran prácticas poco comunes por parte de un comandante, por decir lo menos. Aun así, no sabemos de quejas entre los hombres de Josué. No hubo sublevación o rebelión. Ellos confiaban en que él sabía lo que estaba haciendo.

¿Por qué algunos líderes pueden exigir grandes sacrificios y esfuerzos y su gente parece feliz de cumplirlos, mientras que otros no pueden hacer ni siquiera una pequeña petición sin una resistencia obstinada por parte de sus subordinados? Usualmente es un asunto de respeto.

Josué se ganó la confianza de la gente. Era coherente, vivía entre ellos y peleaba a su lado. Su historia comprobaba que escuchaba a Dios y que este bendecía su liderazgo (Josué 4.14). El ejército de Josué experimentaba la victoria en todas partes a donde iba. Josué había ganado la confianza de sus seguidores; cuando estuviera a cargo, ellos lo seguirían a cualquier parte y tomarían a sus adversarios.

Los grandes líderes consiguen lealtad

Durante su campaña final contra los franceses, el duque de Marlborough estaba maniobrando contra el mariscal Villars y su masivo ejército francés. Villars era cauteloso con Marlborough, que había derrotado las fuerzas francesas en varias ocasiones, sin perder una batalla.

El mariscal francés se había ubicado cuidadosamente en una posición estratégica y confiadamente esperaba la avanzada de Marlborough. Villar confiaba que al fin le daría un fuerte golpe a su enemigo. Entre tanto, Marlborough ubicó a sus soldados frente a la línea francesa preparando un asalto frontal, que todos coincidían en afirmar causaría muchas víctimas en el ejército de Marlborough.

Era una noche sombría. Los soldados podían ver a su comandante preparándose para empujarlos contra el poderoso ejército francés. Todas las ventajas estaban con estos últimos, la mortal artillería francesa estaba posicionada para atacar con sus carros. Sin embargo, los soldados se prepararon respetuosamente para enfrentar la casi segura muerte en el campo de batalla a la mañana siguiente.

Muchos de los soldados habían peleado con Marlborough por muchos años. Habían sido testigos de sus brillantes proezas, se habían reunido con él y lo habían escuchado hablar. Sabían que se preocupaba por ellos y que no arriesgaría sus vidas inútilmente. Tanto confiaban en Marlborough que sin dudar cumplieron sus órdenes, las cuales parecían enviarlos hacia la muerte.

Esa noche, cuando cayó la oscuridad, un comandante gritó a lo largo del campo de Marlborough: «Mi señor duque desea que salga la infantería!». Los soldados tuvieron que prepararse apresuradamente para una dura marcha durante la noche. Después de todo, Marlborough no iba a arriesgar un asalto frontal; su plan era flanquear a los franceses al marchar rápidamente por la izquierda, alrededor de la posición del enemigo.

La línea de infantería se repuso con alegría y descanso, rápidamente se dieron cuenta que su líder había planeado una treta contra su oponente. Nunca se había propuesto desperdiciar sus vidas insensiblemente sólo para ganar una batalla. Ahora su comandante necesitaba que marcharan aprisa con el objeto de hacer una ventaja estratégica. Los soldados avanzaron cincuenta y cuatro kilómetros en dieciséis horas y derrotaron a su enemigo por completo.[22]

Cuando uno se entera acerca de un liderazgo tan brillante y de los hombres de Marlborough que voluntariamente marcharon directo hacía los cañones asesinos de sus enemigos, uno se sorprende por tal grado de influencia. Los líderes influyentes, como el duque de Marlborough, no ganaron este tipo de respeto de la noche a la mañana, sino que consiguieron esa influencia día a día al guiar bien a su gente.

Marlborough era famoso porque meticulosamente conseguía las mejores provisiones de comida disponibles para sus hombres. La forma en que trataba a sus tropas junto con su disposición a enfrentar los mismos riesgos que ellos, le proveyó a Marlborough la firme lealtad y el respeto de sus hombres. Ubicado en un contexto de constantes éxitos, no es de extrañarse que el duque nunca enfrentara una rebelión de aquellos que dirigía.

Ellos lograron su influencia día a día a medida que guiaban bien a su gente.

Los líderes modernos algunas veces juzgan mal el nivel de confianza que la gente les tiene. El solo hecho de ocupar una posición de liderazgo no lo convierte a uno en un líder, confiar en la influencia de la posición es la forma más frágil de dirigir. La gente puede darle a usted el beneficio de la duda inicialmente, pero estarán vigilándolo para ver cómo los está guiando. Casi todo el mundo puede obtener una posición de liderazgo. No obstante, sólo hombres y mujeres íntegros parecen ganar el respeto que define a los verdaderos líderes.

JOSUÉ TRABAJÓ BIEN CON SUS COMPAÑEROS

No debería ser una sorpresa que Josué trabajara bien con sus compañeros. Dios le había asignado el papel de colega por cuarenta años. Moisés parecía tener dificultades al trabajar al lado de otras personas, le costaba mucho trabajo delegar y tenía la tendencia a hacer todo por su cuenta (Éxodo 18).

Moisés enfrentó la rebelión de muchos de sus líderes principales. Los diez espías «de la resistencia», líderes de cabecera de sus respectivas tribus, no lo apoyaron. Es interesante observar que cuando estos diez hombres defendieron vehementemente la opción de no invadir a Canaán, Moisés no habló ni interrumpió. Inclusive sus colegas más cercanos, incluyendo sus hermanos Aarón y María, criticaron su liderazgo (Números 12). Fuese por la naturaleza de sus seguidores o por la de su liderazgo, Moisés era atormentado por la insubordinación y por las quejas que provenían de todos lados durante su ejercicio como líder.

Por otro lado, Josué parecía ser más capaz de lidiar con sus compañeros. Su suegro nunca tuvo que llamarlo aparte para enseñarle cómo trabajar con la ayuda de otros, parecía que este era un don innato de Josué. Sus compañeros no lo intimidaban aun cuando ellos mismos eran fuertes líderes. No leemos sobre ninguna relación antagónica en el campamento de Josué. Obviamente sabía cómo tratar a sus compañeros y cómo guiarlos a medida que caminaba con Dios.

El rechazo a escuchar consejos ha sido el fracaso de muchos líderes. El biógrafo de la reina Victoria dijo sarcásticamente: «Siempre se ha necesitado valor para informarle a la realeza que algunas personas se están muriendo de hambre».[23]

Una de las fortalezas de Josué era su disposición a recibir consejo de sus colegas. Josué buscaba la asistencia de los ancianos para determinar qué hacer con los mensajeros gabaonitas (Josué 9.3-27). Quizás si hubiese buscado la ayuda del Señor en lugar de la de los ancianos, no habría sido engañado (Josué 9.14).

El rechazo a escuchar consejos ha sido el fracaso de muchos líderes.

Josué también trabajó con los hombres sabios de varias tribus, y junto con el sumo sacerdote, para dividir equitativamente la tierra entre las doce tribus (Josué 19.51). Cuando ya había envejecido y estaba listo para retirarse del liderazgo activo, «llamó a todo Israel, a sus ancianos, sus príncipes, sus jueces y sus oficiales» (Josué 23.2).

En una era anterior a los altavoces y a los megáfonos habría sido supremamente difícil para Josué dirigirse a una nación entera. Por eso, reunió a todos los líderes y les dio su tarea final. Josué sabía quiénes eran las personas influyentes de su nación y como influenciarlos. Él no los enajenaba reclamando el crédito de su éxito o acaparando la atención del público. Su impacto sobre sus compañeros fue tan profundo que aún después de su muerte, continuaron considerando lo que les había dicho (Jueces 2.7).

Los buenos líderes identifican y atraen líderes clave en sus organizaciones. Si esto se hace con la motivación equivocada, puede ser una manipulación severa. Pero cuando los líderes buscan traer a los otros a su bando a través de la comunicación y desarrollando una relación con ellos, eso se conoce como un buen liderazgo.

Tontos son los líderes que descuidan a quienes ejercen la influencia en sus organizaciones. Es un error asumir que todos aceptarán una visión solamente porque proviene del líder. Josué fue siempre cuidadoso al comunicar las instrucciones de Dios a sus líderes, dándoles la oportunidad de responder al Señor y no sólo a Su mensajero.

El almirante Nelson fue un maestro para ganarse el respeto de sus capitanes. Cuando asumió el comando de la flota británica que pelearía en Trafalgar, hubo un estallido de euforia sin medida entre los diecisiete mil marinos a su llegada.

Uno de sus colegas dijo: «El Señor Nelson era un almirante en toda la extensión de la palabra ... sin embargo, nunca se amó a un comandante con tanto entusiasmo; todos los hombres de todos los rangos, desde el capitán de la flota hasta el más joven marinero lo amaban».[24]

Tres días después de la llegada de Nelson, ya había cenado con cada capitán de su flota. Sus tenientes estaban invitados a cenar con él cuando quisieren. Tales atenciones para sus oficiales y para los hombres, le consiguieron la lealtad de todos aquellos que le servían. El resultado fue la más grande fuerza naval de sus días.

Puede ser tentador para los líderes permitir que sus ocupados horarios o los montones de papel les impidan pasar tiempo con aquellos que trabajan bajo su mando. Pero esto puede ser un descuido grave. Los líderes astutos escuchan con atención los comentarios de sus compañeros y obtienen información importante acerca de la organización.

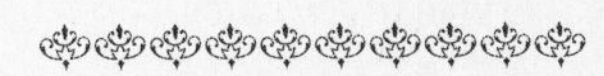

Los líderes astutos escuchan con atención los comentarios de sus compañeros y obtienen información importante acerca de la organización.

Los líderes sagaces programan reuniones frecuentes con su gente clave para asegurarse de que están trabajando juntos en pro de las metas de la organización. Es evidente que Josué era cuidadoso al conducir a los líderes de Israel, manteniéndolos informados de lo que Dios había dicho y hacia dónde se dirigían.

JOSUÉ INFLUENCIABA A SU FAMILIA

Parece un poco peculiar que las Escrituras no nos cuenten nada de la familia de Josué. Recibimos información de los padres de Moisés, sus hermanos, su esposa e hijos, incluso de su suegro, pero no sabemos nada de la familia de Josué. Uno de los grandes misterios de la historia bíblica es por qué tan pocos hijos de grandes líderes continuaron con la tarea de sus padres de servir al Señor. Las Escrituras parecen mostrarnos más advertencias que ejemplos positivos:

- Sabemos que Moisés tuvo hijos, pero nunca desempeñaron un papel importante en la historia de su nación (Éxodo 4.20, 24-26).
- Dos de los hijos de Aarón, Nadab y Abiú, eran arrogantes al servir a Dios y Dios tomó sus vidas como juicio (Levítico 10.1-3).
- El sacerdote Elí tenía dos hijos caprichosos, ambos murieron como resultado de su pecado (1 Samuel 2.12-17; 3.13).
- Los hijos de Samuel eran también malvados y no lograron vivir de acuerdo con la impecable reputación de su padre (1 Samuel 8.1-5).

La historia ofrece numerosos ejemplos de líderes famosos que lucharon con sus hijos. El hijo mayor del presidente John Adams, John Quincy, tiempo después cuidó financieramente de sus padres y fue también elegido presidente de los Estados Unidos. Pero el segundo hijo, Charles, se hundió en la bancarrota y el alcoholismo. Su padre estaba tan afligido de la vida que llevaba Charles, que finalmente renunció a él.[25]

Benjamin Franklin, inventor y autor reconocido en el mundo entero, se alejó tanto de su propio hijo William que ni siquiera asistió a su boda y no lo socorrió cuando estaba en horrible apuros.[26]

Winston Churchill sufrió un periodo de doloroso distanciamiento de su hijo mayor, Randolph y, de hecho, intentó impedir la boda de su hija Sarah.[27]

Cuando a su hijo adulto Randolph se le retiró un tumor benigno, Churchill dijo sarcásticamente: «¡Qué pena que extirparon la única parte de Randolph que no es maligna!».[28]

Aunque parezca extraño, muchos líderes que ejercen una profunda influencia sobre sus naciones, y sobre el mundo, fracasan en dejar una impresión favorable en sus propios hijos.

Aunque parezca extraño, muchos líderes que ejercen una profunda influencia sobre sus naciones, y sobre el mundo, fracasan en dejar una impresión favorable en sus propios hijos.

Por el contrario, otros fueron capaces de dirigir correctamente en sus casas, así como en el campo de batalla. Robert E. Lee hijo recuerda la primera vez que vio a su padre después de haberse enrolado como soldado en el ejército de la Confederación:

> El día siguiente a la batalla de Cold Harbor, los «Siete Días» en los que luché alrededor de Richmond, fue la primera vez que me encontré con mi padre después de haberme unido al general Jackson... De repente, un camarada me despertó bruscamente punzándome con una esponja ya que no me había despertado con su llamado y me dijo que debía levantarme y salir porque alguien quería verme. Todavía dormido, salí tambaleando y me encontré cara a cara con el general Lee y su personal. Sus uniformes limpios, su equipo brillante y sus caballos bien cuidados contrastaban tan fuertemente con la descuidada apariencia de nuestro comando que quedé completamente asombrado. Me tomó unos momentos darme cuenta de lo que estaba pasando, pero cuando vi los ojos amorosos de mi padre y su sonrisa, se hizo evidente que él había cabalgado hasta acá para ver si yo estaba a salvo y para preguntar cómo me las estaba arreglando. Recuerdo muy bien

> cómo me miraban con curiosidad aquellos que estaban con él, y con toda seguridad debió haberles impresionado mucho que un joven tan sucio, andrajoso y desaliñado hubiera podido ser el hijo de este muy bien arreglado y victorioso comandante.[29]

Siempre es un reto interesante cuando un hijo tiene que vivir acorde con la reputación de un padre famoso. Cuando Dwight Eisenhower era el Supremo Comandante Aliado durante la Segunda Guerra Mundial, su hijo John, recién graduado de West Point, vino a Inglaterra a visitarlo.

John, que estaba orgulloso de su rango de recién nombrado segundo almirante, preguntó cómo debería responder a los saludos cuando los dos se encontraran con soldados, teniendo en cuenta que él y su padre tenían diferentes rangos. «John», dijo Dwight, «no existe un oficial en este teatro que no sea superior a ti e inferior a mí».[30]

El hijo del duque de Wellington una vez exclamó: «Piensa lo que será cuando se anuncie al duque de Wellington y sólo entre yo».[31] Algunos hijos ven que Dios obra poderosamente en la vida de sus padres y se inspiran en ello para esforzarse y llevar una vida similar. Otros, por alguna razón, crecen con rencor hacia sus padres y deciden vivir sus vidas en la dirección opuesta.

No se nos ha dicho si los hijos de Moisés o Josué se volvieron malvados o dejaron de seguir al Señor. Sin embargo, es claro que a pesar de crecer con padres que fueron poderosos hombres de Dios, no siguieron sus pasos de líderes prominentes.

Aunque la Escritura guarda silencio acerca de lo que hicieron los hijos de Josué, es claro qué deseaba él para su familia: «Y si mal os parece servir a Jehová, escogeos hoy a quién sirváis ... pero yo y mi casa serviremos a Jehová» (Josué 24.15).

Teniendo en cuenta que Josué fue un hombre de palabra y un hombre de oración y sabiendo lo respetado que era, podemos asumir que Dios bendijo su deseo por su familia.

JOSUÉ TENÍA INFLUENCIA CON DIOS

Una cosa es tener prestigio con la gente y otra totalmente diferente es tener influencia con Dios.

Una cosa es tener prestigio con la gente y otra totalmente diferente es tener influencia con Dios. Indudablemente, Josué ejerció una influencia poderosa sobre el pueblo, pero también tenía una próspera relación con Dios. Es obvio que era extremadamente cercano al Señor porque con frecuencia y confiadamente pedía milagros y los recibía a menudo.

Cuando cinco reyes amorreos se unieron para atacar la ciudad de Gabaón, Josué rápidamente trasladó su ejército para unirse a la batalla. Esta era una oportunidad que los israelitas tenían para vencer al rey de Jerusalén y a sus aliados en un solo encuentro. La pelea fue feroz, pero Dios intervino en contra de los amorreos y envió una tormenta de granizo tan poderosa que acabó con muchos de ellos (Josué 10.11).

El día comenzaba a oscurecer y la victoria todavía no estaba completa. Si se le permitía al enemigo reagruparse, podrían atacar a los israelitas en un momento vulnerable en el futuro. En una oración inusual, Josué le pidió a Dios que detuviera el sol hasta que la batalla terminase. Las Escrituras nos cuentan el resto de la historia: «Y no hubo día como aquel, ni antes ni después de él, habiendo atendido Jehová a la voz de un hombre; porque Jehová peleaba por Israel» (Josué 10.14).

Aquí yace la diferencia entre un líder secular y uno espiritual. Muchas de sus habilidades se superponen. Ambos tienen que comunicar a sus seguidores un sentido de visión y dirección, ambos deben inspirarlos y delegarles trabajo y ambos tienen que dirigir con seguridad.

Pero sólo los líderes espirituales pueden recurrir a los recursos divinos para llevar a cabo su trabajo. Ya sea que estén guiando compañías seculares u organizaciones cristianas, los líderes espirituales pueden hacerlo con los recursos del cielo, que están a su disposición.

Ya sea que estén guiando compañías seculares u organizaciones cristianas, los líderes espirituales pueden hacerlo con los recursos del cielo que están a su disposición.

Durante la batalla de Oudenaarde, el ejército del duque de Marlborough le propinó una apabullante derrota a las fuerzas francesas. A través de las brillantes maniobras del duque y de su amigo, el príncipe Eugenio, las fuerzas aliadas cercaron a casi cincuenta mil soldados enemigos franceses. Esta horrible pérdida para los franceses habría conducido inevitablemente al final de la guerra.

No obstante, justo cuando parecía que el ejército francés sería aniquilado, cayó la noche. Como Churchill afirmó: «El ánimo era valiente, pero la hora era tardía».[32] Las fuerzas del duque trataron de rodear completamente a su enemigo, pero la oscuridad les impidió acordonar todas las salidas.

A las nueve en punto, Marlborough ordenó a sus hombres el cese al fuego y les mandó dormir donde estaban hasta el amanecer. Esperarían la luz del día para completar el ataque. Pero ¡Oh, sorpresa! La luz de la mañana dejó ver que el enemigo se había escapado y muchos de los soldados franceses que huyeron vivirían para pelear otro día en condiciones más equitativas.

Marlborough compungido afirmó: «Si a Dios le hubiera agradado que en Oudenaarde nosotros hubiéramos tenido una hora más de luz, habríamos tenido todas las posibilidades de poner fin a esta guerra».[33] ¡Pero incluso un general tan astuto y poderoso como Marlborough no podía alargar un día, ni siquiera por unos cuantos minutos!

La Biblia identifica a ciertas personas que disfrutaron un íntimo caminar con Dios. Durante el ministerio del profeta Jeremías, Dios hizo una reveladora afirmación: «Si Moisés y Samuel se pusieran delante de mí, no estaría mi voluntad con este pueblo ... (Jeremías 15.1). ¡Qué reconocimiento tan asombroso el ser visto por Dios como uno de los grandes guerreros de oración de todos los tiempos!

Abraham fue otro intercesor con Dios y como resultado lo llamó su amigo (Santiago 2.23). ¡Una cosa es que nosotros tomemos a

Dios seriamente y otra muy distinta es que Dios nos responda formalmente!

En mayo de 1886, Hudson Taylor zarpó en el barco Lammermuir, acompañado por su esposa, cuatro hijos y un gran contingente de misioneros rumbo al interior de China. Debía ser un viaje de cuatro meses hasta Shangai. Casi al final de su travesía fueron golpeados por una serie de violentos tifones. A medida que las tormentas hacían estragos, el barco comenzó a deshacerse. La tripulación se mareó gravemente. Estaban desmoralizados y por miedo de ser arrastrados por el agua, no se atrevían a salir a la cubierta para asegurar los mástiles y los aparejos.

Finalmente, dado que la tormenta no disminuía, el capitán intentó, amenazándolos con una pistola, forzar a la tripulación a regresar a sus puestos. Taylor, lleno de la paz del Señor, oró a Dios para que usase su vida y la de aquellos otros misioneros para hacer algo significativo en esa peligrosa situación. Entonces, habló con el capitán y con la tripulación con una serenidad que les proporcionó a todos nueva confianza y esperanza. La tripulación regresó a sus posiciones y Dios milagrosamente rescató al barco, su tripulación y a todos sus pasajeros.

Desembarcando inmediatamente después de ellos, había un barco que pasó por la misma tormenta y perdió a dieciséis de los veintidós miembros de la tripulación.[34] La pequeña nave estropeada que se balanceaba hacia el puerto con Taylor y sus colegas misioneros a bordo dio testimonio de un verdadero milagro. Taylor supo que Dios había intervenido en la naturaleza para garantizar que los misioneros a quienes Él había llamado a China llegaran a salvo. Efectivamente desembarcaron en China con una confianza en Dios más grande que la que tenían cuando comenzaron el viaje.

Durante su larga vida, Taylor sobrevivió a varias crisis y enfermedades que le amenazaron. Dios tenía una única tarea para él y lo mantuvo a salvo sin importar lo que sucedía a su alrededor.

Los líderes espirituales no pueden ejercer una influencia mayor sobre otros, que el guiarlos con el apoyo de la poderosa mano de Dios sobre ellos.

Los líderes espirituales no pueden ejercer una influencia mayor sobre otros que guiarlos con el apoyo de la poderosa mano de Dios sobre ellos. Cuando Dios decide bendecir los esfuerzos de los líderes, nada puede detenerlos. Sin embargo, cuando la gente necesita más de Dios, es usualmente cuando menos le prestan atención. Los horarios agitados y las responsabilidades exigentes rompen el vínculo que une a un líder y a Dios. George Müller emitió esta advertencia: «Un horario apretado de predicaciones, consejería y viajes puede acabar con la fortaleza del más grande de los siervos del Señor».[35]

Ningún líder espiritual está exento de la necesidad de mantener una relación cercana con el Señor. Irónicamente, entre más ocupado esté el líder, más tiempo debería permanecer en la presencia del Señor.

JOSUÉ INFLUYÓ EN EL FUTURO

La huella de los líderes extraordinarios está en que su influencia vive más que ellos mismos. Lo que hacen hoy, determina lo que sucederá en el futuro. Mientras algunas personas se esfuerzan por lograr un cambio en la época en la que viven, Josué logró impactar incluso a quienes viven siglos después. Este es un ejemplo de una influencia a gran escala.

Cuando Jericó fue destruida, Josué maldijo a todo aquel que reconstruyera la ciudad (Josué 6.26). Las ruinas de Jericó simbolizaban el juicio de Dios sobre los cananeos paganos. Dios no había permitido que hubiera sobrevivientes de la ciudad, a excepción de Rahab y su familia. Cualquiera que reconstruyera la ciudad, perdería a sus hijos como consecuencia.

La huella de los líderes extraordinarios está en que su influencia vive más que ellos mismos.

Efectivamente, muchos años después, en los días del rey Acab, un hombre llamado Hiel, puso los yacimientos de Jericó y reconstruyó sus paredes. Cuando estaba poniendo los yacimientos, perdió a su primogénito Abiram. Cuando instaló las puertas de la ciudad, murió su hijo menor, Segub (1 Reyes 16.34).

Siglos después de los días de Josué, Dios aún estaba honrando las palabras que había proferido a través de él.

Algunos líderes viven con el futuro en mente. Richard Nixon comenzó a grabar las conversaciones en la Casa Blanca debido a su paranoia de que la historia fuera ingrata con él. Irónicamente, por esa razón grabó sus propias conversaciones para la posteridad.

John E. Kennedy vivía obsesionado con la ansiedad de cómo lo recordaría la historia. Su biógrafo comenta: «Para Kennedy la historia era una diosa que perseguía con notas y llamadas cortas a Sorensen o Schlesinger: 'Anota eso para el libro'; se refería al libro que escribiría después de ocho años».[36] Fue Winston Churchill, el héroe de Kennedy quien, comentando acerca de su propio lugar en la historia, predijo que ella sería amable con él porque él tenía la intención de escribirla.

Algunas personas intentan influenciar la historia por medio de su verbosidad. Se sienten forzados a hablar de cada tema y a revelar todo lo que saben. Asumen que si dicen lo suficiente, algo echará raíces y se prolongará hasta el futuro. Los grandes líderes no necesariamente hablan mucho, pero lo que dicen es relevante y memorable.

Thomas Jefferson observaba a Benjamín Franklin y George Washington en la época en que el Congreso Continental debatía y discutía qué tipo de nación iban a formar. Mientras algunos políticos hablaban a menudo y acerca de cada punto, Franklin y Washington, indiscutiblemente los dos hombres más respetados en el Congreso, hablaban poco.

Jefferson dijo: «Nunca escuché a alguno de los dos hablar por más de diez minutos a la vez ni acerca de algo más que no fuese el punto principal que había de decidir un asunto ... Se enfocaban en los puntos primordiales, sabiendo que los temas irrisorios se daban por entendidos».[37]

George Washington tal vez haya sido un hombre de pocas palabras, pero su influencia continúa vigente después de dos siglos. Se ha dicho de él: «Más que cualquier otro gran líder en la historia

Los grandes líderes no necesariamente hablan mucho, pero lo que dicen es relevante y memorable.

estadounidense que haya habido antes o desde entonces, él estaba acostumbrado a hacer las cosas a su manera e igualmente a que la historia demostrara que tenía la razón.[38]

Algunos líderes se abren paso en una organización con una ráfaga de actividad dinámica pero luego, como un meteorito ardiente, su influencia se disipa y las cosas vuelven a la normalidad. Estas personas llaman la atención de todos brevemente pero luego son olvidados. Otros no sólo impactan a la gente de su generación, sino que sus vidas y sus palabras dejan un legado permanente.

David Brainerd, un estudiante ministerial, fue expulsado de la Universidad de Yale por criticar irreverentemente a uno de sus profesores. Murió de tuberculosis en 1747 a la edad de veintinueve años. Su vida habría merecido por lo menos una referencia pasajera en un pie de página de la historia. Pero Dios había llevado a Brainerd a proponerle matrimonio a la hija del famoso ministro Jonathan Edwards.

Edwards fue utilizado poderosamente para ayudar a iniciar el Primer Gran Avivamiento en los Estados Unidos por medio de su sermón «Pecadores en las manos de un Dios airado». Edwards estaba tan conmovido por la vida de santidad de su futuro yerno y por su pasión por evangelizar a los indígenas americanos que cuando Brainerd murió a consecuencia de este esfuerzo, publicó el diario de su yerno. Incluso hoy día, siglos después, ese diario continúa inspirando y reconviniendo a personas alrededor de todo el mundo.

Los líderes por lo general son personas con opiniones fuertes y con voluntad para expresarlas. Pero para los líderes espirituales, sólo las palabras que profiere y que provienen de Dios tendrán un impacto eterno. Todo lo demás será meramente pasajero. Josué habló por Dios, Su palabra se cumplió y su vida se recuerda aún en la actualidad.

JOSUÉ CONDUJO A LA GENTE HACIA DIOS

La mayoría de los líderes tienen una visión de lo que les gustaría ver que pasara entre la gente que guían. Pero Josué usó su influencia para promover la *visión de Dios* en lugar de la suya. Puesto que era un general a cargo de la logística de un ejército y ocupado en preparar la batalla, Josué debe haber enfrentado varias preocupaciones legítimas y apremiantes. Sin embargo, su prioridad era claramente que el pueblo caminara con Dios. Él puso esto inclusive por encima de la tarea de ganar la siguiente batalla.

En la noche que iban a cruzar el río Jordán y entrar a Canaán, uno pensaría que Josué utilizaría cada momento disponible para entrenar a sus tropas y mantenerlos entrenando con sus espadas y arcos. Por el contrario, declaró: «Santificaos, porque Jehová hará mañana maravillas entre vosotros» (Josué 3.5).

¡Josué estaba más preocupado por la santidad de su pueblo que por la preparación para la batalla porque su santidad era su preparación para la batalla!

¡Josué estaba más preocupado por la santidad de su pueblo que por la preparación para la batalla. Su santidad era su preparación para la batalla!

Después que los israelitas cruzaron el río Jordán, se podría esperar que Josué actuara como un invasor cauteloso, anticipando un ataque defensivo y súbito por parte de los residentes del lugar. En cambio, se detuvo a construir un monumento de piedra como un hito y recordatorio de lo que Dios había hecho por ellos en ese lugar (Josué 4). Entonces, antes de continuar con la invasión, Josué mando a circuncidar a todos los hombres como Dios lo había ordenado (Josué 4. 2-9). Vale la pena resaltar que en medio de una peligrosa invasión, Josué haya tomado tiempo valioso para seguir meticulosamente las instrucciones de Dios.

Después, Josué mandó a su gente a acampar en Gilgal, dentro de Canaán, para que así pudieran guardar la Pascua (Josué 5.10-12). Ahí estaban en medio de una peligrosa invasión; seguramente hubieran podido aplazar ese tipo de prácticas religiosas hasta un tiempo más oportuno. No obstante, Josué se aseguró de que se detuvieran para adorar a Dios y recordar todo lo que Él había hecho. Obviamente confiaba en que Dios los protegería. Sus acciones hablan mucho de sus prioridades.

Sus acciones hablan mucho de sus prioridades.

Después de haber observado todas las prácticas religiosas, los israelitas conquistaron las ciudades de Jericó y Hai, pero entonces vino otro evento inusual. Después de haber alertado a los cananeos sobre sus agresivas intenciones al destruir dos de sus ciudades, uno pensaría que Israel estaría atento y preparado para el contraataque de las fuerzas aliadas hostiles.

Pero Josué una vez más se detuvo a construir un altar en el Monte Ebal. Reunió a su pueblo y «No hubo palabra alguna de todo cuanto mandó Moisés, que Josué no hiciese leer delante de toda la congregación de Israel, y de las mujeres, de los niños, y de los extranjeros que moraban entre ellos» (Josué 8.35). ¡Qué comportamiento tan inusual! En vez de asegurarse para un contraataque, llevaron a cabo un culto de adoración junto con sus mujeres y niños.

Obviamente Josué tenía un orden de prioridades diferente al normal. Concluyó su período de liderazgo solicitando una reunión de los ciudadanos más prominentes para instarlos a que «a Jehová vuestro Dios seguiréis» (Josué 23.8). Durante todo su período como líder de Israel, el enfoque de Josué fue ante todo de naturaleza espiritual. Él era un líder espiritual ocupando el lugar de un general militar.

A lo largo de su liderazgo, Josué se motivó por algo más que un deseo de ganar las batallas y ser un buen administrador. Él entendió que aunque era un hombre laico, no un sacerdote o un profeta, aun así era responsable del bienestar espiritual de aquellos que estaban a su cuidado. Sabía que algún día daría cuenta al Juez eterno, no de sus éxitos en sus maniobras militares, sino de la condición espiritual de sus seguidores. Por ello, siempre estuvo presto a asegurarse de que caminaran cerca de Dios.

Hemos tenido el privilegio de trabajar con muchos altos ejecutivos cristianos de compañías grandes que tienen este sentido de administración espiritual. Hace poco tiempo Richard habló acerca del liderazgo espiritual en la convención anual de «Chick-fil-A», cuyo dueño, Truett Cathy, es un cristiano devoto. A pesar del hecho de que administra un gran negocio secular, también busca brindar cada oportunidad posible para que sus empleados caminen con Dios.

La compañía paga para que sus líderes y sus esposas se reúnan y sean atendidos en un hermoso lugar cada año por siete días. Durante ese tiempo, Chick-fil-A trae líderes cristianos para que prediquen y enseñen temas relevantes. También se contratan consejeros entrenados para las parejas que necesitan consejería matrimonial o para los individuos que buscan motivación y guía. A nadie se le obliga a estar de acuerdo o a aceptar los puntos de vista religiosos de Cathy, pero aquellos que deseen caminar cerca de Dios tienen todos estos recursos disponibles. Truett Cathy también es famoso por cerrar sus restaurantes todos los domingos para que los empleados puedan guardar el Sabbath. Cathy es un ejecutivo cuya profesión es secundaria a su llamado.

CONCLUSIÓN

Los líderes tienen límites en lo que respecta a la cantidad de influencia que pueden ejercer sobre sus seguidores. Los soldados de Alejandro el Grande lo siguieron por la mitad del mundo, pero tenían su límite y finalmente se negaron a seguirlo más lejos. Josué no pudo conquistar cada punto de la tierra de Canaán mientras que fue el líder de su gente, pero fue indudablemente un ser de gran influencia. Nada era igual después que Josué intervenía.

Josué era también un hombre que los demás tomaban en serio. Ciertamente sus enemigos le temían y su gente le seguía. Dios contestó sus plegarias y lo honró tanto a él como a sus palabras para el futuro. Cuando Josué asumió su liderazgo, estaba a cargo de un grupo de nómadas en el desierto. Cuando terminó, conducía a una nación que ocupaba numerosas ciudades a lo largo de la bella tierra de Canaán.

Dios se complacía en honrar a Josué porque tenía un profundo deseo de honrarlo.

Todo lo que Josué hizo pareció tener un impacto duradero. No hay duda que se debe a que siguió el itinerario de Dios durante toda su vida. Dios se complacía en honrar a Josué porque tenía un profundo deseo de honrarlo. Una vida que hace una diferencia duradera para el reino de Dios. Eso sí que es influencia.

INFLUENCIA QUE IMPORTA

- Josué era accesible.
- Josué permaneció confiado.
- Josué permaneció digno de confianza.
- Josué trabajó bien con sus compañeros.
- Josué influenciaba a su familia
- Josué tenía influencia con Dios.
- Josué influyó en el futuro.
- Josué condujo a la gente hacia Dios.

PREGUNTAS A CONSIDERAR

1. ¿Está luchando para conducir hacia adelante a sus seguidores? Si es así, ¿por qué cree que la gente no está respondiendo con más entusiasmo a su liderazgo?

2. ¿Es usted un líder accesible? ¿Estarían aquellos a quienes guía de acuerdo con su respuesta a la anterior pregunta?
3. ¿Siente que es un líder seguro y optimista? ¿Cómo demuestra esas actitudes?
4. ¿Confía en usted la gente con la cual trabaja? ¿Podrían hacerlo?
5. ¿Está influenciando a su familia? ¿Qué eventos o actitudes positivas refleja su liderazgo en casa?
6. ¿Hay alguna evidencia de que tenga influencia con Dios?
7. ¿Cómo está impactando el futuro su vida?
8. Siendo específico, ¿cómo está ayudando a sus colegas a acercarse a Dios?

NUEVE

Los principios de liderazgo de Josué

Nació con un deseo insaciable de fama y gloria. Centró toda su vida en sí mismo y en lo que quería conseguir, aunque durante mucho tiempo pareció que su destino sería nunca lograr sus aspiraciones. De joven se vio obligado a huir para salvar su vida cuando un enemigo de su familia tomó el control de la nación y comenzó a exterminar a sus oponentes.

A los veintiséis años lo capturaron unos piratas que exigían por su liberación el pago de un rescate. Cuando los criminales pidieron el rescate, el arrogante prisionero alardeó que valía más del doble de lo que estaban pidiendo. Luego de su liberación alquiló un barco, persiguió y capturó a los piratas y después los ejecutó a todos. A los treinta y un años contempló una estatua de Alejandro Magno y con lágrimas se lamentó al darse cuenta que cuando Alejandro tenía la misma edad ya había conquistado el mundo; en cambio, él no había logrado nada.

Más tarde comandaría un ejército y comenzaría la conquista de nuevos territorios. Era un planeador astuto y se encargaba meticulosamente de todos los problemas. Podía dictar hasta cuatro cartas al mismo tiempo. Aunque nunca gozó de una excelente salud, es probable que haya sufrido de epilepsia, mostraba una energía inagotable para comandar a sus tropas.

Su biógrafo describe la relación con sus soldados: «No sólo les daba órdenes, también sabía como convencerlos ... los trataba como amigos. Ellos sentían que él los conocía y que podían confiar en él».[1] Sus hombres lo siguieron fervientemente. Su alegría, fuerza y seguridad inspiraban a sus soldados y los atraía como imán.

Cuando sus hombres flaqueaban ante el enemigo, los animaba y los llenaba de una nueva determinación. Cuando se enfrentaban a un enemigo temible, se ponía al comando de las maniobras más arriesgadas, gritando los nombres de sus soldados, animándolos a tomar un nuevo aliento y a seguir su dirección. Era generoso con recompensas y ascensos y aunque sus tácticas no siempre fueron exitosas, «sus planes casi nunca se frustraron por completo».[2]

Su historial de victorias infundía temor tanto entre quienes lideraba como entre quienes combatía. Conquistó el territorio de lo que es actualmente Francia, apoderándose de ochocientas ciudades y derrotando a tres millones de hombres armados.[3] Se apoderó de territorios en lo que ahora es Inglaterra, así como en África del Norte y Asia. En su batalla más importante se enfrentó a cuarenta y siete mil hombres con tan sólo veintidós mil soldados y obtuvo una victoria decisiva con una osada estrategia.[4] Su éxito fue tal que se levantó una estatua en su honor titulada: «Al dios invicto».[5]

Pero entre más lo exaltaban, Alejandro más despreciaba a aquellos que se arrastraban ante él. Aceptó la adulación y adoración de su pueblo y las consideró algo natural. Llegó a creer que era tan superior a los demás que no necesitaba a nadie. Con cierto aire de arrogancia despidió a su guardaespaldas. Esta fatídica decisión lo condujo a su brutal asesinato a manos de veintitrés senadores romanos.

Josué puso en práctica muchas de las técnicas de liderazgo que hoy en día son altamente reconocidas en los ámbitos militares y corporativos.

Julio César había doblegado a todos sus enemigos, pero las mismas cualidades que lo hicieron triunfar lo condujeron a la muerte. Su biógrafo comenta, en lo que podría ser un eufemismo, que César desarrolló una «inmensa autosuficiencia».[6] A pesar de su habilidad oratoria, su destreza militar y sus geniales cualidades de liderazgo, alcanzó el límite de lo que incluso un hombre brillante podría hacer. Su ilustre vida tuvo un final abrupto y fatídico a manos de sus supuestos amigos y colegas.

No hay duda de que Dios fue la causa que originó el grandioso éxito de Josué quien, de no ser por la intervención y la guía divina, habría terminado vuelto pedazos a manos de los cananeos, junto a su grupo de soldados pobremente armados. Nunca asumió el crédito de su éxito militar y sería negligente de nuestra parte dárselo ahora, pero lo que sí es cierto es que Dios lo condujo a ser un líder destacado. Josué puso en práctica muchas de las técnicas de liderazgo que hoy en día son altamente reconocidas en los ámbitos militares y corporativos.

A veces los líderes cristianos tienden a 'espiritualizar' la labor de Dios diciendo: «Dios lo hace todo y a mí no me concierne nada». Si bien es cierto que toda obra significativa que hacen ha sido inspirada, otorgada y permitida por Dios, esta actitud puede ser una débil excusa para su paupérrimo liderazgo. Los pastores y hombres de negocios que son líderes cristianos pueden justificar su pobre esfuerzo por su organización en el hecho de que están «esperando a que Dios haga lo que sólo Él puede hacer». Algunos de ellos nunca se han esforzado por mejorar sus cualidades de liderazgo para que no parezca que confían mucho en sus propias fuerzas. Esta actitud deja de lado el mandato de Dios de hacer *todo* como si lo estuviéramos haciendo para Él (Colosenses 3.23).

Los líderes se engañan a sí mismos y a sus seguidores cuando son conformistas y se niegan a mejorar sus capacidades de liderazgo.

Dios es soberano. Él puede y trabajará a través de cualquier persona que escoja. Aquellos que piensan que Dios los usará para servirle sin importar las habilidades, la educación o el esfuerzo, se podrían decepcionar de la misma manera que el negligente estudiante que no se preocupó por estudiar para el examen y a cambio «confió en el Señor». Los líderes se engañan a sí mismos y a sus seguidores cuando son conformistas y se niegan a mejorar sus capacidades de liderazgo.

Hemos conocido pastores que han amado a Dios y a sus congregaciones pero no fueron grandes líderes. Eran desorganizados, perdían el tiempo, no planeaban a futuro y eran descuidados en cumplir sus citas. Eran débiles para delegar funciones, sus sermones eran incoherentes y predicados sin mucha calidad. No es sorprendente que sus congregaciones fueran pequeñas y espiritualmente débiles.

La mayoría de las veces sus congregaciones soportaron con estoicismo la falta de una buena planeación en su iglesia porque amaban a su pastor, pero necesitaban que este diera mucho más. Por favor escuche atentamente: no todas las iglesias pequeñas son el resultado de un pobre liderazgo, pero la generación actual anhela con urgencia encontrar un líder espiritual e irá a donde lo halle. Siguiendo el mismo principio, ser un hombre cristiano de negocios no garantiza la bendición de Dios para su empresa si no se tienen en cuenta unos principios de administración sólidos. ¡Las aptitudes de liderazgo son importantes en el reino de Dios!

La vida de Josué fue una buena combinación entre un sabio liderazgo y la bendición de Dios. Obviamente, Josué disfrutó del favor de Dios, pero también le permitió trabajar en su carácter. El Señor no sólo eligió trabajar a través de Josué «tal y como él era», sino que decidió obrar en él al mismo tiempo que obraba *a través* de él.

La vida de Josué fue una buena combinación entre un sabio liderazgo y la bendición de Dios.

Dios tomó a un esclavo inexperto e inculto y caminó junto a él por años. Como resultado, Josué se convirtió en un líder espiritual extremadamente efectivo. La vida de Josué demostró tremendas cualidades de liderazgo. A nosotros podría beneficiarnos enormemente el estudio de la obra que Dios hizo en Josué. Este capítulo se enfocará en las habilidades de liderazgo que Dios construyó en la vida de Josué.

JOSUÉ CRECIÓ EN MEDIO DE TRANSICIONES

La vida está en constante flujo, el ritmo disminuye, luego acelera y los líderes exitosos controlan los periodos de transición. Los héroes militares de la historia no estaban en guerra constantemente, también tenían que enfrentar tiempos de paz (aunque algunos trataban de gastar el menor tiempo posible en estos períodos).

El duque de Marlborough no podía ser derrotado en un conflicto abierto en el campo de batalla, pero sí podía ser abatido por las insidiosas intrigas que sucedían en los salones del parlamento. El general George Patton confesó: «En períodos de paz soy inútil».[7] El general Ulises Grant fue un líder efectivo en la batalla, pero «tan pronto como obtuvo su riqueza, el buen juicio lo abandonó».[8]

Josué pasó gran parte de su vida en períodos de transición. Fue un esclavo hasta que Moisés llegó a Egipto a liberar a los israelitas del cautiverio egipcio. Los siguientes cuarenta años los pasó preparándose para la siguiente fase del plan de Dios, período durante el cual tan sólo dos adultos hicieron la transición a la tierra prometida; los demás sucumbieron. ¿Cómo sobrevivieron Josué y Caleb a los dramáticos cambios que estaban ocurriendo mientras todos perdían la esperanza y morían? Josué hizo dos cosas:

1. Mantuvo su mirada fija en Dios

Josué mantuvo su mirada fija en Dios sin importar las circunstancias a su derredor. Sabía que aunque el cielo y la tierra podrían cambiar, Dios permanecería constante (Malaquías 3.6). Los tiempos cambian, los gobiernos, las tendencias y las economías también cambian, la gente cambia. Resulta tonto, entonces, poner las esperanzas y nuestra confianza en cualquiera de estas cosas.

Josué sabía esto y entendió la soberanía de Dios sobre su vida mientras permanecía en Egipto. Dios fue el Señor de su vida en el desierto y todavía estaría rigiendo el universo cuando Josué entrara a Canaán, eso nunca cambiaría.

2. Aprovechó las oportunidades de crecimiento

Josué aprovechó al máximo las oportunidades que tuvo de crecer, no se sentó a esperar a que algo grande pasara. Incluso durante el largo período de transición en el desierto, siguió a Dios diligentemente y alimentó la presencia de este en su vida (Números 27.18). Los momentos de tranquila soledad, tan escasos como son, ofrecen oportunidades maravillosas para acercarse a Dios. Durante la peregrinación de Israel, algunos estaban simplemente haciendo acto de presencia. Josué, en cambio, estaba creciendo y cuando el período de transición terminó, era la persona más preparada en toda la nación para servir como líder.

Los líderes sabios maximizan los períodos de transición mediante el continuo crecimiento y la búsqueda del Señor; así están plenamente preparados para lo que venga.

Los períodos de transición nunca se deben desaprovechar. Dios los puede usar para producir un magnífico crecimiento espiritual. Aproveche los inesperados «momentos de reflexión forzados». Si una lesión le obliga a ausentarse de su trabajo, aproveche esa oportunidad para leer libros que desarrollen sus habilidades y su conocimiento mientras se recupera. Si su iglesia está atravesando un período en el que no hay un pastor designado de tiempo completo, hay muchas maneras de ayudar a su comunidad. Los líderes sabios maximizan los períodos de transición mediante el continuo crecimiento y la búsqueda del Señor; así están plenamente preparados para lo que venga.

JOSUÉ CONSTRUYÓ SOBRE EL PASADO

A lo largo de la historia, las personas en posiciones de liderazgo generalmente se han preocupado más por proteger lo que ya existe que por perseguir algo nuevo. Sir Francis Bacon dijo de la reina Isabel I: «Su majestad ama la paz, por tanto, no ama cambiar».[9] Su secretario real,

Robert Beale, le advirtió a su sucesor «evitar ser innovador y hacedor de nuevas costumbres».[10] No es de sorprender que una de sus máximas fuese *Semper Eadem*, «*siempre* lo mismo».[11]

De la reina Victoria se decía que «odiaba cualquier cambio, incluso cuando era para bien».[12] Aunque pudo haber períodos en la historia en los que líderes exitosos se tardaban en abrazar el progreso, en el ambiente rápidamente cambiante de la actualidad, un líder que se resiste al cambio es considerado más un elemento estático que una persona útil.

LOS BUENOS LÍDERES USAN EL PASADO COMO RECURSO

También es cierto que los buenos líderes no tratan de reinventar la rueda. Gran parte de los textos sobre liderazgo de la actualidad dan a entender que el sello de un buen líder es un desagrado automático con el *status quo*. Una máxima comúnmente dicha es que los líderes constantemente buscan y disfrutan transformar sus organizaciones. Muchos pastores citan a Isaías 43.18-19: «No os acordéis de las cosas pasadas, ni traigáis a memoria las cosas antiguas. He aquí que yo hago cosa nueva»

Este tipo de líder cree que al llegar a su nueva organización debe transformar todo radicalmente. El problema de este pensamiento es que el resultado es una pérdida de los esfuerzos acumulados en el pasado. Rechazar la historia de una organización puede reflejar una insensible despreocupación por lo que Dios ya ha hecho.

Con frecuencia, las organizaciones asumen erróneamente que cuando se reemplaza un líder deben buscar a alguien completamente opuesto a su predecesor. Si el primer presidente ejecutivo era una «persona enfocada en la gente», el siguiente debe ser una «persona enfocada en el sistema». Si el pastor anterior estaba interesado en el discipulado, el siguiente debe ser apasionado por el evangelismo. Aunque algunas veces hay una necesidad por apuntalar las deficiencias de los líderes actuales o de los anteriores, el reinventar una organización cada vez que haya un nuevo líder, puede ser un error devastador.

Cualquier organización bajo la guía de Dios seguirá el plan que Él ha iniciado. Puede ser que Él añada personas con nuevas habilidades para fortalecer su obra, pero es poco probable que siga cambiando el plan. Considere la siguiente situación que hemos visto en muchas iglesias:

> El pastor original es un hombre ampliamente entregado a la gente, conoce a todo el mundo y es muy amado por su congregación. Aunque es algo desordenado, la iglesia crece y contrata nuevo personal. Cuando el adorado clérigo se retira, se conforma un comité pastoral de búsqueda que de inmediato se ve invadido por un consejo aparentemente prudente: «Necesitan un pastor que sea fuerte en las áreas en las que su último pastor era débil». Entonces se enfocan en pastores con fuertes habilidades administrativas y experiencia en áreas financieras. Al encontrar la persona afanosamente lo comisionan para «recoger el desorden» del ministro anterior.
>
> Con toda seguridad, el nuevo se dedica a enderezar las flojas prácticas administrativas existentes hasta ese momento. Despide a unos cuantos funcionarios y los reemplaza por personal más «eficiente». Introduce un más estricto sistema de rendir cuentas por parte del personal y de los comités de la iglesia. Los antiguos voluntarios son reemplazados por personal asalariado en pro de la eficiencia. El pastor pasa más tiempo en la oficina que su predecesor, aunque rara vez se le ve en hospitales o asilos de ancianos. Si bien es cierto que indiscutiblemente la iglesia funciona de manera más ágil que antes, sus miembros comienzan a quejarse de que las cosas no son «como solían ser». Algunos miembros antiguos piensan unirse a una iglesia más pequeña donde no «se sientan como un número».

¿Qué sucedió? Dios construyó una iglesia alrededor de un ministerio de cuidado personal y de relaciones íntimas. Las personas que se unían a la iglesia lo hacían porque les *gustaba* ese tipo de ministerio.

Por años, la iglesia atrajo a personas que apreciaban y respondían positivamente a ese estilo de liderazgo. Los nuevos creyentes se han acercado a Cristo por el amor y la calidez de la congregación. Cuando la iglesia contrató a su nuevo ministro, de repente se encontró con un líder que no era del agrado de la gente que se le había encomendado guiar. Este es un fenómeno que hemos visto en repetidas ocasiones, no sólo en iglesias sino también en escuelas y en negocios.

No estamos sugiriendo que las organizaciones jamás deberían cambiar o que cada nuevo líder debe ser un clon de su predecesor. Por supuesto, cada nuevo líder trae consigo talentos y habilidades únicas, lo cual es crucial. Las organizaciones necesitan crecer y madurar y para esto es necesario contar con diferentes estilos de liderazgo. Pero, con el tiempo, las organizaciones toman valores que permanecen fijos en su estructura y hay ocasiones en las que estos valores se pasan por alto a riesgo del líder.

Las organizaciones de hoy deben enfrentar sus debilidades a la vez que honrar sus fortalezas y los valores que han adquirido a través de los años.

Las organizaciones de hoy deben enfrentar sus debilidades a la vez que honrar sus fortalezas y los valores que han adquirido a través de los años. Los nuevos líderes deben tener cuidado de no pisotear los valores que Dios ha inculcado en su organización. Los líderes más exitosos del mañana serán, pues, aquellos que dominen las transiciones actuales.

JOSUÉ SE MANTUVO FIEL AL PLAN DE DIOS

Josué no arremetió con un nuevo plan para Israel. Se mantuvo fiel al plan de Dios para su pueblo. Las Sagradas Escrituras mencionan repetidamente que «Josué lo hizo, sin quitar palabra de todo lo que Jehová había mandado a Moisés» (Josué 11.15). «No hubo palabra alguna de todo cuanto mandó Moisés, que Josué no hiciese leer delante de toda la congregación de Israel» (Josué 8.35).

Josué sabía que Dios le había hablado a Moisés; él mismo lo había presenciado y entendió que su papel era parte del plan fundamental de Dios; Josué no era *el* plan. Entender esta verdad le ayudaría a mucha gente a descubrir la voluntad de Dios. No deberían preguntarse: «¿Cuál es la voluntad de Dios para mi vida?», sino «¿Cuál es la voluntad de Dios y cómo debo ajustar mi vida a ella?»

Esta era la forma de pensar de Josué. Cuando por fin conquistó Canaán y dividió la tierra entre las tribus, entendió claramente que esto era el cumplimiento de la palabra de Dios para sus ancestros muchos años atrás. Josué fue un líder muy distinto que Moisés porque logró cosas que este nunca alcanzó, llevó personas a lugares que Moisés nunca pudo llevar. Hubo muchas cosas nuevas bajo el mando de Josué, sin embargo, aplicó esas habilidades únicas dadas por Dios al plan que el Señor había iniciado mucho antes de que él naciera.

Los grandes líderes no menosprecian lo que les ha sido entregado por generaciones anteriores; construyen sobre eso. Alejandro Magno se puso al frente del ejército que su padre Phillip había entrenado y organizado meticulosamente y con este conquistó el mundo.

Abraham Lincoln buscó unir una nación profundamente dividida. En Gettysburg, el molesto presidente comenzó uno de los discursos más grandes en la historia: «Ochenta y siete años atrás nuestros padres...». Continuó relacionando eventos actuales con los comienzos de su nación, con las creencias y decisiones de los padres fundadores. Lincoln estaba impactando el futuro dramáticamente al conectar sabiamente sus esfuerzos presentes con los del pasado.

Los grandes líderes no menosprecian lo que les ha sido entregado por generaciones anteriores; construyen sobre eso.

JOSUÉ FUE MAESTRO

Los buenos líderes son también buenos maestros. Parte de la influencia de Josué vino de la forma en que instruyó a su pueblo. Nunca asumió que debían saber automáticamente qué hacer o por qué deberían hacerlo, tan pronto se posesionó como nuevo líder de

Israel, comenzó a recordarle a su pueblo lo que Dios les había estado diciendo (Josué 1.13).

Luego de conquistar la ciudad de Hai, Josué unió a la gente en el Monte Gerizim y el Monte Ebal. Después les leyó personalmente toda la ley de Dios (Josué 8.34). «No hubo palabra alguna de todo cuanto mandó Moisés, que Josué no hiciese leer delante de toda la congregación de Israel» (Josué 8.35).

Lo que caracterizó el ministerio entero de Josué fue la práctica de recordarle continuamente a la gente las promesas y los mandamientos de Dios. Incluso en los últimos instantes de su vida, exhortó al pueblo a obedecer a Dios (Josué 23.1-24.28). Se ha dicho que la derrota de Napoleón en Waterloo se debió a que nunca les enseñó a sus generales a dirigir como él lo hacía. Por otro lado, su Némesis, Horacio Nelson, constantemente alentaba y entrenaba a aquellos a su cargo. Alguna vez alguien comentó cómo el hábil capitán educaba a los inexpertos y nerviosos jóvenes de su cuadrilla:

Los buenos líderes también son buenos maestros.

> A los tímidos nunca reprochó ... pero siempre quiso mostrarles que nunca esperó nada de ellos que él mismo no pudiera hacer; y he sabido que le dijo: «Bien señor, voy a subir pronto al mástil y ruego que pueda encontrarlo allí». No hubo negativa para tal deseo y el pobre compañero emprendía su marcha al instante. El capitán nunca resaltó la forma en que el soldado escalaba el mástil y al encontrarlo en el tope comenzó a hablar de forma más alegre y a decir cuán digna de compasión era la persona que osaba enfrentar situaciones de peligro o incluso algo desagradables. Luego de este excelente ejemplo, he visto al joven dirigir otras hazañas y repetir las palabras de su capitán.[13]

Por lo general, Nelson se tomaba su tiempo para instruir a los nuevos soldados no sólo en la parte de navegación sino en otros asuntos como la higiene personal para evitar enfermedades. Cuando eran invitados a cenar con el gobernador local u otros mandatarios, siempre llevaba a uno de sus marinos con él. Le explicaba a su digno anfitrión: «Su excelencia me perdone por traer a uno de mis guardias ya que es para mí una regla el presentarles las buenas amistades que me acompañan, ya que ellos no tienen muchos a quién admirar, aparte de mí, mientras están en el mar».[14] ¿Es, acaso, una coincidencia que más adelante Nelson conformara una armada naval invencible?

El apóstol Pablo hacía de la capacidad de enseñar un requisito para todos los que servían como veedores en la iglesia (1 Timoteo 3.2). Los líderes que viven demasiados ocupados o son muy impacientes con su gente suelen gritar sus órdenes y enfadarse cuando los niveles de desempeño no se ajustan a lo presupuestado. A menudo, estos líderes culminan haciendo el trabajo ellos mismos, para asegurarse de que el trabajo quede «bien hecho»; suelen pasar por alto toda clase de oportunidades que se les presentan para enseñar las habilidades que les faltan a sus equipos.

No basta con sugerir un seminario o un buen libro, algunas habilidades se aprenden mejor en el trabajo. Con frecuencia, el mejor maestro en el lugar de trabajo es la persona a cargo. Invertir tiempo enseñándole a alguien hoy puede dejar grandes dividendos en el futuro.

¿Competencia o colaboración?

Algunos líderes se niegan a invertir en la capacitación de sus empleados por miedo a que se vuelvan demasiado calificados, exijan aumento de salario o sean robados por la competencia. Sin embargo, los verdaderos líderes espirituales entienden su mayordomía sobre cada una de las vidas que Dios ha puesto bajo su influencia. Los líderes espirituales tienen el mandato de ayudar a su pueblo a ser lo que Dios quiere que sea (Ezequiel 34.1-10).

Inevitablemente, otras organizaciones reconocen a estos empleados calificados y buscan contratarlos. Sin embargo, si ninguna otra organización se impresiona con el personal de su empresa como para intentar contratarlo, esto podría ser una denuncia en contra de su forma de capacitación o de contratación. Debería ser un asunto satisfactorio dirigir un grupo calificado de hombres y mujeres altamente codiciados por otras organizaciones. Tal vez una de las mayores recompensas en la carrera de líder sea el poder ayudar a desarrollar otros líderes en su profesión que influencien otras organizaciones dentro del país y alrededor del mundo.

Sabemos que algunos rectores universitarios o de colegios a menudo ven como sus vicerrectores son contratados para ser rectores en otros lugares. Algunos de nuestros pastores amigos pueden contar docenas de siervos anteriores que ahora sirven como pastores en otra parte. En la organización más grande de todas, el reino de Dios, esto significa ejercer una influencia de la mejor calidad. La labor de Dios no se trata de competencia, sino de colaboración en pro de un llamado más alto.

Los líderes espirituales tienen el mandato de ayudar a su pueblo a ser lo que Dios quiere que sea.

JOSUÉ UTILIZÓ HERRAMIENTAS DE LIDERAZGO

Las historias y los símbolos son de gran valor al utilizarse como herramientas de liderazgo. Una historia bien narrada puede transmitir más que un reglamento de doscientas páginas. Las historias capturan la imaginación de la gente y pueden recordarlas muchos años después de haberlas escuchado, a diferencia de ciertas instrucciones que no se recuerdan cinco minutos después de haberlas escuchado. Las historias son símbolos, pueden representar lo que es valioso para una organización. Los buenos líderes aprenden a incorporar historias en su estilo de mando.

Josué contaba historias

Josué casi siempre narraba la historia de cómo Dios había rescatado al pueblo de Israel del poder de Egipto y cómo lo llevó a la tierra prometida. Es probable que algunos de los veteranos que escuchaban la historia hubieran inclinado su cabeza en señal de aprobación a medida que el respetado general comenzaba a contar de nuevo la ya familiar historia épica.

Es posible que algunos de sus más antiguos seguidores hayan podido recitar de memoria parte de la historia con su líder y que en algunas partes de esta, por ejemplo cuando los diez espías amedrentaron a la gente para no confiar en Dios, algunos de los viejos soldados se conmocionaran al escuchar nuevamente sobre esos dolorosos momentos.

Esta historia era importante porque le explicaba a la gente cómo habían llegado a ser lo que eran. Había varias formas en las que Josué habría podido explicar cómo Dios anduvo con ellos, pero él no era un orador experto, un escritor ni mucho menos un sacerdote, por eso no presentó la información de su largo peregrinaje utilizando un tablero o un viejo libro. Josué era un hombre laico que caminó junto a Dios, así que sólo decidió contar la historia.

Josué usó símbolos físicos

El uso de otros símbolos también es importante. Un símbolo es una herramienta poderosa en las manos de un líder experimentado, sin importar si es una historia, un monumento físico real o una acción simbólica. Josué fue un maestro en el uso del simbolismo para transmitirle creencias a sus seguidores.

Cuando los israelitas cruzaron milagrosamente el río Jordán hacia Canaán, Josué delegó a un hombre de cada tribu para recoger una piedra de la cabecera del río. Los hombres cargaron las piedras en sus hombros hasta llegar a Gilgal, donde Josué construyó un monumento y dijo:

> «Para que esto sea señal entre vosotros; y cuando vuestros hijos preguntaren a sus padres mañana, diciendo: ¿Qué significan estas piedras? les responderéis: Que las aguas del Jordán fueron divididas delante del arca del pacto de Jehová; cuando ella pasó el Jordán, las aguas del Jordán se dividieron; y estas piedras servirán de monumento conmemorativo a los hijos de Israel para siempre» (Josué 4.6-7).

A pesar de que acababan de experimentar un milagro estupendo, Josué sabía que las siguientes generaciones no sabrían apreciar lo que había pasado a menos que se les explicara. Siempre que los israelitas pasaban ante el crudo monumento, era una nueva oportunidad para que sus padres les narraran la magnífica experiencia de cruzar el río Jordán. Muchas generaciones después, ese monumento de piedra seguiría erigiéndose dando testimonio de la milagrosa obra de Dios.

Un símbolo es una herramienta poderosa en las manos de un líder experimentado.

Al final de su mandato, Josué volvió a usar una piedra como símbolo. Reunió al pueblo y lo exhortó a servirle al Señor: «Quitad, pues, ahora los dioses ajenos que están entre vosotros, e inclinad vuestro corazón a Jehová Dios de Israel» (Josué 24.23). Luego hicieron un solemne pacto en el que juraron lealtad a Dios.

Una vez que se habían comprometido a seguir a Dios, Josué puso una gran roca debajo de un árbol de roble cerca del tabernáculo. Llamó a la piedra un «testigo silencioso» del compromiso que habían hecho con Dios. De aquí en adelante, cada vez que vieran la roca se acordarían de su juramento sagrado (Josué 24.27).

En un tono diferente, Josué declaró que la ciudad de Jericó jamás debería ser reconstruida (Josué 6.26). La que alguna vez fue una ciudad formidable permanecería en ruinas como un fuerte indicio del juicio de Dios. Nadie podía pasar por la otrora poderosa ciudad sin sentir el frío recuerdo del asombroso poder de Dios.

Después del tiempo de Josué, cuando los niños israelitas crecieron y pasaron por alto sus ruegos y se alejaron de Dios, el Señor les permitió a sus enemigos atormentarlos y derrotarlos. Incluso cuando los israelitas huían por miedo a sus enemigos, las ruinas de Jericó permanecían como un sombrío testimonio de lo que Dios podía hacer por su pueblo cuando caminaban fielmente junto a él.

Del mismo modo, cuando los israelitas ejecutaron al rey de Hai y al de Jerusalén y a sus cuatro aliados reales, Josué ordenó que un montículo de piedras cubriera sus tumbas (Josué 8.29, 10.27). Estos montículos daban testimonio silencioso de los peligros de librar una guerra contra Dios y su pueblo. Luego de que Israel conquistara Canaán, la tierra prometida fue llena de recordatorios gráficos del juicio de Dios sobre sus enemigos.

Josué usó acciones simbólicas

Josué también usó acciones simbólicas de gran efecto. Durante las primeras etapas de la invasión israelí, el rey de Jerusalén se unió a otros cuatro reyes que juntaron sus ejércitos para oponerse a las fuerzas de Josué. Este fue un poderoso ejército liderado por cinco monarcas; sin embargo, con la intervención de Dios, el ejército de Josué los derrotó.

Después de la derrota del enemigo, los cinco reyes se escondieron en una cueva en Maceda hasta que los israelitas los descubrieron (Josué 10.16). Luego de la batalla, Josué presentó a los cinco reyes ante su pueblo. En el pasado, los israelitas habían sufrido en carne propia el terror de estos cinco reyes y sus ejércitos y ese temor les había costado cuarenta años en el desierto.

Para enfatizar que no había por qué temerle a los enemigos de Dios, Josué puso a los cinco reyes contra el suelo. Luego les pidió a los comandantes de sus ejércitos que pusieran sus pies en el cuello de estos en señal de la sumisión total de los monarcas a los israelitas (Josué 10.24). Este fue un acto humillante para los alguna vez orgullosos soberanos, pero sin duda fue un triunfo increíble para el ejército de Josué.

Era claro que nada ni nadie podía oponerse a ellos cuando Dios luchaba de su lado. Josué mató a los reyes y colgó sus cuerpos en árboles hasta el anochecer para que todo el ejército pudiera presenciar la subyugación total de sus antes orgullosos enemigos. Aunque las prácticas militares de ese entonces nos resulten bárbaras, el enorme efecto positivo de este tipo de simbolismo es obvio.

Los jóvenes soldados israelitas habían crecido con un inmenso temor hacia estos reyes. Habían pasado año tras año malgastando su juventud en un desierto árido, mientras sus envejecidos padres justificaban pobremente su desobediencia a Dios argumentando que Canaán estaba poblada por gigantes feroces e invencibles. Pero ahora veían a estos gigantes de cerca, incluso sus reyes eran hombres comunes que podían ser humillados por Dios. Josué quería eliminar en las mentes de sus soldados cualquier duda de que caminando en obediencia de la mano de Dios, serían invencibles. En el recuento del resto de la época de mando de Josué nunca se menciona que sus soldados le temieran al enemigo.

Los grandes líderes aprovechan los momentos simbólicos

A lo largo de la historia, los líderes han sabido aprovechar los momentos simbólicos. En el cierre de la Guerra de la Revolución, George Washington se enteró de una reunión secreta convocada por oficiales inconformes. El congreso, que enfrentaba problemas financieros, no les había podido cumplir todas las promesas a los soldados.

El 12 de marzo de 1783, Washington llegó por sorpresa a uno de los inmensos cuarteles militares en New Windsor. Se dirigió directamente al atril y leyó un discurso en el que les imploraba no hacer nada estúpido, sino confiar en la buena voluntad del congreso. Concluyó diciendo: «Por la dignidad de su proceder, cuando se hable en la posteridad del glorioso ejemplo que le han dado a la humanidad, tendrán la oportunidad de decir: "De no haber llegado este día, el mundo nunca hubiera visto el último estado de perfección que la naturaleza humana es capaz de alcanzar"».[15]

Luego, como un último gesto ceremonioso, Washington sacó un comunicado cargado de dramatismo y lentamente se puso sus nuevos anteojos. Mirando a sus hombres fijamente dijo: «Caballeros, deben perdonarme, he envejecido a su servicio y ahora veo que estoy encegueciendo».[16]

Cuando abandonó el edificio, en una actitud solemne, la conmoción del momento se apoderó de muchos de los allí presentes. Ahí estaba el hombre más grande de su tiempo, el que había dedicado voluntariamente su juventud a defender la causa norteamericana. Parecía inimaginable que ellos continuaran luchando por sus propios intereses. Washington habría podido contar todos los sacrificios que hizo y también decir que tenía preocupaciones justificadas, pero este sencillo acto lo dijo todo. Los líderes se vuelven maestros de la comunicación al captar tales momentos simbólicos.

A lo largo de la historia, los líderes han sabido aprovechar los momentos simbólicos.

Para respaldar un mensaje se pueden usar un sinnúmero de símbolos. Un líder puede predicar igualdad de cualquier manera pero quitar el aviso de «Reservado para el presidente» del frente de su parqueadero seguro comunicará el mensaje de forma más efectiva. Pedirle a todo el mundo que colabore está bien, pero cuando el presidente ejecutivo se agacha y recoge la basura de la puerta de entrada, la petición se hace más evidente. Decir que se tiene una «política de puertas abiertas» es una cosa, dejar la puerta abierta simboliza esa realidad. Cualquiera puede decir que se preocupa por sus empleados, pero esto sólo cobra validez al tomarse el tiempo necesario para caminar por las instalaciones y hablar con cada uno de ellos. Las acciones específicas de los líderes dicen más de sus prioridades que un memorando impersonal.

JOSUÉ SE MANTUVO ENFOCADO

Para cuando Josué tomó las riendas del liderazgo, nadie tenía ninguna pregunta sobre sus intenciones. Él entendió claramente el mandato divino: preparar al pueblo de Dios para conquistar Canaán y ocuparla como tierra santa para la gloria de Dios. Este general israelí nunca perdió de vista la meta que Dios le había impuesto. No hubo retrasos o excusas. Sin importar cuán imponente pareciera el enemigo, Josué seguía implacable en su lucha por lograr el objetivo. Lideró a su gente con persistente insistencia como alguna vez lo hiciera el general William Tecumseh Sherman al dar la orden de que «cada hombre parezca tan numeroso como le sea posible».[17]

Durante la guerra civil, los generales de la Unión parecían no tener claro el propósito de la guerra. A pesar de su superioridad en el número de hombres y recursos, los comandantes a cargo no estaban dispuestos a atacar al enemigo. Los generales se veían confundidos y preocupados ante la multitud de opciones: proteger la capital, apartarse lentamente de las fuerzas del sur, capturar posiciones estratégicas a través de maniobras tácticas o ser derrotados a manos del general Lee. Esta situación cambió luego de que el presidente Lincoln nombrara a Ulises Grant comandante supremo del ejército.

Grant sabía que su tarea era específica: destruir al ejército confederado. El general Sherman dijo de Ulises: «Se graba en su mente el objetivo principal y se olvida de los específicos».[18] Su biógrafo comentó: «Sabía claramente cuáles eran sus objetivos y se dirigía en busca de ellos de manera implacable».[19]

La orden de Grant para su colega general fue contundente: «A donde vaya Lee, tú también has de ir».

Luego del nombramiento de Grant, cuando muchos oficiales confederados no tomaron a Grant como una seria amenaza, el general confederado Longstreet les advirtió:

> «¿Conocen a Grant? ... pues bien, yo sí. Estuve con él en West Point por tres años, estuve en su boda, presté servicio en el mismo ejército que él en México, he visto sus tácticas de guerra en occidente y creo que lo conozco por completo. Les advierto que no podemos darnos el lujo de menospreciarlo a él y al ejército que hoy comanda. Debemos decidirnos a estar en la línea de batalla y

permanecer allí porque este hombre luchará con nosotros cada día, incluso cada hora, hasta el fin de esta guerra».[20]

Grant conocía su objetivo y lo persiguió rigurosamente. Mientras algunos censuraban el número de víctimas, Grant parecía dispuesto a continuar, nadie podía negar su firme convicción para cumplir su misión.

LOS LÍDERES EFICACES SE CENTRAN EN SU OBJETIVO

Los líderes eficaces conocen el objetivo de su organización y se enfocan en conseguirlo. Los líderes se pueden distraer fácilmente con asuntos secundarios e inadvertidamente dejan de cumplir su objetivo principal. Puede resultar bastante atractivo concentrarse tan asiduamente en los medios para lograr un fin que se llega a olvidar cuál es el fin.

Prepararse para cumplir un objetivo o declarar la intención de lograrlo no es lo mismo que alcanzarlo. Algunos líderes se concentran tanto en la conformación de un equipo de trabajo, que de hecho lo conforman; pero eso no es efectivo al momento de cumplir con su misión.

Algunos se concentran tanto en la resolución de problemas que llegan al punto de perder de vista su verdadero objetivo. Unos son buenos para planear; otros para hacer. No estamos defendiendo un método individual que excluya aspectos tan importantes como el trabajo en equipo o la resolución de problemas. Sin embargo, los líderes efectivos saben que muchas actividades importantes captaran su atención, pero también saben que estas ocupan un lugar secundario frente al objetivo principal que es cumplir el propósito de la organización.

Los líderes se pueden distraer fácilmente con asuntos secundarios e inadvertidamente dejar de cumplir su tarea primordial

Sabemos de muchos pastores y altos ejecutivos bien intencionados que han sido despedidos; en algunos casos sus mismos amigos fueron los que los despidieron. El problema no era qué tan duro trabajaban o qué tan íntegros eran, sino que no se estaban viendo los resultados. Hay muchas cosas de admirar en Josué y su estilo de mando, pero algo se destaca: se mantuvo enfocado en la misión encomendada por Dios.

Los líderes se pueden distraer fácilmente con asuntos secundarios e inadvertidamente dejar de cumplir su tarea primordial.

JOSUÉ TENÍA PASIÓN

Josué era un líder apasionado. Creía profundamente en lo que Dios le había encomendado hacer. Hoy en día usamos dicotomías para categorizar a la gente: «Él es un sentimentalista» o «Ella es una pensadora»; «Él se enfoca en las tareas» o «Ella se enfoca más en la gente». Grandes líderes han surgido de cada una de estas categorías. Por lo que sabemos de Josué, bien pudo haber sido un «sentimentalista». Ciertamente le importaba mucho cumplir con los encargos de Dios. El apóstol Pedro era un sentimentalista, mientras que el apóstol Pablo era un pensador. Ambos eran hombres extremadamente apasionados. Los líderes no tienen que ser sentimentalistas para que les apasione lo que hacen.

JOSUÉ NUNCA SE SINTIÓ SATISFECHO

A lo largo de la carrera de Josué podemos vislumbrar destellos de su pasión; la vemos cuando confronta al visitante celestial que blandía una espada. Sin dudar un segundo, y sin tener un contingente de soldados respaldándolo, Josué se acercó al mensajero y le preguntó: «¿Eres de los nuestros, o de nuestros enemigos?» (Josué 5.13).

Cuando los diez espías regresaron de Canaán y empezaron a aterrorizar a los israelitas, con sus historias de gigantes, las Escrituras nos dicen: «Y Josué hijo de Nun y Caleb hijo de Jefone … rompieron sus vestidos, y hablaron a toda la congregación de los hijos de Israel, diciendo…» (Números 14.6-7). ¡Eso es fervor! Josué y Caleb sabían lo que estaba en juego. Este fue un momento crucial. Rasgarse la ropa simbolizaba un gran dolor y aflicción por lo que estaba sucediendo. Si los israelitas se olvidaban de creer en Dios, las consecuencias serían nefastas.

Cuando el Señor retiró su presencia de las tropas de Josué durante el ataque sobre la ciudad de Hai, el ejército hebreo fue derrotado. En un febril arrebato, Josué se rasgó nuevamente las vestiduras (debió haber tenido como sierva una costurera para reponer sus ropas), se echó polvo en su cabeza y cayó al suelo. Entonces le imploró a Dios:

> «¡Ah, Señor Jehová! ¿Por qué hiciste pasar a este pueblo el Jordán, para entregarnos en las manos de los amorreos, para que nos destruyan? ¡Ojalá nos hubiéramos quedado al otro lado del Jordán! ¡Ay, Señor! ¿qué diré, ya que Israel ha vuelto la espalda delante de sus enemigos? Porque los cananeos y todos los moradores de la tierra oirán, y nos rodearán, y borrarán nuestro nombre de sobre la tierra; y entonces, ¿qué harás tú a tu grande nombre?» (Josué 7.7-9)

Josué era tan apasionado en la derrota como en la victoria. Ninguna de ellas lo llenó completamente jamás.

Josué era tan apasionado en la derrota como en la victoria. Ninguna de ellas lo llenó completamente jamás.

Otra señal de la pasión por su trabajo era el hábito que tenía de levantarse temprano para realizar sus tareas más difíciles; así fuera para intentar cruzar el río Jordán, volver a atacar la ciudad de Hai o intentar desenmascarar a un traidor en sus tropas. Josué se levantaba temprano para iniciar su día (Josué 6.12, 7.16, 8.10). Un rasgo de los líderes fervientes es la manera como empiezan el día. Aquellos que se levantan con la expectativa de lo que Dios puede hacer, lo hacen porque tienen fervor. Mientras que los que empiezan el día de manera reacia o mal humorada no pueden esperar que Dios intervenga en sus vidas. Para ellos es «simplemente un día más».

Josué se mantuvo ferviente hasta el fin de su vida. Al terminar su período, dejó a Israel con la siguiente súplica: «Y si mal os parece servir a Jehová, escogeos hoy a quién sirváis ... pero yo y mi casa serviremos a Jehová» (Josué 24.15). La pasión por conocer a Dios y hacer su voluntad nunca cesaron dentro de Josué.

¿POR QUÉ ES IMPORTANTE LA PASIÓN?

La gente que logra grandes cosas es aquella que le pone mucho empeño a lo que está haciendo. Un líder apático es una contradicción de términos; así sean pastores, altos ejecutivos o rectores de colegios las personas que sabemos están dejando huella en sus mundos, se apasionan por su trabajo.

Contrario a esto, encontramos pastores que nos dicen que sus iglesias no están creciendo y nada bueno parece estar pasando. Su conducta desapasionada y monótona da a entender que dichas condiciones estáticas pueden originarse en las actitudes de ellos.

LA PASIÓN PUEDE SER TIERNA

Con frecuencia, los líderes espirituales son aquellos cuyos corazones son tan tiernos que nunca están lejos de las risas o de las lágrimas. D.L. Moody, más que un hombre grandioso, fue un líder con un corazón extremadamente sensible: «Es cierto, como su nuera lo descubrió, que si él pedía que le tocara "Rock of Ages" y ella entonaba "Yankee Doodle", empezaban a brotar lágrimas de sus ojos lenta y dolorosamente».[21] Desde luego, esto también puede indicar que los grandes líderes no siempre son grandes musicólogos. Ulises Grant solía decir que sólo conocía dos canciones: «Una era "Yankee Doodle" y la otra no lo era».[22]

Después de la batalla de Waterloo, el duque de Wellington tenía la mesa de los oficiales lista para la cena y ansiosamente levantaba la vista cada vez que se abría la puerta para ver si era alguno de sus amigos que regresaba de la batalla. Cuando el jefe médico, el doctor John Hume, finalmente llegó para dar el reporte preliminar de las víctimas, mencionó:

«Cuando entré, se levantó su cara cubierta por el polvo y el sudor del día anterior y me extendió su mano, la cual tomé y sostuve junto a la mía. Mientras le contaba sobre la muerte de Gordon y de las bajas que me había enterado, lo noté muy afectado. Sentí lágrimas que raudas se deslizaban sobre mi mano; al mirarlo, las vi bajar una tras otra en surcos sobre sus sucias mejillas. De repente se las limpió con su mano izquierda y con voz entrecortada me dijo emocionado: "Bueno, gracias a Dios, yo no sé lo que es perder una batalla pero, ciertamente, nada puede ser más doloroso que ganar una en la que se pierden tantos amigos"».[23]

En momentos de triunfo épico o en el deshonroso fracaso, los grandes líderes son sensibles a la emoción. Su pasión puede ser expresada en celebración o tristeza casi simultáneamente.

La pasión es contagiosa

Hemos conocido muchos líderes de pequeñas iglesias dentro de la ciudad y en organizaciones cristianas recién creadas, y los hemos escuchado hablar animadamente de las cosas maravillosas que Dios estaba haciendo. Su fervor por lo que sentían que Dios haría a través de ellos nos inspiraba a querer desechar todo lo que estábamos haciendo y unirnos a ellos, tal era la contagiosa naturaleza de su celo por Dios y la acción de Él en sus vidas. La pasión no es algo que se fomenta dentro de uno; usted la tiene o no. Si la ha perdido es prioritario que la redescubra.

La pasión espiritual de un líder viene de Dios. Los líderes espirituales deben emocionarse por lo que Dios está haciendo en sus vidas y desbordarse de alegría por las posibilidades de cómo Dios puede impactar a otros a través de ellos. La pasión por Dios y por su obra llena a los líderes de esperanza, incluso cuando las circunstancias se tornan complejas.

Una vez Dios le hizo una promesa a su gente por medio de su profeta Ezequiel: «Os daré corazón nuevo, y pondré espíritu nuevo dentro de vosotros; y quitaré de vuestra carne el corazón de piedra, y os daré un corazón de carne. Y pondré dentro de vosotros mi Espíritu» (Ezequiel 36.26-7). Algunos de los actuales líderes necesitan urgentemente que Dios haga eso por ellos. Por años sus corazones se han fosilizado bajo una constante corriente de desilusiones, críticas y fracasos. Se han cansado de hacer el bien y han perdido el corazón para dirigir (Gálatas 6.9). Aún conservan sus posiciones de liderazgo. pero se 'retiraron' hace mucho tiempo del trabajo de dirigir.

Los momentos cruciales de la vida determinan el camino por donde irás.

JOSUÉ FUE UN LÍDER DECIDIDO

El liderazgo efectivo recae fuertemente en la capacidad de un líder para tomar decisiones. Josué dirigía una precaria misión y manejaba la logística de la fuerza extensiva invasora. Él no podía darse el lujo de demorarse o hablar más de la cuenta a la hora de tomar sus decisiones. Como cualquier buen líder, aprendió a tomar determinaciones en forma oportuna, no mostró vacilación cuando Dios vino a él y lo escogió oficialmente como el nuevo líder de Israel. Inmediatamente, Josué le ordenó al ejército entero romper acuartelamiento y le dio tres días para prepararse a marchar (Josué 1.11). Cuando fue obligado a tratar con la traición en su propio campamento, rápidamente le hizo frente con su cabeza en alto (Josué 7.10-26).

Prontamente, Josué llenó a sus poderosos hombres de valor y se dispusieron a realizar una marcha durante toda la noche, treinta y cinco kilómetros cuesta arriba, después de haber recibido una súplica desesperada de sus aliados, los gabaonitas. Su decisión a tiempo y sus movimientos inesperados ayudaron a capturar a sus enemigos por sorpresa y le permitieron asegurar la victoria (Josué 10.6-10).

UNA PRONTA DECISIÓN SE DEBE TOMAR CON CUIDADO

En una ocasión los líderes de las tribus de Efraín y Manasés se acercaron a Josué con un reclamo; eran tribus muy pobladas y creían que necesitaban más tierras de las que se les habían otorgado (Josué 17.14). Su petición puso a Josué en una situación incómoda. Parecer mostrar favoritismo hacia una tribu, sin importar su tamaño, podría haber creado resentimiento entre los demás.

Para empeorar las cosas, Efraín era la tribu de Josué, por lo tanto, si les daba lo que querían, parecería estar favoreciendo a su familia, a sus amigos e incluso a sí mismo. Entonces sabiamente Josué les ofreció más tierras, pero estas estarían en campo montañoso cubierto por bosques y supuestamente habitado por gigantes (Josué 17.15). ¡Ninguna de las otras tribus podía envidiar semejante regalo!

Cuando los líderes de esas tribus se quejaron de los peligros de ocupar dichas tierras, Josué no cedió. Les había dado una oferta justa y razonable y no se doblegaría ante ninguna presión. Al decidir rápida y justamente, Josué evitó algo que pudo haberse convertido en una polémica extremadamente divisoria.

El duque de Wellington creó el hábito de siempre «hacer los negocios del día durante el día».[24] Una acción pronta no significa una descuidada. El hijo de Robert Lee hacía esta reflexión sobre su padre: «Una marcada característica de mi padre era su costumbre de asistir a todos sus asuntos de negocios de manera pronta. Nunca fue un holgazán y lo que tenía que hacer, lo hacía con cuidado y precisión».[25] Estos ocupados generales entendían el valor del tiempo.

Los líderes inteligentes saben que el tiempo es un recurso precioso y no pueden desperdiciarlo al prolongarse en decisiones que se pueden tomar de inmediato. En asuntos de guerra, una decisión retrasada puede costar vidas. De la misma manera, una decisión improvisada puede conducir a un gran dolor. Es importante que los buenos líderes se mantengan diligentes en sus responsabilidades, y siempre estén preparados para tomar decisiones a tiempo. Los líderes espirituales deben actuar de inmediato después de recibir la palabra de Dios; escuchar a Dios y retrasar la respuesta no es una cuestión de prudencia, sino de clara desobediencia.

JOSUÉ SE TOMABA SU TIEMPO PARA ADORAR

¡Nadie puede acusar a Josué de haber tenido una vida fácil! El peso acumulado de sus degradantes inicios como esclavo, los años nómadas en el desierto y la ardua experiencia de llevar a la gente hacia Canaán, podría haber desmoralizado a cualquier otro líder, pero la confianza de Josué en Dios, al parecer, nunca flaqueó. Nunca perdió su visión de esperanza hacia el futuro porque nunca se apartó de su relación con Dios. Al comienzo de su labor, Dios le dijo el secreto para tener éxito:

> «Nunca se apartará de tu boca este libro de la ley, sino que de día y de noche meditarás en él, para que guardes y hagas conforme a todo lo que en él está escrito; porque entonces harás prosperar tu camino, y todo te saldrá bien» (Josué 1.8).

Como general, Josué era un hombre muy ocupado. Pudo haberse inventado excusas para no estudiar la palabra de Dios. Pudo haber concluido que la meditación era para aquellos que tuvieran tiempo. Pudo haberse cuestionado la relevancia de las Escrituras para un oficial militar. Sin embargo, Josué se dio cuenta de que su misión con Dios tenía que estar en primer lugar. Esto no sólo determinaría su éxito militar, sino que su relación con Dios definiría todas las otras formas de éxito que experimentaría después.

Además de obedecer la palabra de Dios, Josué esperaba que sus soldados hicieran lo mismo. Cuando los preparaba para avanzar al territorio enemigo, su orden era: «Santificaos, porque Jehová hará mañana maravillas entre vosotros» (Josué 3.5).

Incluso, mientras los ejércitos cananeos se estaban unificando y armándose para atacar, Josué dedicó un momento para renovar la alianza de sus pueblos con Dios (Josué 8. 30-35). Comprendió que no importaba que cosa tuviera que poner a un lado por la urgencia del momento, pero el tiempo con Dios seguía siendo una prioridad.

Su relación con Dios definiría todas las otras formas de éxito que experimentaría después.

EMPEZANDO EL DÍA CON DIOS

Un líder espiritual nunca se puede dar el lujo de descuidar su camino con Dios. Todo lo que haga como líder depende de su relación con el Señor. A través de la historia, los grandes líderes espirituales han tomado todo el tiempo que sea necesario para asegurar que sus vidas devocionales sean ricas y plenas. Muchos se levantaban temprano en la mañana para iniciar su día con Dios.

El gran evangelista escocés Duncan Campbell, escribió en su Biblia la siguiente cita del teniente general Sir William Dobbie: «Nunca he encontrado nada comparable con la vigilia matutina como una fuente de bendición cuando uno se encuentra con Dios antes de encontrarse con el mundo. Es un buen ejercicio hablar con Él antes de hablar con otra gente; escuchar su palabra antes de escuchar las voces de nuestros compañeros».[26] Campbell siempre empezaba el día con el Señor; como consecuencia, sus sermones tenían una indudable unción divina.

Empezar cada día con un tiempo significativo en la presencia de Dios no es la prerrogativa sólo de pastores y misioneros. Muchos ejecutivos corporativos se levantan muy temprano, a las cuatro de la mañana, para permitirse un rato sin afanes con Dios. Los líderes ocupados programan regularmente citas con personal clave, los miembros de la mesa directiva, los clientes o los donantes. Estos mismos líderes, si son sabios, comprenderán que el tiempo con Dios es la reunión más importante en su calendario. Así como esta práctica de reunirse con Dios mantuvo a Josué como un comandante del ejército, la comunión con Dios le ayudará a la gente de cualquier lugar del mundo a enfrentar de manera exitosa los retos del día a día.

JOSUÉ BENDECÍA A SUS SEGUIDORES

Richard Nixon comentaba acerca de la presidencia de los Estados Unidos: «Este sería un trabajo fácil si no tuvieras que tratar con personas».[27] Nixon no fue precisamente reconocido por tener amigos cercanos mientras guiaba la nación. Usualmente almorzaba solo y planeaba las fiestas navideñas en la Casa Blanca para cuando él estuviera fuera de la ciudad. En un momento sus asesores buscaron desarrollar una imagen más «humana» para el presidente; entonces, trajeron un perro llamado King Timahoe a la Oficina Oval. Sin embargo, ni siquiera su perro permanecía cerca de él, a menos que le colgaran galletas de perro en su escritorio.[28]

Nixon fracasó en comprender que el liderazgo tiene que ver por completo con la gente, pues es influir en las personas tanto para el bien colectivo como para el individual.

Animar es algo más natural para unos que para otros. A pesar de ser bastante exitoso en el campo de batalla, cuando se le preguntaba al duque de Wellington si se arrepentía de algo en su brillante carrera militar, él respondía: «Sí, yo debí haber dado más reconocimientos».[29] Pero, como anota su biógrafo: «Así como tantos hombres que tuvieron tanta necesidad de afecto cuando niños, Wellington encontró difícil dar algo de lo que él mismo había carecido».[30] Es bien sabido que los líderes exitosos generalmente son buenos en darles ánimo a sus seguidores, pero hemos visto que los líderes realmente grandes hacen más que animar a su gente, los bendicen.

Josué conducía a la gente a obtener metas de grupo, pero hacía más que eso, Josué no usaba a las personas; las bendecía. Después de que llevó a las fuerzas israelitas a conquistar Canaán, permitió que las tribus de Rubén, Gad y Manasés regresaran a sus casas al este del río Jordán. Las Escrituras indican que antes de que ellos partieran, «Josué los bendijo» (Josué 22.6). Tal vez Moisés le enseñó a Josué la bendición que Dios le había enseñado a él: «Jehová te bendiga, y te guarde; Jehová haga resplandecer su rostro sobre ti, y tenga de ti misericordia; Jehová alce sobre ti su rostro, y ponga en ti paz» (Números 6.24-26).

Después de todo lo que Josué había logrado como general, podría haber esperado que la gente le entregara una placa de aprecio o, por lo menos, que hicieran uno o dos pronunciamientos en su honor. Al contrario, aprovechó esta última oportunidad para bendecir a sus seguidores. Josué nunca manipuló a la gente para alcanzar sus metas personales; vislumbró lo que era mejor para ellos.

No nos hubiera sorprendido, si después de haber esperado cuarenta años para finalmente dirigir, Josué hubiera presionado a sus tropas para apresurarse a terminar el trabajo que su predecesor había fracasado en cumplir. Pero, a lo largo de su liderazgo, demostró tener una preocupación genuina por el bienestar espiritual de sus seguidores (Josué 3.5; 5.2-9; 8.30-35; 23.1 –24.28). Justo al final de su vida, estaba instando a sus compañeros para que caminaran cerca de Dios. Incluso, cuando ya esto no afectaba su liderazgo, continuó expresando su preocupación por la gente.

Josué no usaba a las personas; las bendecía.

Los buenos líderes son expertos animadores. Pero hay una diferencia entre simplemente animar a alguien y bendecirlo. Un buen líder le dará ánimo a alguien para que se vuelva un mejor trabajador; un gran líder lo bendecirá para que se vuelva una mejor persona. Cuando uno motiva a la gente a trabajar más duro o a luchar por la excelencia, les está ayudando a volverse mejores seguidores, pero no necesariamente les está permitiendo volverse mejores personas.

Tal vez en sus esfuerzos por producir más, los trabajadores de las iglesias dedican menos y menos tiempo en sus hogares, y sus familias están abandonadas; o los empleados en el mundo de los negocios tratan de complacer al jefe al llevarse trabajo para la casa todas las noches. Deben estar bastante motivados para alcanzar más objetivos en sus trabajos, pero deben estar fallando en sus casas en donde el costo es alto.

Los verdaderos líderes espirituales saben como bendecir a la gente para que sus vidas mejoren gracias al trabajo de ellos. Bendecir a la gente es llevar sus nombres ante Dios y pedirle lo mejor para ellos. Así, las oraciones del apóstol Pablo consignadas en las Escrituras son grandiosas bendiciones que le pedía a Dios manifestar en la vida de las personas. En sus cartas le deja saber a la gente específicamente lo que le estaba pidiendo a Dios que hiciera por ellos (Efesios 1.15–23; 3.14–21; Filipenses1.9–11; Colosenses 1.9–11).

Con frecuencia cuando el líder le pide a Dios bendecir a sus seguidores, Él hace que tal líder se vuelva una parte práctica de esta bendición. Esto podría ocasionalmente significar hacer que un trabajador enfocado en cumplir sus tareas abandone la oficina al final del día para irse a casa con sus familias. Los líderes espirituales pueden disponer de un tiempo para indagar acerca de las familias de los empleados. De hecho, bendecir a la gente involucra orar con frecuencia por ellos, incluso con ellos, para que puedan comprender la voluntad de Dios para sus vidas. Los líderes encuentran distintas maneras para fortalecer a estas personas y, de paso, bendecir a sus familias dentro de sus organizaciones.

Bendecir a la gente es llevar sus nombres ante Dios y pedirle lo mejor para ellos.

Muchos empleados de compañías o voluntarios de las iglesias trabajan duro y hacen su mejor esfuerzo. Después de que algunos han hecho un sacrificio «por la causa», se les ha otorgado una pequeña placa y se les ha invitado a salir de la escena. El mundo está lleno de gente que se ha sentido utilizada y explotada para beneficio de terceros. Ven al director ejecutivo recibir el reconocimiento por el éxito de la compañía, o al pastor llevándose los créditos por hacer funcionar los programas de la iglesia. Allí se dan cuenta de que sus líderes simplemente los han usado como apoyo para sus propios triunfos.

Sin embargo, si se está al servicio de un líder que sabe bendecir a los demás como Dios lo encomendó, entonces se debe tomar esta experiencia como un honor porque si no se hubiese estado bajo el cuidado benevolente y atento de ese líder que Dios proveyó, no se podrían haber superado algunas de las tormentas de la vida; y nunca se habría logrado crecer como hasta ahora lo ha hecho. Ulysses Grant decía sobre Abraham Lincoln: «El señor Lincoln logró tener influencia sobre los hombres al hacerles sentir que era un placer para ellos estar a su servicio».[31]

¿ESTÁ USTED BENDICIENDO A SUS SEGUIDORES?

Una prueba para ver si está bendiciendo a sus seguidores es mirar cómo la gente le responde a usted (y a Dios) después de que ya no trabajan con usted. ¿Siguen en contacto con usted? ¿Siguen pidiéndole consejos y agradeciendo sus contribuciones? ¿O escucha por ahí que están hablando mal de usted con los demás? Si usted bendice a la gente, ellos serán sus amigos mucho tiempo después de que ya no estén bajo su mando; y lo más importante, serán cristianos más fuertes gracias a su influencia. Muchos llegarán más lejos en la voluntad de Dios porque Él premia sus plegarias. Usted verá hecho realidad en las vidas de ellos aquello por lo que había orado.

El duque de Marlborough y su esposa Sara parecían tener un don especial para reconocer a los futuros talentos. Había muchos soldados y aspirantes a políticos que recibían motivación e incluso ayuda financiera por parte de esta pareja. Robert Warpole era un noble y talentoso joven por el cual el duque y su esposa mostraron especial interés. Este joven estaba tan agradecido con el patrocinio que la anciana pareja le había brindado, que continuó siendo un amigo ferviente, incluso cuando el duque enfrentó su gran crisis.

Los poderosos enemigos de Marlborough, Robert Harley y Henry St. John, tomaron control del gobierno y se propusieron destruir al duque junto con cualquiera que estuviera con él. Warpole se negó a abandonar a su amigo y finalmente prefirió soportar cinco humillantes meses en la Torre de Londres antes que darle la espalda al hombre que había bendecido su vida. Después de todo eso, los adversarios de Marlborough cayeron del poder a la desgracia y finalmente Warpole se convirtió en uno de los más grandes primeros ministros en la historia británica.

Winston Churchill comentó, a propósito de las intrigas usadas por los enemigos de Marlborough, que «Estas eran sobre todo, en contra de Marlborough. Junto a ellos, en medio del rencor y el miedo, se encontraba Warpole. Sabían que habían derribado al gran hombre del momento. Pero, sólo fue después de unos años que Harley y St. John se percataron de que habían propiciado la venganza implacable del gran hombre del futuro».[32]

Tal vez fue coincidencia que Marlborough haya bendecido al hombre más poderoso de la siguiente generación. Tiempo después, la duquesa de Marlborough le otorgó propiedades junto con diez mil libras esterlinas al joven William Pit, que también alcanzaría la reputación de ser uno de los grandes líderes de la historia británica.[33] Los Marlborough bendijeron a aquellos con quienes trabajaron y como resultado, contaron con amigos dispuestos a enfrentarse al escarnio público e incluso a la prisión, en vez de abandonarlos en el momento en que los necesitaban. Algunas personas en las que los Marlborough invirtieron su vida, tarde o temprano alcanzaron niveles de poder e influencia que ni siquiera el mismo duque alcanzó a lograr. Cuando usted bendice a los líderes en ascenso, bendice el futuro. Es allí donde Josué experimentó su gran fracaso, porque no preparó a nadie para sucederlo. Aunque Moisés tenía a Josué listo para alzar vuelo cuando se retiró del servicio a Dios, Josué no entrenó a nadie para reemplazarlo. La crónica del libro los Jueces nos muestra un trágico comentario de las consecuencias devastadoras de la negligencia de Josué.

Cuando usted bendice a los líderes en ascenso, bendice el futuro.

CONCLUSIÓN

Dwight Eisenhower dijo: «El liderazgo de los hombres es la única cualidad que se puede desarrollar por medio de la práctica y la reflexión concienzuda».[34] Es cierto que hay algunas destrezas para dirigir que cualquiera puede practicar e incorporar a su estilo de mando. Aprender a delegar, a comunicarse con claridad son todas técnicas de liderazgo que se pueden cultivar. Con respecto a esto, es útil analizar la vida de personas como Josué para ver qué hicieron que los convirtió en líderes tan efectivos.

SUMISIÓN A DIOS

Cuando se trata de desarrollar líderes espirituales, el elemento más importante es la acción de Dios en la vida de un ser. No es algo que se pueda suplantar, o que se pueda conseguir a través de la práctica o el estudio, se consigue por medio de la sumisión.

Dios trabaja en la vida de la gente para *su gloria*, no para la de ellos.

En la medida en que la gente entregue su vida completamente al Señor, Él ejerce su señorío sobre ellos y los convierte en los líderes que desea; Dios trabaja en la vida de la gente para su gloria, no para la de ellos. Como hemos observado, mucha gente que no es cristiana demuestra buenos rasgos de liderazgo; pero los cristianos que le permiten a Dios amoldar sus vidas, experimentan una dimensión de liderazgo espiritual que no es posible en el mundo secular. Sus vidas son usadas para impactar dramáticamente el reino de Dios.

Por lo tanto, los líderes espirituales harían bien en examinar cuidadosamente las habilidades de liderazgo de Josué y evaluar sus propias vidas a la luz de este ejemplo. Luego, deberían ir humildemente ante el Señor e implorarle que mejore esas áreas donde presentan fallas para ser verdaderos líderes. Si Dios pudo tomar a un hombre común y corriente y construir en él las destrezas y el carácter de un poderoso líder espiritual, ¿no podrá, entonces, hacer lo mismo en su vida?

PRINCIPIOS DEL LIDERAZGO DE JOSUÉ

- Josué creció en medio de transiciones.
- Josué construyó sobre el pasado.
- Josué fue maestro.
- Josué usó símbolos físicos.
- Josué se mantuvo enfocado.
- Josué tenía pasión.
- Josué fue un líder decidido.
- Josué se tomó su tiempo para adorar.
- Josué bendecía a sus seguidores.

PREGUNTAS A CONSIDERAR

1. ¿Se considera usted un líder efectivo? ¿Por qué?
2. ¿Qué está haciendo Dios en la actualidad en su vida para transformarlo en un mejor líder?
3. ¿En estos momentos, está en un tiempo de transición? ¿Cómo lo está manejando?
4. ¿Cómo está construyendo sobre el pasado de la organización que está dirigiendo? ¿Cómo está construyendo sobre lo que Dios le enseñó en el pasado?
5. ¿Qué símbolos o historias podría usar con su gente para comunicarles claramente los valores y la misión de su organización?
6. ¿Ha perdido su enfoque? ¿De qué manera está tratando de lograr la misión de su organización?

7. ¿Es usted apasionado con la labor que Dios le ha encomendado o ha perdido su entusiasmo? ¿Está simplemente cumpliendo con las formalidades de líder?
8. ¿Cómo está afianzando su relación con Dios sin importar los demás compromisos que le exigen tiempo?
9. ¿De qué manera está bendiciendo a aquellos que trabajan con usted? ¿De qué forma han mejorado por haber trabajado con usted?

CONCLUSIÓN

EL MUNDO NUNCA FUE EL MISMO después de que Dios tocó la vida de Josué. Tomó a un hombre de poca incidencia en el mundo y lo convirtió en alguien que la historia no podrá ignorar. Josué no tenía una inteligencia extraordinaria, una fuerza física inusual o una apariencia atractiva; nada que lo distinguiera para estar destinado a tener algún grado de éxito. De hecho era completamente común y corriente. Pero algo que sí lo caracterizaba era su deseo de permitirle a Dios que trabajara meticulosamente en y a través de su vida. El Señor tenía acceso total a la vida de Josué. Su generación recogió los frutos y aún nosotros estamos viendo los resultados miles de años después.

Antes de que el tiempo fuese, Dios ya tenía la intención de liberar a un pueblo de su cautiverio. Después, planeó establecer una nación especial y santa que iluminaría espiritualmente al resto del mundo. A ese reino de sacerdotes, Dios enviaría a su unigénito Hijo para que fuera el salvador de todas las personas que creyeran en él. Todo esto estaba en la mente y en el corazón de Dios incluso antes de formar la tierra de Canaán. Cuando llegó el momento de poner a andar su plan, buscó a aquellos que podría emplear como líderes. En primer lugar, el Señor utilizó a los patriarcas Abraham, Isaac y Jacob; cuatrocientos años después, llamó a Moisés. Después de que este lideró a la gente hasta el punto que Dios se lo permitió, el Señor llamó a Josué.

La vida de toda persona se encuentra con la historia, pero sólo unos pocos logran impactarla.

Si Josué hubiera vivido un siglo antes, probablemente nunca habríamos escuchado hablar de él. Pero, en la providencia de Dios, Josué nació en un momento crítico en la historia. La vida de toda persona se encuentra con la historia, pero sólo unos pocos logran impactarla. La manera como Josué le respondió a Dios determinaría la decisión del Señor de utilizarlo en Su plan. Josué tuvo un corazón sensible para Dios. Si Dios estaba buscando un instrumento, Josué estaba ansioso de ser tomado en las manos de su Maestro. La disponibilidad de Josué hacia Dios le permitió experimentar la profunda alegría de influenciar su mundo y bendecir al pueblo de Dios. El Señor no sólo transformó a Josué en un individuo piadoso; también lo moldeó para ser un líder espiritual. Los líderes no viven para sí mismos; viven para los demás. Sus vidas impulsan a cualquiera que esté a su derredor a lograr metas que de otra forma no hubieran alcanzado.

Los líderes espirituales llevan a la gente de donde están al lugar que Dios tiene para ellos.

El filósofo de la Universidad de Oxford, Isaiah Berlin, decía que Winston Churchill era «un líder que imponía su "imaginación y su deseo sobre sus compatriotas" al idealizarlos con tanta intensidad que al final ellos se acercaban a dicho ideal y empezaban a verse como él los veía. Al hacer esto, transformaba a cobardes en hombres valientes y, entonces, cumplían el propósito de tener una armadura que brillaba"».[1] Eso es lo que hacen los líderes; trasladan a la gente del sitio en el que están al lugar en el que deben estar. Los líderes espirituales llevan a la gente de donde están al lugar que Dios tiene para ellos. Josué realizó esta tarea.

Cada generación espera encontrar a alguien deseoso de ser su líder espiritual. El plan de Dios para la eternidad incluye a nuestra época; con seguridad, Dios intenta realizar una gran labor y liberar a la gente de nuestros días. Existen multitudes que necesitan a alguien que los ayude a moverse de donde están al lugar que Dios tiene para ellos.

Hay que pagar un precio para convertirse en un líder espiritual, de otra forma habría muchos más. Muchos cristianos están satisfechos con solamente vivir su existencia individual, persiguiendo placeres temporales, disfrutando la vida al máximo y luego partiendo de este mundo para permanecer con Dios por toda la eternidad. Algunos son tentados a impactar el mundo para su propio éxito o fama personal.

Sin embargo, en la profundidad del corazón de otros hay un deseo sincero de vivir de una forma que deje huella. Estos hombres y mujeres quieren hacer del mundo un mejor lugar del que encontraron cuando llegaron por primera vez. Saben, al igual que Josué, que no pueden hacer algo de importancia a lo largo del tiempo si están alejados de Dios. Entonces, entregan sus vidas a Dios y humildemente le piden que haga lo que debe hacer para convertirlos en instrumentos útiles en sus manos. Un siervo apasionado, comprometido y humilde es un conducto perfecto para que Dios despliegue su inigualable poder.

Un sirviente humilde, comprometido y fervoroso a Dios es un medio perfecto para que el Señor despliegue su inmenso poder.

Hemos estudiado las vidas y hazañas de algunos líderes de la historia. Algunos persiguieron la fama para sí mismos, otros buscaron glorificar a Dios. La eternidad probará quiénes hicieron la mejor inversión. Al analizar la fascinante vida de Napoleón, el historiador Paul Johnson concluyó: «Debemos aprender una vez más la lección central de la historia y es que todas las formas de grandeza militar y administrativa, de construcción de un imperio o de una nación no son nada (de hecho, son peligrosas en extremo), sin un corazón humilde y contrito».[2] Josué tenía ese corazón y Dios lo utilizó poderosamente.

APÉNDICE A

MAPA DEL ÉXODO DE EGIPTO

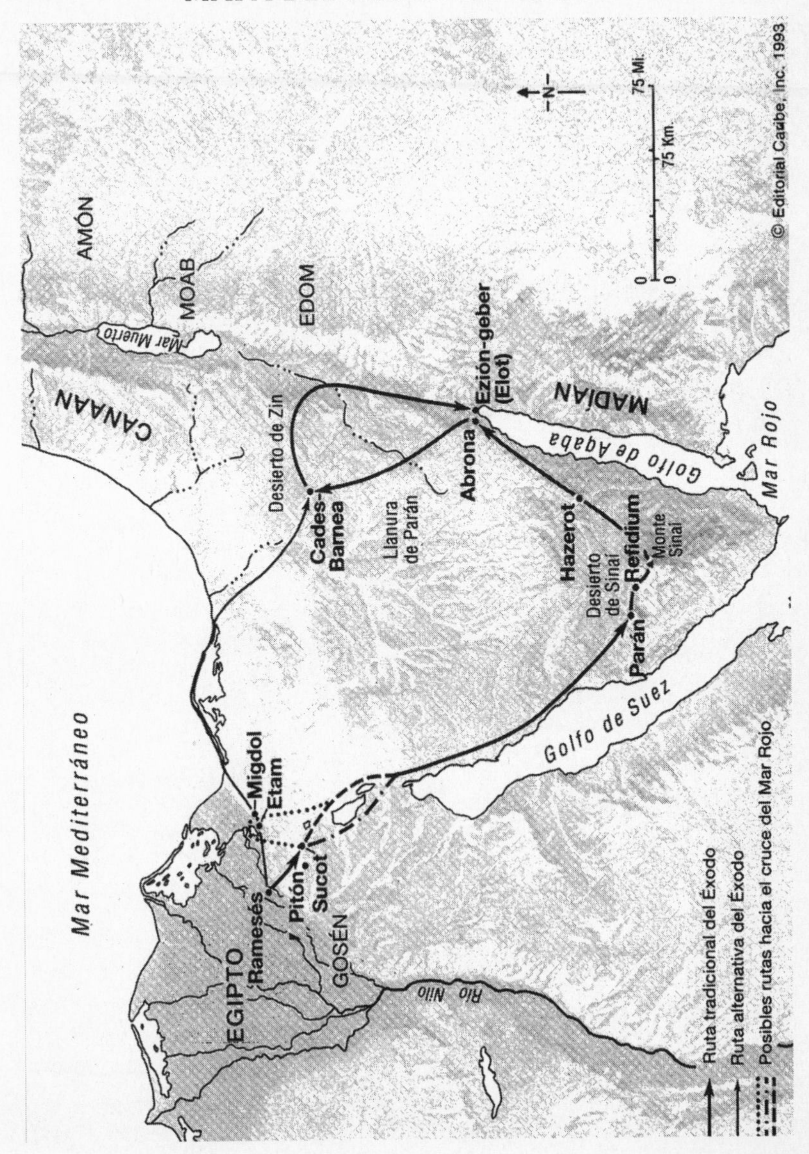

Apéndice B

MAPA DE LA CONQUISTA DE CANAÁN

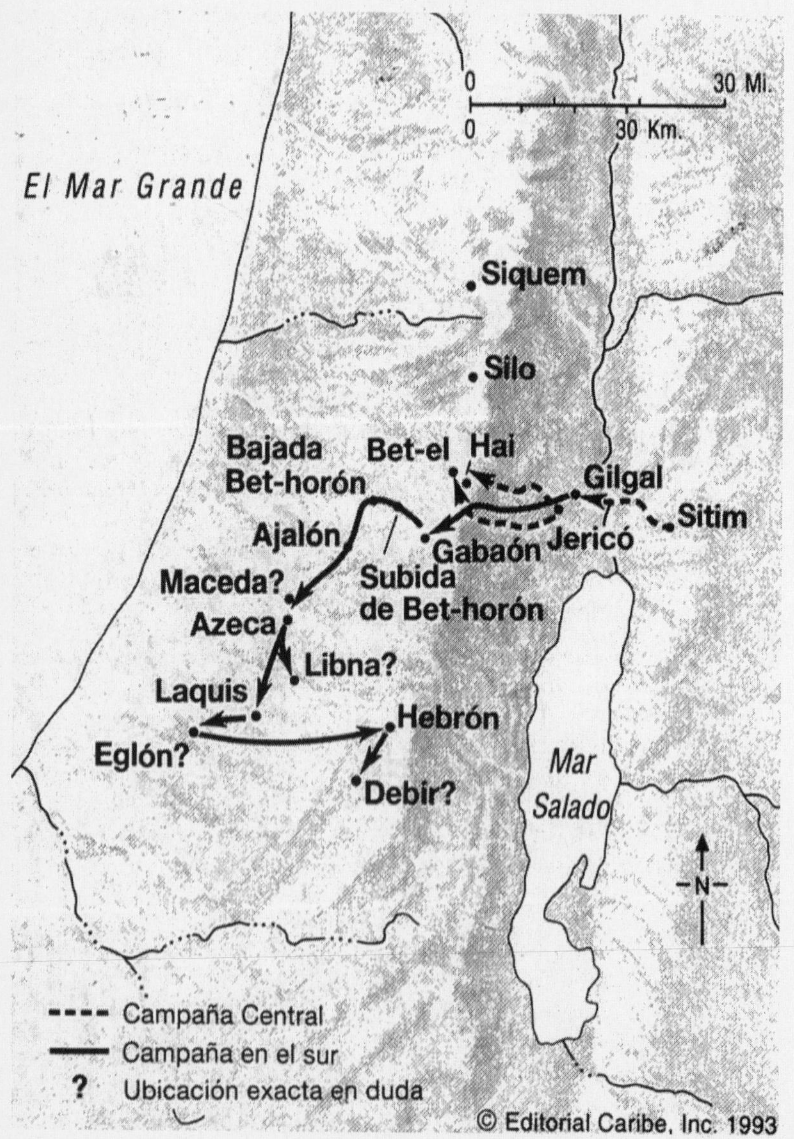

Notas

Introducción

1. Brian Edwards, *Revival! A People Saturated with God*, Evangelical Press, Darlington, England, 1990; reimp., 1994, p. 47.
2. Christian Meier, *Caesar*, Fontana Books, Londres, 1996, p. 413.
3. William Manchester, *The Last Lion: Winston Spencer Churchill, Alone 1932–1940*, Dell Publishing, New York, 1988; reimp., 1989, p. 676.

Capítulo 1

1. Jean Edward Smith, *Grant*, Simon y Schuster, New York, 2001; Touchstone Edition, 2002, p. 91.
2. *Ibid.*, p. 107.
3. James MacGregor Burns, *Leadership*, Harper Torchbooks, New York, 1978, p. 285.
4. Richard Holmes, *Wellington: The Iron Duke*, Harper Collins, Londres, 2003, pp. 8–9.
5. D.A. Land, «I Was with Patton: First-Person Accounts of WWII» in *George Patton's Command*, MBI Publishing, St. Paul, Minnesota, 2002, p. 292.

Capítulo 2

1. Willard Sterne Randall, *George Washington: A Life*, Henry Holt and Co., New York, 1997, p. 143.
2. *Ibid.*, p. 283.
3. H.W. Brands, *The First American: The Life and Times of Benjamin Franklin*, Anchor Books, New York, 2002, p. 101.
4. Smith, *op. cit.*, p. 24.
5. Laurie Nadel, *The Great Streams of History: A Biography of Richard M. Nixon*, Macmillan Publishing Company, New York, 1991, pp. 6, 17.
6. *Ibid.*, p. 18.
7. *Ibid.*, p. 31.
8. Stephen E. Ambrose, *Eisenhower: Soldier and President*, Simon and Schuster, New York, 1990; Touchstone Edition, 1991, p. 526.
9. Richard Reeves, *President Kennedy: Profile in Power*, Simon and Schuster, New York, 1993; Touchstone Edition, 1994, p. 278.
10. *Ibid.*, p. 40.
11. Holmes, *op. cit.*, p. 32.
12. Land, *op. cit.*, p. 104.

13. Ambrose, *op. cit.*, p. 82.

CAPÍTULO 3

1. Paul Johnson, *Napoleon*, Penguin Books, New York, 2002, p. 8.
2. *Ibid.*, pp. xi-xii.
3. Holmes, *op. cit.*, p. 197.
4. Johnson, *op. cit.*, p. 59.
5. *Ibid.*, p. 133.
6. Holmes, *op. cit.*, pp. 108, 184.
7. Ambrose, *op. cit.*, p. 54.
8. Alison Weir, *Elizabeth the Queen*, Jonathan Cape Ltd., Londres, 1998; Pimlico Edition, 1999, p. 19.
9. *Ibid.*, p. 436.
10. Robert E. Lee, *The Recollections and Letters of Robert E. Lee*, Konecky and Konecky, New York, n.d., p. 94.
11. *Ibid.*, p. 95.
12. *Ibid.*, p. 94.
13. Reeves, *President Nixon: Alone in the White House*, Simon and Schuster, New York, 2001; Touchstone Edition, 2002, p. 206.

CAPÍTULO 4

1. Duncan Campbell, *The Nature of God-Sent Revival*, Christ Life Publications, Vinton, Virginia, n.d., p. 23.
2. Duncan Campbell, *The Price and Power of Revival Lessons from the Hebrides Awakening*, Faith Mission, Edinburgh, n.d., p. 30.
3. «Revival in the Hebrides» [Avivamiento en las Hébridas], 1949, htrp://www.gospelcom.net/npc/Campbell.html
4. Campbell, *op. cit.*, p. 27.
5. Randall, *op. cit.*, p. 96.
6. Meier, *op. cit.*, p. 305.
7. J. R. Hamilton, *Alexander the Great*, University of Pittsburgh Press, Pittsburgh, 1973; reimp., 1982, p. 127.
8. Smith, *op. cit.* pp. 159-160.
9. Manchester, *op. cit.*, p. 25.
10. Brands, *op. cit.*, p. 41.
11. Manchester, *op. cit.*, p. 618.
12. Ambrose, *op. cit.*, p. 293.
13. *Ibid.*, p. 278.
14. *Ibid.*, p. 223.
15. John Pollock, *Moody: A Biography*', Baker Books, Grand Rapids, 1963, reimp., 1992, p. 193.
16. *Ibid.*, p. 261.
17. Ver nuestro libro, *Hearing God's Voice* (Broadman and Holman, Nashville, 2002); para un análisis profundo sobre cómo escuchar la voz de Dios.

18. Dos libros que recomendamos son: Wesley Duewel, *Heroes of the Holy Life* (Zondervan, Grand Rapids, 2002) y V. Raymond Edman, *They Found the Secret: Twenty Lives that Reveal a Touch of Eternity* (Zondervan, Grand Rapids, 1960; reimp., 1984).
19. Weir, *op. cit.*, pp. 14, 229.
20. Manchester, *op. cit.*, p. 536.
21. Ambrose, *op. cit.*, p. 299.

CAPÍTULO 5

1. Weir, *op. cit.*, p. 299.
2. *Ibid.*, p. 256.
3. *Ibid.*, p. 255.
4. Estos son: *Your* Church *Experiencing* God y What's So *Spiritual* About *Your* Gifts?
5. Holmes, *op. cit.*, pp. *xvi*, 254.
6. Elizabeth Longford, *Victoria R. I.*, Weidenfeld y Nicolson, Londres, 1964, reimp. Abacus Publishing Edition, 2000, p. 439.
7. David McCasland, Oswald Chambers, *Abandoned to God*, Discovery House Publishers, Grand Rapids, 1993, p. 109.

CAPÍTULO 6

1. Winston S. Churchill, *Marlborough, His Life and Times Book One*, George C. Harrap y Co. Ltd., Londres, 1936-7; reimp., University of Chicago Press, Chicago, 2002, pp. 430-431.
2. *Ibid.*, p. 571.
3. Johnson, *op. cit.*, p. 65.
4. Weir, *op. cit.*, 227.
5. Longford, *op. cit.*, p. 415.
6. Meier, *op. cit.*, p. 156.
7. *Ibid.*, p. 33.
8. Weir, *op. cit.*, p. 1.
9. *Ibid.*, 16.
10. Ulysses S. Grant, *Personal Memoirs of U.S. Grant*, Konecky y Konecky, New York,1885; reimp. n.d., p. 30.
11. Pollock, *op. cit.*, p.p. 17-18.
12. Smith, *op. cit.*, pp. 92-93.
13. 13. Reeves, *op. cit.*, p. 35.
14. *Ibid.*, p. 36.
15. Churchill, *op. cit.*, p. 905.
16. Ibid., *op. cit.*, p. 154.
17. Holmes, *op. cit.*, pp. 277-278.
18. *Ibid.*, p. 278.
19. Lee, *op. cit.*, p. 75.
20. Smith, *op. cit.*, p. 7.

21. Ellis, Joseph J., *Founding Brothers: The Revolutionary Generation*, New York, Vintage Books, 2000, p. 130.
22. McCullough, David, *John Adams*, New York, Simon y Schuster, 2001; Touchstone Edition, 2002, p. 413.
23. Ellis, *op. cit.*, p. 130.
24. Johnson, *op. cit.*, p. 11.
25. *Ibid.*, p. 42.
26. Hamilton, *op. cit.*, pp. 138-141.
27. *Ibid.*, p. 148.
28. Meier, *op. cit.*, pp. 444, 474.
29. Churchill, *op. cit.*, pp. 861-862.
30. Tom Pocock, *Horatio Nelson*, Cassell Publishers, Londres, 1987; Brockhampton Press Edition, 1999, p. 165.
31. Lee, *op. cit.*,, p. 124.
32. Smith, *op. cit.*, p. 281.
33. *Ibid.*, pp. 417-418.
34. Churchill, *op. cit.*, p. 796.
35. *Ibid.*, Book One, p. 740.
36. Weir, *op. cit.*, p. 372.

CAPÍTULO 7

1. Anderson, Courtney, *To The Golden Shore: The Life of Adoniram Judson*, Little, Brown & Co., 1956; reimp. Zondervan, Grand Rapids, 1972. Ver también, Wesley L. Duewel *Heroes of the Holy Life: Biographies of Fully Devoted Followers of Christ*, Zondervan, Grand Rapids, 2002, pp.102-121.
2. Taylor, Howard y Geraldine, edit. Gregg Lewis, *Hudson Taylor's Spiritual Secret*, China Inland Mission, 1932; reimp., Discovery House Publishers, Grand Rapids, 1990, p. 226.
3. *Ibid.*, p. 224.
4. Muller, George, *The Autobiography of George Muller*, ed. Diana L Matisko, Whitaker House, Springdale, Pennsylvania, 1984, p. 101.
5. Land, *op. cit.*, p. 183.
6. *Ibid.*, p. 185.
7. Holmes, *op. cit.*, p. 246.
8. Pocock, *op. cit.*, p. 233.
9. *Ibid.*, pp. 236-237.
10. Hamilton, *op. cit.*, p. 165.
11. Ambrose, *op. cit.*, p. 112.
12. Billy Graham, *Just As I Am: The Autobiography of Billy Graham*, Harper Collins, New York, 1997, p. 439.
13. Pollock, *op. cit.*, p. 139.
14. Smith, *op. cit.*, p. 372.
15. McCasland, *op. cit.*, p. 194.

16. Taylor, *op. cit.*, p. 181.
17. Ron Owens, *They Could Not Stop the Music: The Life and Witness of Georgy Slesarev*, Fresh Springs Publications, Kingsport, Tennessee, 2000, pp. 88-89.

CAPÍTULO 8

1. Ver el libro de Henry y Richard Blackaby, *Spiritual Leadership: Moving People on to God's Agenda*, Broadman and Holman, Nashville, 2001.
2. Churchill, *op. cit.*, p. 357.
3. *Ibid.*, p. 339.
4. Ambrose, *op. cit.*, p. 129.
5. Manchester, *op. cit.*, p. 494.
6. Weir, *op. cit.*, p. 250.
7. *Ibid.*, p. 226.
8. Randall, *op. cit.*, p. 329.
9. Ellis, *op. cit.*, p. 124.
10. *Ibidem.*
11. Ambrose, *op. cit.*, p. 546.
12. Longford, *op. cit.*, p. 72.
13. Smith, *op. cit.*, p. 269.
14. *Ibid.*, p. 108.
15. *Ibidem.*
16. *Ibid.*, p. 200.
17. *Ibidem.*
18. *Ibid.*, p. 232.
19. Holmes, *op. cit.*, p. 42.
20. Manchester, *op. cit.*, p. 127.
21. Ambrose, *op. cit.*, p. 82.
22. Churchill, *op. cit.*, pp. 846-857.
23. Longford, *op. cit.*, p. 73.
24. Pocock, *op. cit.*, pp. 317-318.
25. McCullough, *op. cit.*, p. 529.
26. Brands, *op. cit.*, pp. 328, 528, 645.
27. Manchester, *op. cit.*, pp. 253-254.
28. *Ibid.*, p. 252.
29. Lee, *op. cit.*, pp. 73-74.
30. Ambrose, *op. cit.*, p. 144.
31. Holmes, *op. cit.*, p. 262.
32. Churchill, *op. cit.*, p. 365.
33. *Ibid.*, p. 391.
34. Taylor, *op. cit.*, pp. 137-141.
35. Muller, *op. cit.*, pp. 47.
36. *Reeves*, *op. cit.*, p. 261.
37. Randall, *op. cit.*, p. 194.

38. Ellis, *op. cit.*, p. 160.

Capítulo 9

1. Meier, *op. cit.*, p. 306.
2. *Ibid.*, p. 309.
3. *Ibid.*, p. 330.
4. *Ibid.*, p. 397.
5. *Ibid.*, p. 459.
6. *Ibid.*, p. 132.
7. Land, *op. cit.*, p. 297.
8. Smith, *op. cit.*, p. 420.
9. Weir, *op. cit.*,, p. 224.
10. *Ibid.*
11. *Ibid.*, p. 236.
12. Longford, *op. cit.*, p. 331.
13. Pocock, *op. cit.*, pp. 64-65.
14. *Ibid.*, p. 65.
15. Randall, *op. cit.*, p. 396.
16. *Ibid.*, p. 396.
17. Smith, *op. cit.*, p. 239.
18. *Ibid.*, p. 15.
19. *Ibidem.*
20. *Ibid.*, p. 301.
21. Pollock, *op. cit.*, p. 77.
22. Smith, *op. cit.*, p. 292.
23. Holmes, *op. cit.*, p. 250.
24. *Ibid.*, p. 86.
25. Lee, *op. cit.*, p. 89.
26. Citado de Wesley Duewel, *op. cit.*, p. 34.
27. Reeves, *op. cit.*, p. 326.
28. *Ibid.*, pp. 31, 35.
29. Holmes, *op. cit.*, p. 251.
30. *Ibid.*, p. 202.
31. Grant, *op. cit.*, p. 655.
32. Churchill, *op. cit.*, p. 927.
33. *Ibid.*, pp. 1039-1040.
34. Ambrose, *op. cit.*, p. 81.

Conclusión

1. Citado en Manchester, *op. cit.*, p. 682.
2. Johnson, *op. cit.*, pp. 186-187.

Sobre los autores

HENRY BLACKABY y su esposa Marilynn tienen cinco hijos, los cuales están activamente sirviendo en el misterio a tiempo completo. También tienen catorce nietos. El doctor Blackaby se graduó de la Universidad de British Columbia y del Golden Gate Baptist Theological Seminary [Seminario Teológico Bautista Golden Gate]. También ha recibido cuatro doctorados honoríficos. Es autor de numerosos libros, muchos de los cuales ha escrito con sus hijos. Su obra más conocida en castellano es *Mi Experiencia con Dios*. Previamente escribió ocho libros con su hijo Richard. El doctor Blackaby da conferencias por todo el mundo y regularmente consulta con ejecutivos cristianos en los Estados Unidos en temas relativos al liderazgo espiritual.

RICHARD BLACKABY es el hijo mayor de Henry y Marilynn. Está casado con Lisa y tiene tres hijos adolescentes: Mike, Daniel y Carrie. Richard fue pastor de la Friendship Baptist Church, Winnipeg [*Iglesia Bautista Amistad de Winnipeg*], antes de llegar a ser presidente del Canadian Southern Baptist Seminary in Cochrane, Alberta, Canada [*Seminario Bautista del Sur Canadiense en Cochrane, Alberta, Canadá*]. Viaja extensamente, dando conferencias sobre liderazgo espiritual.